Secretos de la Lanza Sagrada

SECRETOS
DE LA
LANZA SAGRADA

Jerry E. Smith
y
George Piccard

Grupo Editorial Tomo, S.A. de C.V.,
Nicolás San Juan 1043,
03100, México, D.F.

1a. edición, agosto 2010.

Published by Adventures Unlimited Press
Kempton, Illinois 60946 USA

Nicolás San Juan 1043, Col. Del Valle
03100 México, D.F.
Tels. 5575-6615, 5575-8701 y 5575-0186
Fax. 5575-6695
http://www.grupotomo.com.mx
ISBN-13:978-607-415-182-4
Miembro de la Cámara Nacional
de la Industria Editorial No 2961

Traducción: Luigi Freda Eslava
Formación tipográfica: Armando Hernández
Diseño de portada: Karla Silva
Supervisor de producción: Leonardo Figueroa

Impreso en México - *Printed in Mexico*

Contenido

Reconocimientos

Tenemos una deuda de gratitud con quienes mantuvieron encendido el fuego en el hogar mientras nosotros trabajábamos hasta avanzada la noche. Gracias a Kristin y a mis hijos por su apoyo, paciencia y calidez; a Bob Sonderfan, investigador extraordinario; a David Hatcher Childress por facilitar la manifestación física de nuestro esfuerzo; a Juanita Cox, por su entusiasmo desenfrenado y apoyo moral; a Orion Sparrowhawk por criticar los primeros borradores; a Dani Yi, el bombero, por el generoso préstamo de importantes documentos clave; a Anselmo "el Tipo de los Juegos de Palabras" DeHaro por responder a todo lo que queríamos saber sobre la política de la Segunda Guerra Mundial; Gaius Cassius Longinos, sin el cual nada de esto hubiera sido posible, y al finado Jon Keith por inspirar nuestras mentes y templar nuestros hígados.

Jim Keith (izquierda) y Jerry E. Smith (derecha) en el Bar Planet 9 de George Piccard, 1999.

Introducción

¿Conexión con un poder superior?

Y murió Eliseo, y sepultáronlo. Entrado el año vinieron partidas de Moabitas a la tierra. Y aconteció que al sepultar unos un hombre, súbitamente vieron una partida, y arrojaron al hombre en el sepulcro de Eliseo: y cuando llegó a tocar el muerto los huesos de Eliseo, revivió, y levantóse sobre sus pies.

2 de Reyes 13: 20-21

Un materialista moderno podría leer ese versículo y desecharlo como una simple tontería. Un hombre moderno, que haya crecido y se haya educado en el mundo secular, podría pensar: "¡No es posible que estuviera muerto! Debieron tirarlo en un hoyo y el impacto de la caída debió devolverle la conciencia". Este materialista sabe simple y llanamente que los milagros, la supervivencia a la muerte y los actos de intervención divina son pura superstición. Son temas que están fuera de las leyes de la verdad que forman la Ciencia Occidental.

Pero quienes buscan comprender el poder del contacto con el Espíritu no desecharían con tanta rapidez esta historia como una simple narración popular. En este pasaje vemos el poder de una reliquia santa, literalmente los huesos de un Profeta. Esta historia se narró en la Biblia para revelar que el hecho de que el espíritu santo resida en nosotros también afecta nuestro cuerpo físico, o que Dios decide hacer milagros mediante los cuerpos dormidos de sus sirvientes sagrados o ambos. El tema del libro que ahora tienes en las manos trata sobre la más poderosa reliquia en todo el cristianismo. En este libro examinaremos las dimensiones espirituales y materiales de este artefacto tan sorprendente.

Reliquias

La palabra *reliquia* procede del latín *reliquiae*, que es el origen de la palabra "restos". Algunos han llamado a la conservación de las reliquias un instinto primitivo. Con seguridad es casi universal, encontrándose en casi todos los tiempos y culturas, hasta llegar a la nuestra. En todo el mundo, se ha conservado con gran cuidado algún hueso u otra parte del cadáver de algún ser muy amado, santo o dios, o algún objeto que se asocia íntimamente con esa entidad, con un aire de veneración como conmemoración tangible... y a veces más.

En la Iglesia Católica Romana existen tres clasificaciones para las reliquias. Las "Reliquias de Primera Clase" se definen como una parte real de un santo (por ejemplo, un hueso o una madeja de cabello). Una "Reliquia de Segunda Clase" sería un artículo que el santo haya usado (como un manto, una camisa o una sandalia). Las "Reliquias de Tercera Clase" se dividen en dos categorías: la primera categoría es un pedazo de tela u otro objeto que ha tocado el cuerpo de un santo y la segunda categoría es un pedazo de tela u objeto que se lleva al santuario del santo. En todos los casos, estos objetos son venerados tanto como reconocimiento de lo que el santo hizo por su Fe y con la esperanza de que parte del poder del Espíritu Santo que actuó a través de ellos pasará al suplicante gracias a estar en contacto con estos restos.

Durante toda la historia humana se han empleado estas reliquias para aprovechar el poder que actúa mediante los santos o que se cree procede de las deidades. Algunas reliquias se han empleado para curar enfermedades, otras para causarlas. Algunas reliquias han ayudado a asegurar abundancia en cosechas o fertilidad, mientras que otras han marchado frente a ejércitos a la guerra. ¿Estas reliquias tienen poder en ellas y por ellas mismas? ¿Son un conducto, un punto de contacto con alguien o algo en el reino espiritual? ¿O son, como nuestros materialistas dirían, sólo pedazos de huesos viejos y artefactos falsos, invocados por sacerdotes, reyes y otros charlatanes como medios para engañar a las masas?

La universalidad de las reliquias se puede ver en que son importantes no sólo para el cristianismo, sino para el islam, el budismo y el hinduismo, además de para muchas culturas chamánicas. El budismo, la filosofía oriental de iluminación, no desconoce el fenómeno de las reliquias. A su muerte, el cuerpo de Shiddarta Gautama, Buda, se dividió con el propósito de las reliquias. Si eso no parece bastante horrible, ¡se produjo un conflicto armado entre facciones por la posesión de ellas! Más adelante, llevaron estas reliquias a todas las partes a donde se extendió el budismo. Originándose en la India, el budismo se extendió en forma gradual por todo el centro, sur y este de Asia, y en la era moderna ha logrado gran cantidad de seguidores en Occidente.

Originalmente, un *estupa* era una construcción creada de manera específica para contener una reliquia de Buda. Muchos templos budistas tienen estupas y desde el punto de vista histórico, la colocación de reliquias en una estupa se convertía en la estructura inicial en torno a la cual se construía todo el templo. En la actualidad, las estupas también tienen las cenizas de budistas prominentes y respetados que fueron cremados. En el cristianismo, a un santuario que alberga una reliquia se le llama *relicario*. En el cristianismo existen muchas reliquias y muchos relicarios.

Se atribuyeron muchas historias de milagros y otras maravillas a las reliquias empezando en los primeros siglos de la era cristiana. Algunas de estas historias se volvieron populares en particular durante la Edad Media. Se reunían estas historias en libros llamados *hagiografías*. La hagiografía es la biografía de un santo o santos. Estas hagiografías comprendían un importante género literario en el primer milenio de la iglesia y proporcionaban historia informativa al igual que historias y leyendas inspirativas.

Una de éstas fue *La leyenda dorada*, una colección de imaginativas hagiografías de Jacobus de Voragine. Esta colección de historias sobre las vidas de los santos se convirtió en el libro más popular a finales de la de Edad Media. Es posible que la compilaran más o menos en 1260. Al principio titulada sólo como *Legenda Sanctorum*, latín para "Lecturas de los Santos", su popularidad le hizo ganar el título con que es más conocida. En la actualidad sobreviven más de mil copias manuscritas de la obra. Cuando se inventó la imprenta en la década de 1450, aparecieron de inmediato ediciones, no sólo en latín sino también en todos los idiomas importantes de Europa. Se dice que ningún otro libro que no fuera la Biblia era tan leído a finales de la Edad Media.

Estas "historias de milagros" causaron que las reliquias fueran muy buscadas durante la Edad Media. Las más apreciadas de todas eran los pedazos de la Santa Cruz. Muchas iglesias afirmaban poseer un pedazo de ella; de hecho, eran tantas, que Erasmo, el famoso teólogo de Rotterdam (1466-

1536), ¡comentó que había suficientes pedazos de la Cruz Verdadera para construir un barco!

Con seguridad el Sudario de Turín es una de las reliquias más conocidas de Cristo. En la actualidad conservada en la capilla real de la catedral de San Juan Bautista, en Turín, Italia, es una tela de lino de siglos de antigüedad que tiene la imagen de un hombre. La imagen fantasmal tiene la apariencia de alguien que ha sido crucificado. Algunos creen que es la tela que cubría a Jesús cuando lo colocaron en la tumba y que su imagen de alguna forma se registró en sus fibras antes o en el momento de la resurrección. Los escépticos sostienen que es un engaño o falsificación medieval. Científicos, creyentes, historiadores y escritores continúan debatiendo dónde, cuándo y cómo se creó el sudario y la imagen.

Gregorio de Tours (aprox. 538-¿17 de noviembre de 594?) fue un historiador galorromano y obispo de Tours, lo que lo convirtió en el prelado principal de Galia. Es la principal fuente contemporánea de la historia merovingia, la cual se explorará en este libro. En la introducción a los escritos de Gregorio de Tours, Ernest Brehaut analizó los conceptos romano-cristianos que dieron a las reliquias una atracción tan poderosa. Diferenció el uso constante de Gregorio de *sanctus* y *virtus*, el primero con su significado conocido de "sagrado" o "santo" y el segundo, "virtus", como:

> *El extraordinario y misterioso poder que emana de lo sobrenatural y que afecta lo natural. Se puede pensar en la manifestación de este poder como un contacto entre lo natural y lo sobrenatural en que la primera realidad, al ser una realidad inferior, por supuesto, cede. Estos puntos de contacto y de ceder son los milagros de que escuchamos todo el tiempo. La calidad de lo sagrado y la potencia mística pertenecen a los espíritus, en diversos grados a los fieles y a*

> *los objetos inanimados. Están poseídos por espíritus, son adquiridos por los fieles y se transmiten a objetos.*

En oposición a esta "virtud" sagrada, está también su opuesto, una potencia mística fingida que procedía de demonios que vivían dentro del objeto. Se pensaba que estos espíritus eran extraños y hostiles. Al ser sobrenaturales, estos poderes negativos también podían afectar los fenómenos naturales y crear su propio tipo de milagros... falsos y malignos.

Los escritores cristianos han asociado esta versión del Mundo Bizarro de la virtud con el diablo, demonios, adivinos, herejes, magos, paganos y dioses paganos. Por todo el mundo romano, muchedumbres asustadas e iracundas de cristianos derribaron esculturas para destruir el mal que vivía en su interior. La hermosa Venus del Milo carece de brazos por esta razón. De la misma manera, muchos de los monumentos del antiguo Egipto fueron derribados, sus jeroglíficos borrados, por parte de cristianos coptos frenéticos que eliminaban los viejos dioses de sus tierras.

Volveremos a esta cuestión del *virtus* verdadero y falso en repetidas ocasiones en esta obra. Si la Lanza del Destino en verdad estaba infundida con un "extraordinario y misterioso poder que emana de lo sobrenatural", es de Nuestro Salvador, o de otra Fuerza por completo, uno de los falsos demonios residentes o, como insinuó Trevor Ravenscroft, autor del clásico de lo oculto, la Lanza del Destino, ¿del Anticristo mismo?

Jim Keith y los platillos de los Illuminati

El trabajo en este libro empezó en realidad en la primavera de 1993, y lo empezó Jim Keith. Uno de los autores, Jerry E. Smith, ayudó con la investigación y edición de varios de los primeros libros de Jim. Jerry trabajaba como una mezcla entre escritor fantasma e investigador para Jim en ese tiempo, produciendo varios de los artículos de revista que llevan la firma de Jim. Al ser muy amigos desde que se conocieron en la preparatoria en 1966, Jerry y Jim empezaron a colaborar a finales de la década de 1980.

Durante esta primera fase de su asociación, Jim Keith quedó fascinado por el misticismo oriental. En particular, a Jim le encantó lo que leyó sobre la tradición budista de los Combates de Dharma. Desde abril de 1988 hasta la muerte de Jim en 1999, él y Jerry hicieron juntos un "zine" (revista) llamado *COMBATE DE DHARMA* (DC). El título hacía referencia a un antiguo suceso budista.

El budismo antiguo se dividió en dos confesiones, que se llamaban el Sendero Ancho (Mahayana) y el Sendero Estrecho (Hinayana). En algún momento, hace siglos, los líderes de ambas escuelas de budismo decidieron intentar resolver sus diferencias y unir sus caminos divergentes. Pidieron una convención anual de los mayores maestros de ambas formas y tratar de resolver sus diferencias. Estas reuniones anuales continuaron por alrededor de 150 años, convirtiéndose en peleas verbales en las que los sacerdotes de ambos lados hacían poco más que lanzarse arengas unos a otros. Se les llegó a conocer como *Combates de Dharma*. Jim pensó que sería bueno tratar de recrearlos en letra impresa, con todas las creencias representadas. Llamaron a su revista *Combate de Dharma: La revista de espiritualidad, realidad y otras conspiraciones*. Jim era el editor en jefe y Jerry era a veces director editorial y director de arte. Los primeros libros de Jim surgieron directamente de hacer DC.

Su primer libro fue *Secreto y suprimido*. En su mayor parte era material que Jim recibió para DC que simplemente era demasiado bueno para desperdiciarlo en la circulación reducida de un zine fotocopiado. Al mismo tiempo, DC presentó "Una Clave Desnuda para el Archivo Gema", el clásico clandestino que vinculaba a Aristóteles Onasis con el asesinato de John F. Kennedy.

En el área de Atlanta, Georgia, se encontraba un individuo llamado Ron Bonds, el cual, en ese tiempo estaba reuniendo toda versión conocida de Gema y tenía una pequeña compañía editora para reimprimirlas. Ron organizó una conferencia de ciencia ficción, gótica y de conspiraciones en Georgia en 1993. Después de que él y Jim se encontraron cara a cara, empezaron a publicar una cadena de libros juntos bajo el sello IllumiNet Press. El primer libro fue el gran éxito *Helicópteros negros sobre Estados Unidos: Fuerza de ataque para el orden del nuevo mundo*.

Poco después de que se publicara *Helicópteros negros*, Jim escribió *Registro sobre la alternativa 3*: *Sociedades secretas de ovnis y control mundial* (más adelante vuelto a imprimir como *Control mental y ovnis*: *Registro sobre la alternativa 3*). En ese tiempo, Jim y Jerry descubrieron una pista de artículos que exponían un programa espacial secreto dirigido por y para la elite gobernante. Jim puso en papel sus pensamientos al respecto con el delgado libro *Platillos voladores de los Illuminati* en 1995 (que publicó IllumiNet Press más adelante ese año).

Varios temas siguieron surgiendo en los libros de Jim: tecnología suprimida, platillos voladores nazis, astronautas antiguos y, lo más notable, sociedades secretas.

Jerry propuso una secuela para *Platillos voladores*, que se llamaría *Descendencia de los Illuminati*. Mientras investigaba para *Descendencia*, Jim Keith quedó intrigado con el tema de la Lanza Sagrada y los adeptos de la reliquia en las logias de lo oculto de Adolfo Hitler y de los siglos XIX y XX. Durante este periodo, Jim y Jerry desviaron el centro de atención de su investigación hacia la Lanza del Destino. Encontraron que la Lanza apuntaba de vuelta a un mundo de conspiraciones, sociedades secretas, magia ritual, bases antárticas subterráneas y platillos voladores nazis. Su mundo de la Lanza desafiaría esa "otra conspiración" conocida como realidad.

Nunca se escribió *Descendencia de los Illuminati*, debido principalmente a la muerte intempestiva y sospechosa de Jim después de una caída en el Festival Anual de Arte del Hombre Ardiente. Su otro autor, George Piccard, acompañó a Jim durante esa visita fatídica al desierto de Black Rock en 1999. Jim Keith se había despedazado la pierna después de una caída de una pequeña plataforma. Piccard transportó a Jim de vuelta a su ciudad de Sun Valley, Nevada, para recibir atención médica. Piccard recuerda que mientras Jim experimentaba un enorme dolor por su lesión, el viejo sabio no perdió su sentido cósmico del humor.

El vehículo en el que Jim viajó llevaba diversas piezas de las instalaciones de arte del Hombre Ardiente, entre ellas una señal de cartón simple que tenía pintado un símbolo de flecha. Con un gesto de dolor y una sonrisa al mismo tiempo, Jim levantó la señal y comentó: "¡Yo tracé la runa de la Lanza hoy!". Piccard explica que Jim consideraba que la runa de *Taiwaz* era una predicción de luchas y conflictos.

La leyenda de la Lanza

Este libro se construyó sobre la base de esa antigua investigación, ahora documentada y almacenada en el cofre de tesoros que es el archivo de Jim. Volveremos a visitar esa investigación inicial sobre la Lanza, los Illuminati, las religiones misteriosas y la manipulación encubierta de toda la historia.

En este libro debemos seguir la pista a la leyenda de este extraño artefacto, la Lanza Sagrada, ubicándola contra el telón de fondo de la historia. No necesitas creer en nada sino en el poder de la fe para comprender los sorprendentes efectos que este misterioso talismán ha tenido en la historia del mundo.

Pero, ¿qué sucede si es más? ¿Es el mundo físico de nuestros sentidos todo lo que hay? ¿Nosotros los humanos somos sólo "carne"? ¿O también somos espíritus? ¿Son todos los espíritus iguales o hay Grandes Seres, como diablos y ángeles? ¿Existen Poderes? ¿Hay un Dios? ¿Y podría un objeto, mediante una circunstancia extraordinaria convertirse en un vínculo, un celular cósmico si te parece bien, entre un mortal que lo posee y uno o más de estos Poderes... incluso Dios? ¿Cómo podría el contacto con El Verbo Convertido en Carne afectar a un objeto físico? ¿En verdad las reliquias pueden tomar parte del poder del Espíritu con que estuvieron en contacto?

La leyenda de la Lanza dice: "Quienquiera que posea esta Lanza Sagrada y comprenda los poderes a que sirve, tiene en su mano el destino del mundo para bien o para mal".

Vamos a dar un vistazo...

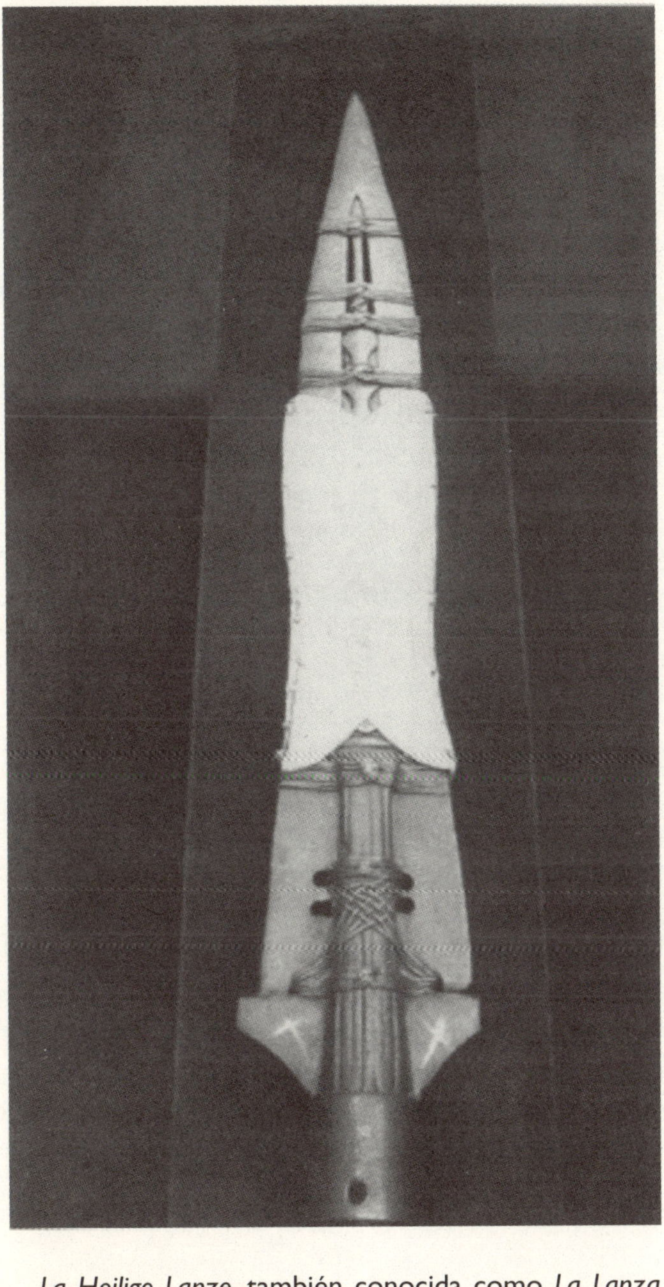

La Heilige Lanze, también conocida como *La Lanza Sagrada*, *La Lanza del Destino* y *La Lanza de Cristo*.

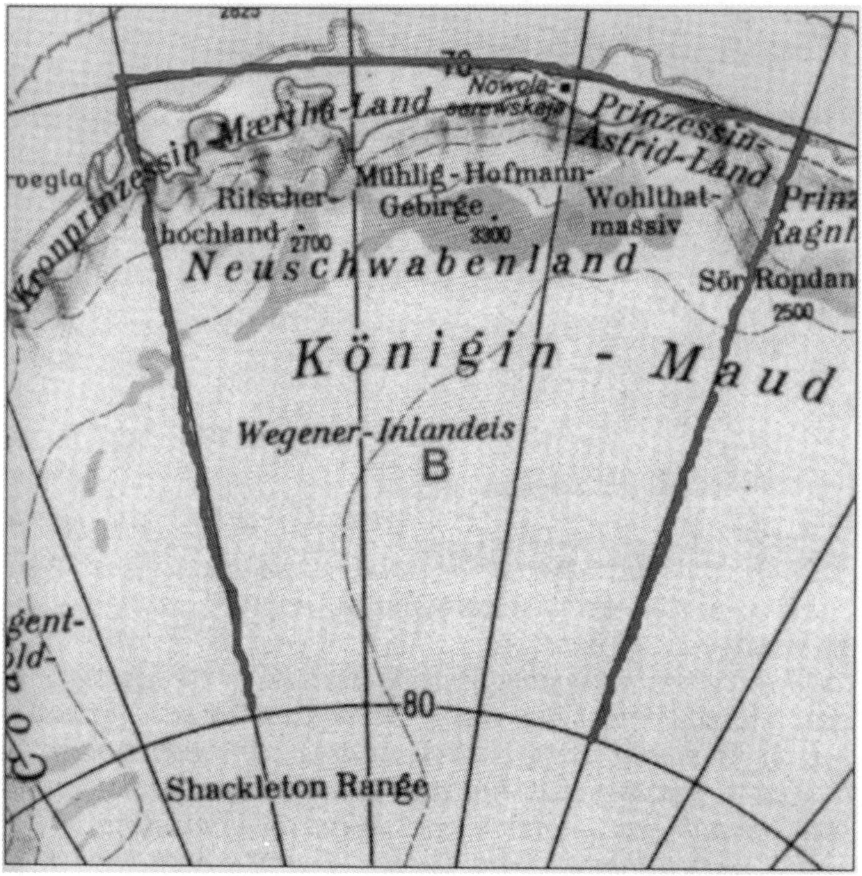

Detalle del mapa del territorio alemán conocido como Neushwabenland, que incluye la cordillera montañosa Muhlig-Hoffman... destino de la expedición Hartmann.

Capítulo 1

Excalibur Antártica

Veinticuatro horas antes de la llegada a nuestra posición predestinada de lanzamiento para el helicóptero especial, se conectaron cables eléctricos a su sistema de arranque y sus motores se calentaron por alrededor de 40 minutos. Lothar había verificado el interior del helicóptero por completo, asegurándose de que cada pieza de herramienta y equipo que nos iba a acompañar en nuestra misión estaba en su lugar. Todos y cada uno de los artículos había sido almacenado de manera que su factor de peso, tanto como fuera posible, mantuviera la armonía tanto a babor como a estribor de la máquina voladora.

Es seguro que cada hombre asignado a la expedición en su última etapa durmió poco antes de llegar a la posición de 69 grados, 25 minutos sur por 1 grado, 11 minutos oeste. El entusiasmo y la emoción corrían por las venas y el ser de cada individuo.

Temprano la mañana siguiente sentimos una sacudida que recorría el casco de Annelise cuando bajaba la velocidad el motor. Cada uno de nosotros estaba de nuevo en pie en minutos. Pronto nos reunimos con el capitán Ritter. Cuando entraba a nuestro compartimiento, su radiante y robusta cara parecía estar iluminada con un tipo de alegría que acentuaba sus chispeantes ojos azules. "Caballeros", anunció, "hemos arribado a la posición de lanzamiento". A pesar de una situación de niebla, las siguientes dos horas se emplearon en envolvernos en nuestra ropa antártica especial y en ayudar en ciertas tareas.

Después de un desayuno breve pero abundante subimos a la superficie. Se había retirado por completo la cubierta del helicóptero y cuatro amarras eran los únicos medios de sujeción. El motor del aeroespacial estaba parado y Lothar estaba ocupado inspeccionando la máquina de un extremo al otro, además de hacer una verificación de último minuto del equipo almacenado a bordo.

En un momento volvimos a verificar las condiciones climáticas del radar para la trayectoria de nuestro vuelo previsto y las encontramos tan razonables como podía permitir la estación. ¡Ahora había llegado el momento! Cada hombre abordó el helicóptero, tratando de disimular al máximo cualquier duda o ansiedad. El capitán Ritter se quedó con los miembros de la tripulación. ¡Nos saludó y deseó Bon Voyage! Entonces, a una señal de Lothar, cuatro miembros de la tripulación del Annelise soltaron las amarras que mantenían al helicóptero en su lugar.

No estaría exagerando si dijera que es seguro que todos contuvimos la respiración mientras Lothar movía el acelerador hacia delante y el motor del helicóptero rugía cobrando vida. Con lentitud pero seguridad nos elevamos de la plataforma del Annelise.

Conforme nos elevábamos, miramos hacia abajo y pudimos ver a los hombres y oficiales agitando los brazos y las gorras hacia nosotros. Ahora Lothar se volvió hacia mí y dijo: "Bueno, coronel, eso es todo. ¡¡¡Estamos en camino!!!" Observé con fascinación mientras Lothar manipulaba los controles y revisaba el compás. Ahora sabía que nos dirigíamos directamente a cierta área en la cordillera de montañas Muhlig Hoffmann.

Coronel Maximilian Hartmann
Caballero de la Lanza Sagrada
Del diario de la Expedición Hartmann,
traducido del alemán, fecha, julio de 1979

La expedición Hartmann

El elegante helicóptero de fabricación francesa, llamado *Taifun* (tifón) aceleró cruzando la tenue luz de una mañana antártica en camino a su reencuentro planeado por largo tiempo con el destino.

Era finales de julio, a mitad del invierno en la Antártica. La noche polar de un mes completo había terminado cinco semanas antes y el sol ahora estaba pegado al horizonte, subiendo arriba de él unas cuantas horas antes de hundirse bajo él por muchas horas más. Como sea, con el sol arriba o abajo del horizonte, siempre había penumbra; amaneceres y atardeceres persistentes que parecían no terminar nunca, uniéndose en forma casi perfecta en un cielo perpetuamente gris.

Taifun tenía la punta dirigida al mar, sus rotores dirigidos hacia el viento de 50 kilómetros por hora que soplaba de la planicie antártica al frente. Fuera la temperatura era de alrededor de –50 grados C. Dentro del pequeño helicóptero atestado no parecía mucho más caliente.

Diez minutos después de dejar el *Annelise*, cruzaron del mar abierto a la barrera de la plataforma de hielo que bloquea la mitad de las playas de la Antártica. La sombra pálida del helicóptero se alargaba y encogía conforme danzaba sobre la superficie un poco ondulada de la plataforma de hielo.

Con una precipitación de nieve de sólo dos a siete centímetros, la Antártica es uno de los continentes más secos. Paradójicamente, está cubierta por setenta por ciento del agua dulce del mundo en forma congelada. Los veranos rara vez son lo bastante calientes para derretir la poca nieve que cae y se congela todos los años. En consecuencia, la nieve continúa acumulándose. Sobre el corazón de la masa de tierra de la Antártica tiene más de cuatro y medio kilómetros de espesor en algunos lugares. Glaciares muy grandes, llamados corrientes de hielo, fluyen del interior, transportando hielo del centro del continente al mar. Cuando las corrientes de hielo alcanzan la costa, empujan hacia afuera en el mar. El resultado es una plataforma de hielo grande y flotante unida con el continente en la costa.

El destino de Hartmann se encontraba más o menos a 200 kilómetros del borde de la plataforma de hielo. Si hubieran podido volar en línea recta para llegar o salir, el combustible para su pequeña nave no hubiera sido problema. Pero tenían que avanzar con cuidado siguiendo un camino sinuoso, buscando señales al mismo tiempo que evitaban la detección.

Desde que entró en vigor el Tratado de la Antártica en 1961, se había restringido el viaje en ese lugar. Era bastante fácil obtener permisos, si se trataba de un grupo científico establecido o un operador de viajes con contrato. El coronel Hartmann y sus colegas no eran nada de eso. No podían revelar su verdadero propósito y temían que uno inventado se pudiera descubrir con rapidez. Era mejor sólo entrar, encontrar el botín y salir.

Hasta el momento, entrar y salir no estaba resultando tan simple como habían esperado. Habían esperado el invierno, ciertos de los científicos en las diversas estaciones de investigación partirían con el fin del verano. Sorprendentemente, algunos habían decidido quedarse y en lugares inoportunos.

El Primer Meridiano, cero grados de longitud, recorre de polo a polo pasando por Greenwich, Inglaterra, oeste de Francia y este de España, oeste de África y el océano Atlántico Sur, antes de llegar a la Antártica en la región conocida en la actualidad como Tierra de la Reina Maud. Fue nombrada en 1930 por el noruego Riiser-Larsen, en honor a la reina de Noruega. La Tierra de la Reina Maud se encuentra entre las longitudes 20º oeste y 45º este. Está dividida en cuatro costas principales (de oeste a este): las costas de la Princesa Marta, la Princesa Astrid, la Princesa Ragnhild y el Príncipe Harald. El helicóptero aeroespacial especialmente construido para Hartmann avanzaba como centella hacia la creciente capa de hielo sobre la costa de la Princesa Astrid.

En 1939, Alemania y Noruega reclamaron derecho, con unos días de diferencia entre sí, a esta área costera atlántica de la Antártica. La Expedición Antártica Alemana de 1938-39 sobrevoló casi la quinta parte del continente, tomando más de 11 000 fotografías. La nave de la expedición también dejó caer varios miles de pequeñas banderas nazis, además de varios postes de metal con la insignia de la expedición y la suástica, reclamando el territorio para Alemania, llamándola *Neuschwabenland* (Nueva Schwabenland).

La expedición alemana descubrió varias regiones libres de hielo con lagos y pequeñas señales de vegetación en el interior del territorio. Los geólogos de la expedición afirmaron que este fenómeno se debía a manantiales u otras fuentes geotérmicas. Este descubrimiento condujo a Reichsführer SS Heinrich Himmler a concebir un osado plan para construir una base permanente en la Antártica. El nombre código de esa base era "Estación 211" y se construyó y dotó de personal como proyecto continuo durante la guerra. El gran almirante Karl Doenitz anunció su terminación en 1943 diciendo: "La flota de submarinos alemanes está orgullosa de haber construido para el Führer, en otra parte del mundo, un Shangri-La en tierra, una fortaleza inexpugnable".

La Estación 211 estaba ubicada en una montaña libre de hielo en las montañas Muhlig-Hoffmann de la Tierra de la Reina Maud. En 1946, el almirante Byrd buscó la Estación 211. Tenía a su disposición la mayor armada que se haya enviado jamás a la Antártica. Estados Unidos envió unos 13 barcos y 4 700 hombres, entre los que estaban un portaaviones, un submarino, dos docenas de aviones y 3 500 infantes de marina para encontrar la fortaleza. No está claro si Byrd descubrió la ubicación del "Shangri-La" del Führer. En algún momento durante el periodo entre 1956 y 1960 una expedición noruega hizo un mapa a partir de mediciones en tierra y fotografías aéreas, pero nunca supieron qué habían encontrado. Llamaron a esa montaña Svarthamaren (el martillo negro).

Con el tiempo, la tarea de mantener una ciudad en marcha en medio de las tierras yermas y congeladas creció demasiado y se abandonó el experimento de Himmler. Y a su debido tiempo el hielo cedió sus secretos... pero el mundo no lo sabría. Existen algunas situaciones, algunos sucesos, algunos errores, que las naciones no desean admitir a su pueblo. La tonta aceptación del suicidio fingido de Hitler en el bunker de Berlín y su escape es uno de ellos.

El secreto de la Estación 211 se conservará hasta avanzado el siguiente siglo, ya que se le designó como Área de Protección Especial Antártica y Sitio de Interés Científico Especial de acuerdo al Acta de Conservación Antártica de 1978. Catalogada como un "excepcional laboratorio de investigación natural para estudiar el petrel antártico (*Thalassoica antarctica*), el petrel de la nieve (*Pagodroma nivea*) y el skúa del polo sur (*Catharacta maccormicki*) y su adaptación a criar en el interior de la Antártica", el acceso está limitado sólo a un puñado de científicos elegidos expresamente. Se impedirá acercarse a todos aquellos a los que no se considera seguros con este conocimiento por muchos años.

Era hacia esta fortaleza ahora sin vida que el *Taifun* se dirigía esa mañana helada de julio de 1979. Hartmann sabía que habían abandonado la Estación 211 y que habían descubierto su verdadera identidad. Los rumores, que más adelante demostraron ser ciertos, afirmaban que los noruegos planeaban construir una base permanente ahí... en la actualidad llamada "estación de campo Tor". Él y su equipo no tenían tiempo que perder. No estaban solos en la Tierra de la Reina Maud.

Los rusos estaban en alguna parte a su izquierda, en el extremo oriental de la costa de la Princesa Astrid, mientras que los noruegos estaban a la derecha en el extremo oeste de esa misma costa. En el interior, una base sudafricana se encontraba a unos kilómetros de la costa. Se habían enterado que los rusos iban a pasar el invierno ahí ese año. Su base, llamada Estación Novolazarevskaya está ubicada en un área de tierra sin hielo y lagos llamada Oasis Schirmacher. Era uno de los sitios descubiertos por los alemanes en 1939.

Hartmann y su equipo también habían estado oyendo extraños rumores sobre los sudafricanos por meses. En repetidas ocasiones el *Annelise* se vio forzado a entrar y alejarse del océano Antártico, el mar que rodea la Antártica, para hacer cambios de curso de emergencia y evitar el contacto con barcos y aviones sudafricanos. Algunos años más tarde, Hartmann se enteró de que se había tratado todo el secreto por parte de los sudafricanos. El grupo ambientalista Amigos de la Tierra publicó un libro de Barney Brewster en 1982 llamado *Antártica: Zona virgen en riesgo*. En él informaron que existían rumores persistentes de que el gobierno sudafricano había detonado un dispositivo nuclear el 22 de septiembre de 1979 en la isla Bouvet, a unos 1800 kilómetros al norte de la Tierra de la Reina Maud. De lo que había visto de primera mano, Max Hartmann tenía pocas dudas en creer esos rumores.

Mientras el doctor Lothar Manfried Zweick, su piloto, se concentraba en volar, los otros tres hombres, Klauss Ortner, Heinz Frederich Loser y el coronel Hartmann sostenían mapas y fotografías, brújulas y otras herramientas, absortos en encontrar su camino.

"¡Mira!", gritó Heinz, "¡Ahí están las montañas Thalmann!".

Un conjunto de cimas irregulares, cada una llamada nunatak, sobresalían del hielo a unos cuantos kilómetros a su izquierda. Una expedición soviética las había cartografiado en 1961 y fueron nombradas en honor a Ernst Thalmann, líder comunista alemán de la década de 1920. Lo soviéticos encontraban gran diversión en ridiculizar a los alemanes al dar a sitios en el antiguo territorio alemán nombres que con seguridad los ofenderían.

"¡Cabrones!", gruñó Klauss, refiriéndose a los rusos.

"Cambia de tema", le dijo el coronel a Lothar, señalando: "Ése debe ser el glaciar Vestreskorve. ¡Nos llevará directo a la montaña!".

Los rotores y el motor del helicóptero cambiaron de tono cuando el elegante vehículo se inclinó en una nueva dirección. Una amplia corriente de hielo, de varios kilómetros de ancho, apareció bajo los esquíes para aterrizar. Veinte minutos después, la masa negra y denuda de un gran volcán se separó del horizonte y empezó a deslizarse hacia ellos.

Dentro de la Estación 211

Una pila de metal retorcido y oxidado se encontraba en una base verde brillante de suelo cubierto de algas. Detrás se abría un agujero de más de 90 metros de ancho por alrededor de 20 de alto. El sol estaba detrás de la gran montaña negra, dejándolos en la sombra. La oscuridad dentro de la caverna era intensa. Y también lo era el frío conforme avanzaban hacia esa abertura artificial en la ladera de la montaña.

En un tiempo, la pila de metal había sido una puerta diseñada con habilidad, fabricada para parecer, desde el exterior, nada más otra cara de roca ígnea. Al coronel Hartmann le parecía como si alguien la hubiera abierto a la fuerza empleando explosivos. Había marcas de quemaduras en la ladera donde la habían hecho explotar.

El viento aullaba a su alrededor, en ráfagas de hasta 70 kilómetros por hora. El brutal frío antártico, casi -60 grados centígrados a la sombra, penetraba incluso en su ropa especial, entumeciéndolos. Unos cuantos minutos después de que salieron del helicóptero los bordes de sus máscaras quedaron cubiertos con hielo de su aliento.

El coronel Hartmann condujo a su equipo al interior. Los haces de luz de las poderosas lámparas en sus manos y que tenían en la cabeza cortaban la oscuridad, salpicando el piso, las paredes... y objetos.

Éste había sido el hangar principal de los vehículos aéreos de la estación. Los muros y el techo de esta habitación se habían tallado en la roca viva. El techo estaba varios pisos por encima del suelo. En la penumbra, apenas podían notar una grúa en rieles suspendida del techo de roca. El piso era una superficie lisa de concreto, cubierta con escombros y nieve arrastrados por el incesante viento. Ante ellos se encontraba el casco oscuro de un avión abandonado.

Quedaba poco más de la estructura de acero del avión. Parecía que alguien había quitado todo lo útil o de interés de él. De todos modos, se podía ver que alguna vez había sido un disco con forma de “platillo volador”, de unos 27 metros de diámetro. El doctor Zweick se aproximó al armazón, casi con reverencia. “Es difícil de decir, pero creo que era una de las máquinas de vórtice de Victor Schuaberger. Parece que desmontaron ésta para sacar piezas para mantener otras volando.

"Parece bastante correcto", afirmó Klauss, "debió ser bastante desalentador este lugar en los últimos años".

"Taller de reparación", dijo Klauss, señalando con el haz de luz de la lámpara la habitación adyacente a la derecha. Estaba llena de máquinas grandes y herramientas para llevar a cabo las reparaciones necesarias para mantener en el aire los aviones de la estación. Klauss estaba sujetando un dibujo del plano del piso de la instalación. También el coronel Hartmann.

"La sala principal, vamos", dijo Hartmann, dirigiéndolos al interior de la estación.

Al final de la guerra, se informó que la Estación 211 tenía algunos miles de personas y la estaban ampliando febrilmente para que contuviera muchos miles más, tal vez decenas de miles. Era parte de sólo uno de varios "planes de contingencia". Muchos en el Reich creían que las nuevas superarmas que se estaban desarrollando pronto llegarían al rescate, todo lo que tenían que hacer era resistir un poco más... y eso bien pudo ser cierto. Desde el "reducto sur" en las montañas de Harz en Austria al helado corazón de la Antártica, el Reich estaba preparando ubicaciones subterráneas para una valerosa resistencia final. La Estación 211 era una de diferentes bases construidas para recibir un ejército especial. Se abordará en los capítulos finales de este libro este ejército, el "Batallón Final" de Hitler.

En su diseño, 211 era un vasto complejo de complejos. El área de "aeropuerto" en que habían entrado Hartmann y su equipo era una instalación separada: un pequeño pueblo virtual por sí mismo, a más de cuatro kilómetros del núcleo de la estación, enterrado a gran profundidad en la montaña. Si un enemigo se hubiera apoderado de esta entrada, aún tendría una difícil batalla para penetrar más allá.

Aumentó el calor conforme Hartmann y su equipo recorrían su camino a mayor profundidad en el interior calentado por geotermia de la estación.

Habitación del tesoro del Tercer Reich

Les tomó casi una hora llegar a su meta. La entrada estaba oculta sobre un falso techo en un cuarto de suministros de apariencia poco importante detrás de una oficina llena con escritorios volcados y archiveros saqueados de secretarias desaparecidas mucho tiempo atrás. Incluso aquí, en lo que literalmente era el fin del mundo. Debía continuar el trabajo de la burocracia.

Con rapidez apilaron escritorios y Klauss y Heinz se pusieron a trabajar con palancas.

"¡Sí!", gritó Klauss, "¡Está aquí!".

Encima del falso techo estaba una abertura circular que conducía directo hacia arriba al centro rocoso sin refinar de la montaña. Con rapidez cada hombre subió los escalones de hierro. Una subida sorprendentemente larga los llevó a otra habitación. Esta habitación estaba recubierta con placas de acero y tenía una sola puerta de acero pesado en la pared occidental. Los hombres se dieron cuenta de inmediato que la puerta era la de una bóveda de seguridad.

Hartmann se quitó un guante y empezó a girar los discos... ¡y los pestillos chasquearon al ponerse en posición! Un momento después, la puerta estaba abierta, revelando otro pasaje. Éste también estaba recubierto con placas de acero.

Aquí volvemos al registro del coronel Hartmann:

> *Nuestras luces penetran en el túnel de acero que se extiende por alrededor de diez metros. Cuando llegamos al extremo del túnel, nos encontramos en una enorme área cavernosa. Parece acogedora. Mientras*

examinamos la caverna con nuestras luces, notamos pilares congelados de hielo en formas extrañas y grotescas. Penetramos en la caverna una distancia de alrededor de 300 metros. Es en este punto que llegamos a una caverna más pequeña que gira hacia la derecha y termina en una habitación de alrededor de 80 metros de ancho y diez metros de alto. ¡Es aquí que están escondidos los tesoros del Reich!

En este punto se encuentra un pequeño obelisco de alrededor de un metro de altura que señala el lugar. Tiene una inscripción que dice lo siguiente: "En realidad existen más cosas en el cielo y 'en' la Tierra de lo que ha soñado el hombre (más allá de este punto es AGHARTA) Haushofer, 1943".

Nuestras luces de inmediato cayeron sobre el tesoro que consta de ocho grandes cofres de bronce. Esto hace que sean dos para cada hombre y requerirán dos viajes. ¿Podemos hacerlo? Está por verse. Cada uno de nosotros sujeta una caja de bronce con las manos.

Hartmann se decepciona pronto al darse cuenta que el peso de las cajas, en total, es demasiado pesado para que su equipo lo cargue de vuelta cruzando la base abandonada y al helicóptero que espera. Se tendrán que dejar atrás cuatro de las cajas. Vuelven a la bodega y hacen lo más que pueden para que el techo se vea como si no lo hubieran tocado.

La caminata de vuelta a Taifun es agotadora y difícil. Nos detenemos a descansar varias veces en la ruta de vuelta. Los cofres se hacen cada vez más pesados conforme avanzamos. Debemos detenernos y descansar con más frecuencia. Por último arribamos al Taifun en el momento en que llegamos al agotamiento total. Después de un breve descanso más, empeza-

mos nuestra tarea de cargar los cofres a bordo. Lothar y Heinz retiran la celda extra de combustible después de bombear su contenido al tanque principal de benceno del Taifun. Se descartan los objetos innecesarios del equipo. La pérdida de peso compensará la carga extra. Ocho cofres hubieran sido una carga imposible.

Poco antes de que estemos listos para partir, se abre el cofre que contiene la Lanza Sagrada. Todos observamos con profunda fascinación mientras Klauss separa la clavija de bronce del cierre.

Dentro del cofre está un estuche de piel desteñida junto con muchos otros artículos. Abrimos el estuche con cuidado. ¡Ahí está!, ¡la Lanza Sagrada!, ¡la lanza que atravesó el costado de Nuestro Señor Jesucristo! La lámpara de aceite que encendimos junto al Taifun causa que parezca una ceremonia. Levanto la Lanza Sagrada en mi mano. Sin pensarlo, las palabras parecen manar de mi boca: "¡la Lanza Sagrada apunta siempre hacia nuestra eterna Alemania!".

Cubierta de *Der Vierjahresplan* (El plan de cuatro Años) que fomenta el plan del Tercer Reich para colonizar Neuschuabenland. Los alemanes encontraron diversos lagos de agua pura y regiones sin hielo en la Antártica.

Capítulo 2

El salvador, el soldado y la Lanza

Sigo mi camino, y aunque mi carne fallecerá, mi alma se quedará junto a ti todo el camino para guiar y bendecir.

Y hombres malvados se apoderarán de ti en las calles, y mientras te arrodillas para orar, te acusarán de algún crimen legal, y pensarán que sirven a su Dios sentenciándote a morir. Pero no flaquees, la carga será pesada, pero con la conciencia del deber cumplido, la paz de Dios elevará la carga, disipará el dolor e iluminará el camino.

Y nos encontraremos donde no vienen los verdugos de la carne; ahí serviremos a los hombres crueles, que en su ignorancia nos han torturado hasta la muerte.

¿Podemos prevenir esta atrocidad y esta matanza de nuestras vidas? Si no sólo somos criaturas del flujo y reflujo de lo relacionado con la carne. No sería un sacrificio de la vida, pero somos los amos de lo relacionado con el tiempo.

Mira, podemos hablar, y todos los espíritus de fuego, agua, tierra y aire saldrán en nuestra defensa. Podemos ordenar y muchas legiones del mundo de los ángeles vendrán y harán caer a tierra a nuestros enemigos. Pero es mejor que ningún poder de cielo o tierra venga en nuestro auxilio. Y es mejor que incluso Dios vele su cara y no parezca escucharnos.

—El Evangelio de Acuario de Jesús el Cristo 127: 18-25

Érase una vez un joven clérigo con gran cantidad de seguidores fanáticos. Vivió y enseñó en un país ocupado del Medio Oriente. Las autoridades de ocupación lo llamaron rebelde. Muchos de los sacerdotes de su propia secta trataron de distanciarse de él, incluso poniéndose del lado de las fuerzas de ocupación en su contra. Al final, se enviaron soldados e invadieron su lugar de reclusión religiosa. Aunque sus discípulos se opusieron, él no. Después de su captura, lo juzgaron y condenaron por sedición y otros crímenes. Tuvo un final bastante desagradable. Pero su nombre siguió vivo y su muerte se volvió incluso más importante que su vida, una nueva Fe que floreció en el corazón de sus seguidores.

Como habrás adivinado, nos referimos a un clérigo que vivió y murió hace unos dos mil años. Su nombre era Jesús.

La Pasión de Cristo

Es probable que hayas escuchado las historias de la vida de Jesús, sus enseñanzas y milagros, y su muerte. Es posible que unos cuantos fragmentos físicos, considerados reliquias sagradas de la Pasión, hayan sobrevivido hasta éste el tercer milenio de la era cristiana, siendo los más famosos el Sudario de Turín y la Lanza de Longinos. Sin embargo, existen muchas más reliquias así, aunque menos conocidas, en iglesias y museos de todo el mundo. Entre estos objetos venerados se encuentra un pedazo del mantel de la Última

Cena, numerosas espinas de la Corona de Espinas y diversos pedazos de madera que se afirma proceden de la Cruz Verdadera.

¿Y qué es la Lanza de Longinos? ¿Qué es esta misteriosa y antigua lanza que algunos han llamado la Lanza del Destino, y otros, la Lanza de Cristo, y otros más, la Lanza Sagrada? ¿Todavía existe después de 2 000 años?, y si es así, ¿qué poderes extraños tiene? Mientras que la lanza puede ser mucho más antigua que la Fe que surgió después de la crucifixión del hijo de un carpintero galileo, la historia de la Lanza empieza justamente con la Pasión de Cristo.

Como podrías recordar, después de que Poncio Pilatos, gobernador y procónsul de la Judea ocupada por los romanos, se lavara las manos de todo el asunto, Jesús fue juzgado por el supremo tribunal judío. A este grupo de fariseos que juzgaron a Jesús, formado por hombres que eran clérigos y jueces, se llamaba Sanedrín.

Después de su condena, se le puso a Jesús una corona de espinas, se le azotó con un látigo y luego se le obligó a cargar una pesada cruz de madera a un lugar en que la ocupación romana ejecutaba a criminales comunes.

La procesión de ejecución empezó en la Fortaleza Antonia, que albergaba el Pretorio, la sede del gobierno de Poncio Pilatos, y avanzó 595 metros al Gólgota, "El Lugar de los Cráneos", en la colina del Calvario. Una vez ahí, Jesús y dos criminales comunes, llamados Dimas y Gestas, fueron clavados a sus respectivas cruces para pasar el día en tormento.

La crucifixión es una forma desagradable en particular para morir, ya que el propósito es arrancar la mayor tortura mental y física posible a su víctima. Cuando uno está en la cruz puede empujar con los pies para aliviar la presión en el pecho causada por el peso del cuerpo que cuelga de los brazos, mientras se tenga fuerza. Al final, la fuerza falla y la víctima se sofoca por su propio peso comprimiendo los músculos del pecho. Además del dolor atroz de los gruesos clavos de hierro y el dolor de los músculos de las piernas por tratar de alejar la muerte, también se tienen horas para pensar sobre cómo el rendirse terminará con todo... y al final uno se rinde. Al final, el crucificado perece, agotado en cuerpo y espíritu.

En el *Evangelio de Juan*, capítulo 19, versículos 28 a 37, leemos:

> *Después de esto, sabiendo Jesús que ya todo estaba consumado, dijo, para que la Escritura se cumpliese: Tengo sed.*
>
> *Y estaba allí una vasija llena de vinagre; entonces ellos empaparon en vinagre una esponja, y poniéndola en un hisopo, se la acercaron a la boca.*
>
> *Cuando Jesús hubo tomado el vinagre, dijo: Consumado es. Y habiendo inclinado la cabeza, entregó el espíritu.*
>
> *Entonces los judíos, por cuanto era la preparación de la pascua, a fin de que los cuerpos no quedasen en la cruz en el día de reposo (pues aquel día de reposo era de gran solemnidad), rogaron a Pilatos que se les quebrasen las piernas, y fuesen quitados de allí.*
>
> *Vinieron, pues, los soldados, y quebraron las piernas al primero, y asimismo al otro que había sido crucificado con él.*
>
> *Mas cuando llegaron a Jesús, como le vieron ya muerto, no le quebraron las piernas.*
>
> *Pero uno de los soldados le abrió el costado con una lanza, y al instante salió sangre y agua.*
>
> *Y el que lo vio da testimonio, y su testimonio es verdadero; y él sabe que dice verdad, para que vosotros también creáis.*
>
> *Porque estas cosas sucedieron para que se cumpliese la Escritura: No será quebrado hueso suyo. Y*

también otra Escritura dice: Mirarán al que traspasaron.

El día designado para la muerte de Jesús fue el viernes, y no sólo cualquier viernes, sino el viernes antes de la Pascua, uno de los eventos más importantes del calendario religioso judío. El Sabbath hebreo empieza al anochecer del viernes. Es contrario a la Ley Talmúdica llevar a cabo una ejecución o un funeral en el Sabbath; por lo tanto, Jesús y los dos criminales crucificados con él, tenían que estar muertos antes del anochecer y no se les podía enterrar hasta el domingo.

Como se narra en el libro de *Juan*, al ver que avanzaba la tarde y que los hombres todavía estaban vivos, los sacerdotes fueron ante Poncio Pilatos, pidiendo que hiciera que sus hombres rompieran las piernas de ellos de manera que pudieran morir de asfixia antes de que empezara el Sabbath. Pilatos estuvo de acuerdo y envió órdenes para que se llevara a cabo la acción.

Los soldados rompieron las piernas de Gestas y Dimas, luego se dirigieron a terminar con Jesús. Según el *Evangelio de San Juan*, 19:34, "Pero uno de los soldados le abrió el costado con una lanza, y al instante salió sangre y agua". Tanto Mateo (27:54) como Marcos (15:39) afirman que este soldado romano exclamó: "Verdaderamente este hombre era Hijo de Dios", mientras que Lucas (23:47) lo cita diciendo: "Verdaderamente este hombre era justo".

Existen otras versiones más detalladas de la historia de este "soldado con una Lanza" y de esa respetable conversión al cristianismo.

Sangre y linfa enigmáticas

Aquí se encuentran algunas preguntas fascinantes para los escépticos: un cadáver no sangra, ¿de dónde procede la "sangre y agua"? Los eruditos bíblicos contestan que aunque un cadáver herido superficialmente no sangraría, algunos órganos cuando se perforan continuarán sangrando después de la muerte.

Alec Maclellan presenta una explicación en su libro: *El secreto de la Lanza.* Escribió que el empuje de Gaius puso la punta de la Lanza entre la cuarta y la quinta costillas, diciendo:

> *Existe evidencia bastante concluyente de que el empuje de Gaius Cassius fue a través del pericardio y al corazón, causando el flujo de fluido acuoso del saco que rodea el corazón y la sangre del interior del corazón. Indicaría, además, que Jesús no tuvo la muerte usual de la crucifixión por asfixia sino por falla cardiaca, debido al colapso y presión del corazón debido al fluido en el pericardio.*

El portador de la lanza

Longinos es el nombre que se da a ese soldado en el apócrifo *Evangelio de Nicodemo* (antes llamado *Acta Pilati* o *Actos de Poncio Pilatos*), que fue escrito en el siglo VI. El patriarca griego Germanus llamó al soldado en sus escritos de 715 d.C., Gaius Cassius Longinos. Este nombre sugiere que la palabra "Longinos" puede ser una forma latinizada de la palabra griega *Logche*, que significa lanza.

Siguiendo el ejemplo de Germanus, escritores posteriores emplearon Longinos con el nombre, llamándolo Gaius Cassius Longinos.

De acuerdo al *Evangelio de Nicodemo*, Gaius era un viejo con vista mala, alguien que había envejecido en el servicio del Imperio. Después de una carrera larga y distinguida, lo habían enviado a Judea y le habían dado una posición de no combatiente (debido en parte a su condición de casi ceguera por cataratas). La asignación de Gaius fue en lo que en la actualidad llamamos *inteligencia militar*. Roma asignó a Longinos a vigilar e informar las acciones de diversas facciones rebeldes y sus rabinos.

De acuerdo a Nicodemo, Gaius había estado siguiendo a Jesús por alrededor de dos años, escuchando sus sermones y tal vez incluso siendo testigo de sus milagros. Después de dos años de mantener a Jesús bajo vigilancia casi constante, su misión se acercaba a su fin cuando asistió al juicio de Jesús por parte del Sanedrín, el día anterior a la crucifixión. Para este momento, Gaius había llegado a respetar al hombre que había estado siguiendo todo ese tiempo. Se dice que estaba apenado por el tratamiento que Jesús recibió a manos de su propia gente. Según informes, Gaius se estremeció cuando un soldado golpeó a Jesús por mantenerse en silencio mientras lo cuestionaba Caifás, el Sumo Sacerdote.

Parte importante de la historia de Gaius Cassius, era que siempre portaba su *asta* (lanza larga) adondequiera que fuera. Tenía una punta de hierro montada en un mango de madera noble de dos veces la longitud del cuerpo del soldado. El padre de Gaius había portado la misma lanza cuando fue soldado de César Germánico. Su padre la había portado antes de él.

La Lanza se entregaba de padre a hijo. Gaius recibió el asta cuando se unió a la Legión Romana. De acuerdo a estos cronistas del siglo VI de Gaius, Julio César la obsequió como recompensa especial por la valentía del legionario en la conquista de Galia. La leyenda informa que la Lanza estaba afilada perpetuamente, que nunca se oxidaba y que poseía algún tipo de cualidades mágicas.

Es probable que el uso de Gaius de su asta en Jesús ese día fuera por respeto, tal vez incluso amor o veneración por el hombre que había estado siguiendo. De acuerdo a la mayoría de las narraciones, en realidad acuchilló el cuerpo de

Jesús para mostrar que el Profeta estaba muerto, que no había necesidad de romper las piernas del carpintero crucificado.

El acto de romper las piernas de alguien crucificado era una ignominia... mutilar el cuerpo era una práctica de desprecio, algo que un soldado romano sólo hacía a un enemigo odiado.

Las acciones de Gaius se han considerado por dos mil años como prueba de que Jesús era *El Cristo* (literalmente "el ungido"), el Mesías de la profecía. Ya que como se mencionó en *Juan*, Zacarías profetizó que: "No romperán ningún hueso de él", y "Mirarán al que traspasaron".

Se encuentran pruebas adicionales de la divinidad de Jesús en la narración de la conversión de Gaius al cristianismo. Los escritos hagiográficos afirman que justo después de atravesar el costado de Cristo, Longinos cayó de rodillas ante la cruz; mientras levantaba la vista parte de la sangre y la linfa del cuerpo gotearon en sus ojos, restaurando su vista en forma milagrosa.

En una versión de lo que sucedió después de la Crucifixión, Gaius de inmediato se dirigió a la Fortaleza Antonia y solicitó a Poncio que lo relevara de sus deberes. Después de dejar el ejército, se unió a los que estaban diseminando las enseñanzas de Jesús. Se hizo monje en la antigua ciudad romana de Mazarca en Capadocia, en el sitio de la actual ciudad de Kayseri en Turquía. Más adelante salió a predicar al mundo, viajando extensamente, siempre con la lanza en sus manos.

Otra versión afirma que poco después de la Crucifixión el recién convertido Gaius se metió en problemas con la ley, lo mantuvieron bajo vigilancia, después lo arrestaron y llevaron ante la autoridad en Cesárea (la antigua ciudad portuaria, ahora en Israel, establecida por Herodes el Grande más o menos en el tiempo del nacimiento de Jesús como tributo al emperador romano, Augusto César). Ahí Gaius fue torturado por su nueva fe en Cristo, e incluso le extrajeron los dientes y le cortaron la lengua... pero todavía podía hablar y empleó su lanza para hacer pedazos gran cantidad de ídolos paganos ante la mirada sorprendida del gobernador romano. Mientras rompía los ídolos, escapó gran cantidad de demonios que habían vivido en ellos y atacaron al gobernador, privándolo de la vista y volviéndolo loco. Gaius informó al gobernador que sólo recuperaría la vista cuando Gaius estuviera muerto, con lo que el gobernador ordenó la ejecución inmediata de Gaius. La leyenda termina:

> *Y el gobernador ordenó que lo decapitaran. Cuando la cabeza cayó de su cuerpo, parte de la sangre salpicó los ojos del gobernador y su vista se recuperó de inmediato. Por este milagro, el gobernador se convirtió a la fe cristiana al igual que había sucedido a Longinos en la crucifixión de Cristo.*

Sabine Baring-Gould fue un clérigo anglicano (sacerdote de parroquia en Devon) y compositor del famoso himno: "Firmes y Adelante". En su libro de 1914, *Las vidas de los santos*, trató de encontrar el lugar de reposo de San Longinos:

> *Se pretende que se encontró el cuerpo de San Longinos en Mantua en 1304, junto con la esponja manchada con la sangre de Cristo, con la que había ayudado a limpiar el cuerpo de nuestro Señor cuando lo bajaron de la cruz. Estas reliquias se han distribuido en diversos lugares. Partes están en Praga, otras en Carlstein, el cuerpo en el Vaticano, en Roma. Pero los sardos afirman que poseen el cuerpo de San Longinos, que fue descubierto en su isla, donde sufrió a manos de Nerón. Y los griegos dicen que sufrió en Gabala, en Capadocia. Sin embargo, también se dice*

que la cabeza se descubrió en Jerusalén y la llevaron a Capadocia.

Como veremos pronto, existen otras historias respecto a dónde fue Longinos y qué hizo después de la crucifixión...

Capítulo 3

José de Arimatea y la Resurrección

A la hora novena, en el día hebreo de la Preparación, el hijo del hombre clamó sus palabras:

"Padre, en tus manos encomiendo mi espíritu".

Poco después de su muerte: el sonido de huesos rompiéndose. Los soldados romanos, enviados para apresurar la muerte de los tres crucificados en el Gólgota, blandían instrumentos romos improvisados. Cuando los soldados se aproximaban a Jesús, Longinos los sorprendió con una protesta: Sujetó su lanza y abrió el costado del profeta inmóvil. Sangre y linfa salieron de la herida.

Con ese acto de misericordia y respeto, Longinos mostró a los centuriones que se aproximaban que Jesús había muerto, no habría necesidad de romperle las piernas como a los otros.

El sol estaba a punto de ponerse, se aproximaba el Sabbath. El Sabbath dura del anochecer del viernes hasta que la noche del sábado esté lo bastante avanzada que se puedan ver tres estrellas.

Incluso en la muerte este Jesús fue un problema para Pilatos. Lo habían presionado los sacerdotes para arrestarlo, luego lo obligaron a enviarlo con ellos para el juicio. ¿Y qué hicieron los sacerdotes? Se quejaron de que no se le podía juzgar la víspera del Sabbath, ya que si resultaba en su contra, se tendría que posponer su muerte, una violación de su ley, o si se llevaba a cabo correctamente de inmediato, ¡violaría las leyes respecto a la observancia del Sabbath! Pero al menos se había realizado el juicio y se llegó al veredicto inevitable. ¿Ahora qué iba a hacer Pilatos con un cuerpo que no se puede quedar en la cruz a pasar la noche ni se puede enterrar en Sabbath?

> *Si alguno hubiere cometido algún crimen digno de muerte, y lo hiciereis morir, y lo colgareis en un madero, no dejaréis que su cuerpo pase la noche sobre el madero; sin falta lo enterrarás el mismo día, porque maldito por Dios es el colgado; y no contaminarás tu tierra que Jehová tu Dios te da por heredad.*
>
> *Deuteronomio 21 22-23*

Pilatos quedó muy feliz en permitir que un creyente tranquilo, José de Arimatea, reclamara el cuerpo.

> *[Este hombre] fue a Pilatos, y pidió el cuerpo de Jesús. Y quitándolo, lo envolvió en una sábana, y lo puso en un sepulcro abierto en una peña, en la cual aún no se había puesto a nadie.*
>
> *Lucas 23 52-53*

El sepulturero del Salvador

El Nuevo Testamento describe a José de Arimatea como un hombre "rico". Había sido, junto con su hermano del Sanedrín, Nicodemo, un discreto seguidor de Cristo. Ambos hombres ejercían suficiente poder político o monetario, para lograr una audiencia con Pilatos y persuadirlo a que les otorgara la custodia de los restos de Jesús.

Vale la pena enfatizar que el gobernador romano estaba muy frustrado con todo el asunto que el Sanedrín le había impuesto por principio de cuentas. El grupo políticamente evasivo de los fariseos obligó a Pilatos a condenar a Jesús a la cruz. Como relata *Marcos* 15, el gobernador está sorprendido, y sin duda molesto, cuando se entera por José de que Jesús está muerto:

> *Pilatos se sorprendió de que ya hubiese muerto; y haciendo venir al centurión, le preguntó si ya estaba muerto.*
>
> *Poncio Pilatos duda de la historia de José hasta que uno de los soldados (supuestamente Longinos) confirma su muerte:*
>
> *E informado por el centurión, dio el cuerpo a José.*

Por la historia de los sucesos de *Marcos*, podemos ver que José tuvo conocimiento de que Jesús estaba muerto antes de que Poncio supiera de la muerte. La leyenda afirma que José estaba presente en la crucifixión, aunque los Evangelios del Nuevo Testamento no lo exponen abiertamente. Varias pinturas clásicas lo representan sosteniendo una taza (la taza para beber que Cristo empleó en la Última Cena), y tomando un chorro de la sangre de la herida del costado de Cristo.

Evidencia adicional del conocimiento directo de José de los eventos de la Crucifixión se encuentran en el texto apócrifo del *Libro de Nicodemo*. Los escritos antenicenos, que es probable que se remonten al siglo I d.C., nos dicen que cuando José y Nicodemo volvieron al Templo, tuvieron que responder ante el Sanedrín por reclamar y ocuparse del cuerpo de Cristo. José a su vez pregunta a los fariseos por qué no se han arrepentido de su participación en condenar a Jesús. Menciona en forma específica la herida de la Lanza:

> *Y vosotros no han atendido bien al justo, ya que vosotros no se han arrepentido cuando lo crucificaron, sin embargo, también lo atravesaron con una lanza.*

Se menciona a Poncio Pilatos el conocimiento de José de la muerte de Cristo, antes de que reciba la custodia del cuerpo del profeta. Aunque el registro no nos revela que José supiera de la perforación de la Lanza antes del entierro de Jesús, podemos suponer que le contó el incidente un testigo de primera mano o que estuvo presente en el acto de misericordia de Longinos. Tal vez José sostuvo la copa que contuvo el flujo de sangre que surgió.

La sacudida del Sanedrín

Antes de que Poncio y el Sanedrín condenaran a Cristo a la Crucifixión, los fariseos le pidieron prueba de que era un Mesías. De acuerdo a las traducciones del *Evangelio según Mateo*, Jesús recuerda a los que dudan la historia de Jonás y la Ballena. Como Jonás, Jesús promete su liberación después de tres días en el vientre. Sólo que en el caso de Jesús, ese vientre es el "corazón de la Tierra". Jesús afirma que ésta será la única señal para los fariseos.

Este detalle de los tres días expone una contradicción entre la literatura y la tradición de la Iglesia. Los cristianos celebran la Resurrección la mañana del domingo; sin embargo, si Cristo se levantó de la tumba la mañana del domingo, habría estado muerto sólo día y medio.

Los eruditos bíblicos explican la discrepancia señalando que antes de la traducción de la escritura griega original, la palabra de Cristo significaba "periodo de doce horas". La sustitución en nuestro lenguaje a 24 horas fue un error. Así que pasaron tres "periodos" después de la muerte de Jesús: la noche que empieza el Sabbath, las horas del día del Sabbath y la noche después del Sabbath.

Después de que los fariseos hicieran interrogatorios respecto a la participación de José en el entierro de Cristo, éste fue literalmente puesto bajo arresto domiciliario. El Sanedrín lo confinó en una casa sin ventanas. Caifás conservó la llave en persona y se apostaron guardias. Como precaución, los judíos pidieron a Pilatos que apostara guardias en el sepulcro para evitar que los seguidores de Jesús robaran el cuerpo.

José fue encarcelado la duración del Sabbath y se decretó que los jueces de la Sinagoga determinarían el método de su muerte la siguiente mañana. Cuando en esa mañana los jueces tomaron su decisión, convocaron a José de Arimatea.

Descubrieron que José ya no estaba en la casa, ¡pero la puerta estaba sellada y cerrada!

Diversas narraciones muestran a Jesús ayudando al escape de José. En sus propias palabras, de acuerdo al *Evangelio de Nicodemo*, José dice:

> *El día de la Preparación, más o menos en la hora de diez, me encerrasteis, y me quedé ahí todo el día de Sabbath. Y mientras me hallaba en oración a medianoche, me hallaba en pie y rezando, la casa quedó como suspendida en los aires por las cuatro esquinas, y apareció un relámpago ante mis ojos. Y temblando caí por tierra. Entonces alguien, tomándome por la mano, me elevó por encima del suelo donde había caído, y vertió sobre mí abundante agua desde la cabeza, incluso hasta los pies y puso cerca de mi nariz el olor de un ungüento maravilloso, y secando mi rostro, como si me lavara, me besó y me dijo:*

> *Nada temas, José. Abre los ojos y mira quién es que te habla. Y mirando, vi a Jesús; y como estaba aterrado, pensé que era un fantasma. Y con una oración y los mandamientos le hablé y él habló conmigo. Y le dije: ¿Eres tú el rabino Elías? Y él me dijo: No soy Elías. Y yo dije: ¿Quién eres tú, mi Señor? Y él me dijo: Soy Jesús, cuyo cuerpo solicitaste a Pilatos y envolviste en un sudario de lino limpio; y pusiste un paño en mi cara y me depositaste en tu tumba nueva y acercaste rodando una piedra a la puerta de la tumba. Entonces le dije a quien me estaba hablando: Muéstrame, Señor, la tumba en que te deposité. Y me guió, me mostró el lugar en que lo había sepultado, y me mostró el sudario y el paño en que había envuelto su cabeza; entonces reconocí que era Jesús. Y me tomó con su mano y me puso en medio de la casa a pesar de que las puertas estaban cerradas, me puso en mi cama, y me dijo: ¡Sea la paz contigo! Me besó, y me dijo: y, durante cuarenta días, no salgas de tu casa; ya que yo vuelvo ahora cerca de mis discípulos en Galilea.*

Los fariseos escribieron una disculpa y pidieron a José que volviera y les ofreciera una narración de su experiencia. Caifás fue anfitrión de una cena en que el invitado fue José.

El hombre de hojalata y el Santo Grial

No podemos exagerar la importancia de José como personaje central en la historia cristiana. Aunque es un participante menor en los Evangelios Canónicos, su influencia es acusada en la Europa de la antigüedad y está vinculada inextricablemente con la Lanza del Destino.

En las leyendas del rey Arturo, José es el guardián del Santo Grial. Qué es con exactitud el Santo Grial ha sido más bien un misterio. Algunos creen que es la taza de que bebió Cristo, tal vez en la Última Cena. Algunos identifican el Grial como la taza que José sostuvo para juntar la sangre y la linfa de Cristo, como se muestra en muchas representaciones de la Crucifixión. Otros más creen que el Grial es una escalera espiritual de dominio.

El Santo Grial y la Lanza del Destino, ambos muy reconocidos como reliquias de la Pasión, se representan como elementos opuestos en la historia y la leyenda. El Grial exhibe las cualidades femeninas, receptivas y enriquecedoras del Dios cariñoso, mientras que la Lanza es símbolo de lo masculino, de violencia y sufrimiento, de guerra, inherentes al mundo de la carne. Las leyendas del Santo Grial y la Lanza del Destino son accesorios dualistas en la historia cristiana que algunos podrían atribuir a la fuerte influencia del mitraísmo en la Roma del siglo I.

Mientras que los protestantes de la actualidad y, en especial los del movimiento fundamentalista cristiano, han restado énfasis a sus papeles, los primeros caracteres y las reliquias del drama cristiano son un componente integral de la historia de la religión. Para gran parte del mundo cristiano fuera de Estados Unidos, los papeles y las relaciones de las figuras y los objetos en el Nuevo Testamento son dignos de reverencia y son relevantes. En un esfuerzo de economía espiritual, los proveedores de un cristianismo estadounidense "magro y promedio" han recortado a la fe gran parte de su riqueza. ¿No se horrorizaría un maestro estadounidense de escuela dominical al enterarse que José de Arimatea y Jesús estaban relacionados por sangre? El esoterismo cristiano oriental en realidad considera a José de Arimatea como tío de María, ¡la madre de Jesús!

En 60 d.C., o alrededor de esa fecha, José viajó mucho al norte a Glastonbury, Inglaterra, por órdenes del apóstol Felipe de Galia. Lo acompañaron doce discípulos, entre ellos su hijo Josephes y Cassius Longinos. José llevó consigo dos botellas de plata: contenían la sangre y el sudor de Jesucristo. Estas botellas tal vez son un posible origen de las leyendas del Grial. Muchos consideran que la llegada de José fue la fundación de la Iglesia de Inglaterra.

Por supuesto, Cassius llevó consigo la Lanza del Destino a Glastonbury.

En la isla de Glass, un rey local dio a José una considerable porción de tierra. Algunos expertos consideran ése el momento y lugar en que José y sus compañeros de viaje construyeron la abadía de Glastonbury. Otros afirman que la construcción ya estaba en pie cuando José, Cassius y el grupo llegaron.

La arqueología pertinente y los primeros escritores cristianos, es decir, Ireneo y Eusebio, verifican la presencia de José y Cassius en la Inglaterra del siglo I, aunque la iglesia católica romana lo cuestiona.

Hay una leyenda de que José dio golpes a la tierra con su cayado y en ese lugar creció el arbusto Espino. Reaccionarios puritanos destruyeron el supuesto Espino original durante la guerra civil inglesa (1625-1649). Los fieles salvaron y trasplantaron ramas del arbusto. La planta, que florece en mayo y diciembre, es originaria de Siria.

Una explicación del poder aparente de José en Jerusalén es que fuera un exitoso comerciante de estaño. Nuestra investigación sugiere que los primeros líderes cristianos enviaron a José a llevar el mensaje cristiano a Inglaterra, el extremo más al norte del imperio romano, ya que José era el seguidor más familiarizado con el territorio.

Documentos romanos muestran que Inglaterra tomó parte en el comercio durante el siglo I. Tanto Cornwall como Somerset eran famosas zonas mineras; Cornwall es famoso por su estaño, Somerset por el plomo.

Historiadores y artistas teológicos intrépidos especulan que Jesús había viajado antes con José a Glastonbury, tal vez durante su juventud. En su poema, *Jerusalén*, el poeta

William Blake pregunta si es posible que Jesús viajara a Inglaterra cuando joven:

Jerusalén
¿Y esos pies en la antigüedad
caminaron en las verdes montañas de Inglaterra?
¿Y fue el Santo Cordero de Dios
visto en los agradables pastizales de Inglaterra?
¿Y el Divino Semblante
brilló en nuestras colinas llenas de nubes?
¿Y se construyó aquí Jerusalén
entre estos satánicos molinos oscuros?
¡Tráiganme mi arco de oro ardiente!
¡Tráiganme mis flechas de deseo!
¡Tráiganme mi lanza! ¡Oh, nubes ábranse!
¡Tráiganme mi Carroza de Fuego!
No cesaré en mi lucha mental,
ni dormirá mi espada en mi mano
mientras una Jerusalén no haya construido
en la verde y placentera Inglaterra.

Algunas evidencias indican que en verdad Jesús pudo haber viajado con José, en lo que pudo ser una ruta comercial, a Glastonbury. Investigadores han sugerido que Jesús y José construyeron la iglesia a donde José volvió más adelante. Señalan los nombres hebreos muy poco comunes de áreas en Somerset, los escritos de William de Malmesbury y la marca en una piedra cerca de la Iglesia Vieja, que dice "Jesús María". La leyenda dice que Jesús y José dedicaron la iglesia a la madre de Jesús.

Capítulo 4

Boudica y el primer ejército de la Lanza

En la calma neblinosa, más allá de las colinas del asentamiento de Londonium, un ejército montado a caballo se acercaba a gran velocidad a las puertas de la ciudad. El sonido retumbante de las fuerzas que se aproximaban alertaron a los centinelas. Los romanos se unieron a la carrera, totalmente desprevenidos para la cercana masacre.

Conforme el ejército se acercaba, los romanos pudieron ver al enemigo. Sus espadas cayeron y quedaron boquiabiertos. A la cabeza del batallón inesperado estaba un carro, ¡conducido por una mujer con fuego en los ojos! Con el cabello rojo ondeando en el viento, la mujer lanzó el grito de guerra.

La reina Boudica sacó la Lanza y logró su venganza.

Veinte años antes de la llegada de José de Arimatea y Cassius Longinos, se produjo una expansión de la conquista romana en Inglaterra. Los romanos estaban ampliando su dominio de la isla, en un intento de controlar a los celtas. En lugar de combatir en lo que consideraba una batalla perdida, el rey Prasutago se hizo aliado de Roma. Otros reyes regionales siguieron su ejemplo y Roma les permitió mantener su gobierno mientras mantuvieran cierta lealtad.

Una posible razón para la aquiescencia dispuesta de Prasutago pudo ser su esposa y reina, Boudica (también escrito Boudicea). Era de ascendencia romana. Bien pudo ser que ella o su familia sirvieran como comité de bienvenida para los ejércitos de Claudio.

Boudica fue una poderosa reina guerrera, con curiosidad espiritual. En realidad fue Boudica quien patrocinó a José y Cassius en su misión a Inglaterra. Se convirtió en una de las primeras conversas al cristianismo, como seguidora de José de Arimatea.

En la década posterior a la fundación de la abadía de Glastonbury, el rey Prasutago se enfermó y murió de repente. La atmósfera de cooperación dentro del imperio había terminado con el gobierno del emperador Nerón. Y es bien sabido cuales eran los sentimientos de Nerón hacia los cristianos. Cuando Prasutago murió, los romanos empezaron a tomar el control directo de su reino. Boudica se opuso y exigió que Roma reconociera su derecho a gobernar el reino. Los romanos contestaron a sus exigencias arrestándola y violando a sus dos hijas.

Su violación fue sólo política. Al estar en la línea de sucesión al trono, las jóvenes eran un problema potencial para los gobernantes romanos. En esos días, había varias formas de enfrentar este tipo de problemas, el más común, para las mujeres, era que las arrojaran de un precipicio o las estrangularan. Pero los romanos eran un pueblo sofisticado que practicaba la guerra psicológica al igual que la convencional. Era necesario humillar a Boudica y la mejor manera de lograrlo sería violar a las muchachas y hacer que azotaran a la reina. Si desfloraban a las muchachas, serían menos atractivas para los nobles y sería menos probable que se convirtieran en problemas políticos. De acuerdo a la costumbre romana, el verdugo llevaba a cabo el acto en público, para evitar ofender a los dioses.

La furia de la leonesa

Boudica estaba furiosa. Su respuesta fue crear un ejército de 20 000 celtas y atacar los asentamientos romanos en el campo inglés. Buscó el consejo de Cassius Longinos, ya que era un soldado veterano y conocedor de las formas de la guerra en el imperio. Longinos, que ahora vivía como cristiano de primera generación, y por mucho más tiempo como guerrero, se negó a la solicitud de Boudica. Boudica encarceló a Longinos por su negativa. La reina Boudica confinó a Cassius Longinos y a un puñado de discípulos en un castillo de lo que en la actualidad es Suffolk.

Parecería que tomó la Lanza de Longinos en este punto, reclamándola como propia. En los eventos que le siguieron veremos las primeras señales de las fuerzas que actúan a través de la Lanza. Aunque había derramado la sangre del Cordero de Dios, hay otro poder que actúa a través de ella, como veremos. Donde va la Lanza, fluyen ríos de sangre.

El ejército insurgente de Boudica tuvo muchas victorias al principio. Sus ataques eran sangrientos y brutales. El ejército de la reina se vengó primero destruyendo la guarnición de Comulodunum, donde vivían colonos romanos, soldados retirados y sus familias. Boudica no perdonó a nadie. Masacró a todos los que estaban en su camino. Para el momento en que pusieron fin a su insurrección, habían perecido en sus manos lo que se calcula fueron 70 000 personas. De la campaña de Boudica, el poeta Alfred Lord Tennyson escribió:

> *Llenó la tierra con matanzas romanas, incontables agonías.*

Perecieron muchas doncellas y matronas, muchos valerosos legionarios.

Cayó la colonia, la ciudad y la ciudadela, Londres, Verulamium, Comulodunum.

Boudica saqueó y quemó tres ciudades, incluyendo Londres (Londonium). Nerón envió refuerzos de 5 000 soldados para derrotarla. El ejército de Boudica derrotó los refuerzos romanos. Ola tras ola, los romanos llegaron y cayeron. Pero la derrota devastadora de los romanos a manos del grupo heterogéneo de insurgentes sólo pospuso lo inevitable.

El gobernador militar romano, Suetonio Paulino, por fin reprimió la revuelta en 61 d.C. Lo que carecía en números la segunda ola de refuerzos, lo compensaban con una estrategia superior. Encabezados por el intrépido Suetonio, los soldados en extremo diestros primero lograron pequeñas pero concisas victorias contra Boudica.

La reina había cometido el error de mantener a la mayor parte de su ejército móvil y sin asegurar sus fuertes y ciudades. Al principio, tomaron el castillo poco vigilado en Thetford, donde estaban detenidos Cassius Longinos y los discípulos cristianos pacifistas.

La rebelión se terminó cuando los romanos al final rodearon al ejército insurgente mientras el ejército de Boudica y sus familias dormían en un claro. Los romanos mataron sistemáticamente al grupo. Los fríos y eficientes comandos del imperio dieron muerte a hombres, mujeres y niños por igual. Tuvieron que atacarlos mientras dormían ya que en el campo de batalla, con la Lanza en la mano, Boudica era invencible. Como vamos a ver, la invencibilidad de quien tuviera la Lanza es parte integrante de la leyenda de la Lanza.

Con la ayuda de sus devotos súbditos, Boudica eludió el círculo de romanos y escapó con sus dos hijas en la noche. Pero en su prisa, dejó atrás la Lanza. Boudica y sus hijas pronto se enteraron de la matanza de sus amigos y parientes, y se dio cuenta de lo desesperado de su situación. Las tres cometieron suicido para evitar un viaje a Roma como prisioneras políticas, y evitar a que aumentaran las humillaciones en su contra.

Para este momento, Cassius Longinos era un hombre de edad muy avanzada, tal vez llegando a los cien años. Existen múltiples historias de su muerte, variando por más de treinta años y situando el evento en algún lugar de Judea, Inglaterra o Armenia. En última instancia, es probable que nunca sepamos la verdad. Uno de los autores apoya la historia de que volvió a Roma donde lo torturaron y mataron, logrando un glorioso martirio cristiano; el otro cree que lo liberaron o escapó de Thetford y murió en la vejez, ayudado por sus amigos y conversos cristianos en Inglaterra.

José de Arimatea no participó en el levantamiento de Boudica. Siguió adelante practicando y convirtiendo por muchos años más. Se dice que está enterrado bajo lo que ahora son las ruinas de la abadía Glastonbury, a unos pasos de los restos del rey Arturo.

La Lanza también fue salvada de los romanos, tal vez rescatada por los seguidores de José. Pasó al clandestinaje, desapareciendo por más de doscientos años. Más adelante, leerás que cuando reaparece, la Lanza estará en un lugar extraño en las manos más inesperadas... ¡y ríos de sangre fluirán de ella!

El general romano Suetonio más adelante llamaría a Boudica "La Leonesa Traicionera". Aunque su historia no se menciona a menudo en nuestra narración moderna y elegante de la historia, tiene un papel crucial en la historia de paganos y cristianos por igual. En la actualidad, los neopaganos veneran a Boudica como icono de la Diosa. De manera paradójica, es apreciada por los cristianos de todos tipos por abrir el conducto que llevó el cristianismo a Inglaterra. Las feministas consideran su justa ira contra la ocupación romana y sus crímenes como un legado del poder de las mujeres.

Y sin embargo notamos que su éxito contra los ejércitos de la tiranía duró hasta que le arrancaron por la fuerza la Lanza Sagrada de las manos. En el curso de esta obra, examinaremos muchos otros portadores de la Lanza cuyo fin llegó con rapidez una vez que perdieron el control de este aterrador talismán de poderes sobrenaturales. Cuando tienes un tigre, o leona, por la cola, no te atreves a soltarlo.

Boudica, reina guerrera de los Ícenos, retrato con sus dos hijas y la Lanza Sagrada.

José de Arimatea y el Espino.

Estatua de bronce de San Longinos.

Capítulo 5

Cristo cuántico y la ciencia de la Lanza

La figura torpe de un herrero enojado labora alrededor del horno. Hollín y sudor cubren su piel. Lo angustia la maldición de su familia. Las oraciones del herrero no han recibido respuesta.

Su aspiración es crear armas superiores para defender a su gente. Mientras trabaja una y otra vez con el hierro, es incapaz de darle la forma que desea. Sus manos, o el material, le fallan todo el tiempo. Vuelan chispas, el hierro se rompe, su martillo resbala. Se detiene, da un vistazo a la marca en su piel.

La figura cae al suelo y ruega al Señor que le dé el metal perfecto para su deseo. Esa noche, desesperado, vaga en la soledad, en las rocas de las montañas. Un sonido de estruendo rasga el cielo y el hombre observa mientras una bola ardiente choca con la tierra.

El hombre encuentra el objeto que vino de los cielos. Es un metal poco común diferente a todo lo que ha visto. Lo lleva de regreso al horno y forja armas con él. El metal se enfría, pero todavía brilla como su fuego. Toma una lanza al exterior, a la noche. Está iluminada desde dentro.

La mente omnipresente

Por cientos de años, la Ciencia ha estado en desacuerdo con la Religión. La Iglesia controlaba más o menos el flujo de información hasta el Renacimiento. Grandes descubridores como Copérnico, Galileo y da Vinci se encontraron al extremo de un cañón que era el poder del cristianismo.

Durante la mayor parte del siglo XX, la situación fue la contraria. Se desacreditaron los milagros y las intervenciones divinas. Las creencias religiosas y quienes las seguían, eran menospreciados por los "educados". Para la década de 1960, Dios estaba muerto.

Al inicio del siglo XXI, encontramos a los caminos de Ciencia y Religión, si no combinándose, al menos avanzando en la misma dirección.

¿Cuál sería el ímpetu de un giro de los eventos tan drástico? La física cuántica.

Mientras los astrónomos recorrían su camino por la vasta extensión que es el Universo, un grupo de científicos estrafalarios en el campo de la física cuántica había estado mirando hacia dentro. Habían aprendido algunos aspectos extraños e inesperados.

Con un poco de suerte, los físicos del público lector disculpen nuestra narración simplista de estos sorprendentes descubrimientos...

Resulta que la materia en realidad no es nada material. Los átomos están compuestos en su mayor parte de espacio vacío. Las partículas subatómicas que nadan por su espacio vacío, como electrones y neutrones, son más *posibles* que *reales*. En ocasiones son partículas y en otras ocasiones ondas de energía. Sólo se puede plantear como hipótesis su comportamiento y ubicación exactos y, agárrense bien ya que esto se pone raro, sólo se puede demostrar que existen cuando se les está observando. Las partículas subatómicas no tienen una naturaleza constante, predecible y confiable a menos que estés buscando una.

La ciencia ha sabido del *Efecto del Observador* en física cuántica por mucho tiempo, aunque se debate mucho sobre la naturaleza del fenómeno.

El experimento implica disparar electrones de un emisor hacia un escudo. Detrás del escudo, se pone un detector. Se inserta un papel fotográfico en el detector para registrar los resultados.

Cuando se corta una rendija en la porción superior del escudo, los electrones golpean más o menos en grupo, del otro lado de la rendija, en el detector. Lo mismo es cierto si sólo se corta una rendija en la parte inferior del escudo. Pero, si cortas dos rendijas en el escudo, una arriba y otra abajo, las partículas de electrones no hacen lo que podrías esperar.

Con dos rendijas presentes en el escudo, se registran los electrones como que actúan como ondas, no como partículas. El papel fotográfico muestra que los electrones producen un modelo de interferencia, de la misma manera en que esperarías que actuaran ondas convergentes de energía.

Se podría concluir que la presencia de dos rendijas en el escudo cambia la forma en que se comportan los electrones. Tener dos rendijas causa que las partículas cambien a ondas. *¿Correcto?*

Para complicar más el tema, el modelo de interferencia demuestra que los electrones viajaron como ondas, pero el receptor muestra que golpearon como partículas. De nuevo, una vez que hacen contacto con el detector, los electrones se manifiestan como partículas.

Sería razonable concluir que conforme se disparan las partículas por las dos rendijas, se están desviando, chocando e interfiriendo con la trayectoria de unas con otras, produciendo así el efecto de onda. No es así.

Schrödinger ajustó su emisor para disparar sólo un electrón a la vez de manera que una vez que el electrón chocaba con el detector, se pudiera disparar otro. Después de que se dispararon numerosos electrones uno a la vez, los resultados fueron los mismos; se produjo un modelo de interferencia de onda en el papel fotográfico.

¿Tal vez el electrón se está dividiendo en un par y al mismo tiempo viaja por las dos rendijas, luego choca en el otro lado del escudo causando un modelo de interferencia? Se pusieron detectores sensibles en cada rendija y se mostró que los electrones, al dispararse uno a la vez, viajaban por una rendija o la otra, pero nunca por ambas de manera simultánea.

De alguna manera, el electrón parece saber que hay dos rendijas y cambia su comportamiento. Viaja por una rendija, como en la primera parte del experimento, pero la mera presencia de una segunda rendija cambia el comportamiento de las partículas en una forma drástica. Si el electrón viaja sólo por una rendija, ¿cómo se *da cuenta* de la segunda rendija?

Podemos decir con seguridad que el electrón en sí no tiene conocimiento de su medio ambiente. El único conocimiento en la habitación es el que tiene el observador. De alguna manera, la mente del observador afecta el comportamiento de lo observado.

Si el experimento se prepara para examinar el modelo de interferencia (dos rendijas) el electrón se comporta como si viajara como onda. Si el experimento se prepara para observar una partícula (una rendija) el electrón se comporta como debiera hacerlo una partícula que viaja. Lo que es más, si uno pone el detector sólo detrás de una rendija, con dos presentes, el papel fotográfico registra el resultado de partícula, no de onda, como si hubiera una sola rendija en el escudo.

Pide y te será dado;
busca y encontrarás;

> *toca y se te abrirá*
> *Jesús de Nazaret, Mateo 7:7*

Cuando lo consideras en el contexto de la teoría de la relatividad de Einstein, sale a la luz una conclusión: la materia es energía y esa energía no se manifiesta como la solidez que percibimos a menos que la conciencia la observe.

Pero tenemos un problema. ¿Cómo podemos cada uno de nosotros, cerca de seis mil millones de seres humanos, como observadores, estar creando nuestra propia realidad material en forma simultánea, y hacer que estas muchas realidades actúen con una sola congruencia?

De acuerdo al padre de la teoría cuántica, el ganador del premio Nobel, Max Planck:

> *Toda la materia se origina y existe sólo gracias a una fuerza. Debemos asumir que detrás de esta fuerza está la existencia de una Mente consciente e inteligente. Esta Mente es la matriz de toda la materia.*

Albert Einstein una vez preguntó a su contemporáneo Abraham Pais, físico cuántico: "¿En verdad crees que la Luna existe sólo cuando la estás viendo?".

No sólo las partículas subatómicas son manifiestamente vulnerables al Efecto del Observador. Un equipo de investigación de la universidad de París Norte ha mostrado que las moléculas manifiestan la misma dualidad de ondas y partículas que las partículas subatómicas. Cuando se sigue esta cadena de lógica por una escala de masa, entonces la luna, las estrellas, tu café, de hecho tu cuerpo, y todo el Universo existen físicamente por la observación.

Tenemos una paradoja filosófica. La mayoría de nosotros está de acuerdo en que la luna existe cuando no la estamos viendo. Todas las civilizaciones, incluso las aisladas, han visto la luna, no es una observación única. Podemos estar de acuerdo en que la luna no es una observación colectiva ya que existen abundantes evidencias de que la luna estaba orbitando la Tierra antes de la existencia de los humanos.

La manifestación congruente de toda la materia física en el Universo necesita de un observador máximo. El argumento es como sigue:

> *La materia necesita ser observada para existir.*
>
> *Los Seres Humanos no están observando en forma única o colectiva toda la materia pasada, presente y futura.*
>
> *La observación consciente está presente siempre y en cualquier parte que esté presente la materia.*
>
> *El Universo existe porque existe una Conciencia Universal.*
>
> *Una Mente siempre presente está observando todo lo que es.*

Llámalo Jehová, Brahmán, Ser Supremo… lo que sea, mediante la física cuántica, la Ciencia está creando un puente en las sinapsis entre el pensamiento religioso y el filosófico.

En tiempos modernos, los cristianos saben que el *único dios verdadero* es Dios; por desgracia, el nombre Dios nos dice poco en cuanta a una descripción. Y la palabra conlleva más estigma que iluminación. Incluso después de años de asistir a la escuela dominical y de celebrar diversos días religiosos, los curiosos entre nosotros nos seguimos preguntando: "¿Qué es Dios?".

Cuando escarbamos un poco más que nuestros cuadernos de dibujos de la Pascua, encontramos que en un tiempo se hacía referencia a Dios como *Jehová* y *Elohim* en el Antiguo Testamento. El nombre Jehová es una transliteración de la palabra hebrea original *YHWH* (o las letras hebreas "Yod Hey Vov Hey") que en la actualidad en la práctica judía se dice *Adonai*. Tanto Jehová como Elohim son *nombres personales* de Dios.

Los judíos escribían YHWH como forma de referirse a Dios, aunque éste no es el nombre de Dios revelado como su propio nombre. Ese nombre era demasiado sagrado para escribirlo de hecho, y por mucho tiempo ha estado perdido... que es, a propósito, un tema delicado para abordar en el siguiente bah mitzvagh. Sabemos por las escrituras que el nombre revelado de Dios significaba "Yo Soy". En verdad es muy elocuente.

El observador máximo es de infinita simplicidad. Es la conciencia omnisciente. *Es*.

La explosión de la conciencia

Con el fin de comprender el verdadero significado de Cristo y de la Lanza Sagrada, debemos considerar la *Creación*.

La tradición de Abraham sostiene que "Dios Creó al Hombre a su Imagen". En el marco de nuestra comprensión actual, podemos postular que el observador máximo creó al observador independiente y fragmentó su infinita singularidad en piezas distantes pero relativas. La Conciencia Universal produjo al Hombre, tal vez toda la vida, con el fin de lograr un grado de "autorrealización". Dios creó al Hombre de manera que Él se pudiera conocer a Sí mismo. Para simplificarlo de más, ¡el Ser Infinito no se puede ver a sí mismo en el espejo si también es el espejo mismo!

Algo notable sucedió en la Tierra hace alrededor de 40 000 años: nació la conciencia humana, como la conocemos. Los paleoantropólogos Richard Klein y Blake Edgar, en su obra, *El amanecer de la cultura humana*, nos dicen que a pesar de que la Ciencia puede seguir la pista a la existencia de nuestra especie por 100 000 años, no vemos evidencia de la conciencia humana hasta hace alrededor de 40 000 años. En ese punto, vemos obras de arte, herramientas sofisticadas y rituales funerarios.

El registro de artefactos muestra que la tecnología se mantuvo bastante consistente con Homo erectus por varios cientos de miles de años. Hasta hace tiempos más bien recientes, los seres humanos no tuvieron nada que representara el intelecto moderno. La ciencia todavía no ha podido explicar este salto evolutivo.

La conciencia humana está evolucionando y su evolución es parte del *despertar* general del Universo. Hace 40 000 años, nos volvimos sensibles. El proceso no terminó ahí. Aunque la humanidad ha tenido varias pérdidas catastróficas de conocimientos y tecnología, la más notable de las cuales es la misteriosa desaparición de la Biblioteca de Alejandría, podemos trazar la evolución de la mente mediante lo que sabemos del registro histórico.

En este intento, primero, vamos a examinar la historia malentendida y muy difamada de la Creación. Los escépticos de la Biblia señalarán que de acuerdo al Antiguo Testamento, Dios creó el mundo hace 6 000 años. De nuevo, tenemos un problema de lenguaje. La palabra griega traducida como *Mundo* en la *Versión del Rey Jacobo* es *Aeon*, que con más exactitud significa *Era*, como periodo de tiempo. Traducido en forma apropiada, comprenderíamos que la *Versión del Rey Jacobo* muestra que la Era de Adán, Abraham, Moisés y sus muchos descendientes, fue creada por Dios hace 6 000 años.

De acuerdo al geólogo cristiano, Gaines Johnson, la historia de la Creación no intenta explicar que el mundo, como planeta, fue creado en siete días. Los modelos científicos actuales indican que el planeta Tierra tiene alrededor de cuatro mil millones de años de antigüedad. La historia de la Creación del Antiguo Testamento se refiere a la Era y a la situación del Hombre en esa Era.

El nacimiento de Adán coincide con el amanecer de la *Era de Tauro* en el Zodiaco. Esto significa que la constelación de Tauro era la dominante en el cielo en el Equinoccio Vernal (de la primavera). La referencia astrológica es historia relevante, ya que más adelante el camino de la Lanza se cruzará con la Magia Ritual, para la cual la Astrología es fundamental.

En el *Génesis*, Lucifer tienta a Adán y a Eva para que coman la fruta del Árbol del Conocimiento del Bien y el Mal. Se les promete que "serían como dioses conociendo el bien y el mal".

Es obvio que los hebreos y los cristianos, o al menos sus publicistas, lamentan este momento decisivo de conciencia. A la historia se le llama "Pecado Original". Jehová había advertido a Adán y a Eva que no comieran la fruta y desobedecieron sus deseos. El reverendo y teólogo William Macleod escribe que la consecuencia de su pecado es que Dios los vuelve "conscientes de la desnudez espiritual, falta de rectitud y de su propia mortalidad". Esta condición, que proponemos que es la evolución del observador independiente, es hereditaria... Dios maldijo a los descendientes de Adán con la misma conciencia.

Es interesante notar que Lucifer, el ángel caído, es conocido en la mitología cristiana como el "Portador de Luz" o el "Iluminador". En el Jardín del Edén, Lucifer, o *Satán*, aparece ante Eva como una serpiente. Es probable que esta representación de Satán surgiera del dios egipcio *Sata*. Un dios serpiente que era el "padre del relámpago", Sata también había caído a la Tierra.

¿Los hebreos estaban lanzando una advertencia simbólica contra las prácticas ritualistas de sus antiguos opresores egipcios? Los autores sugerirían algo diferente. La similitud de la representación del ser que entrega este nuevo conocimiento, dejando de lado los juicios, infiere que la Humanidad en este momento está pasando por un cambio de conciencia.

La Orden Masónica, que en la actualidad es la organización de logia fraternal más grande del mundo, señala el tiempo empleando su propio calendario. Su calendario añade 4 000 años al calendario de la Era Común. El Calendario Masónico señala el tiempo con la distinción A. L., o *Anno Lucis*, que significa "Año de la Luz". A menudo verás dos fechas en la piedra angular de los edificios públicos: una es "d.C." y la otra es "A. L.". Algunos afirman que A. L. hace referencia al evento astronómico que tuvo lugar hace 6 000 años. Otros dicen que es un reconocimiento directo a la iluminación de Adán y Eva.

La mente de Cristo

Otro salto al frente en la evolución de la conciencia quedó registrado hace dos mil años, con el nacimiento de Cristo. En los siglos que conducen al final de la Era de Aries, el cambio empezó a tomar forma.

Las religiones importantes de zoroastrismo, budismo y gnosticismo habían echado raíces para el inicio de la Era de Piscis. También existían numerosas "religiones de misterio", como el mitraísmo, que rivalizaban con el cristianismo en los primeros siglos d.C.

Estaba echando raíces una ola de espiritualidad. Conforme los practicantes religiosos se volvían más resueltos y centrados en sus campañas, su voluntad estaba interactuando con el observador máximo en conjunto, generando la nueva fase de la evolución de la conciencia humana. La fuerza de la totalidad de la energía psicocinética de los observadores independientes proyectada hacia el Creador causó lo que se podría describir mejor como un circuito de retroalimentación. Muy semejante a un micrófono que retroalimenta un altavoz, o poner un espejo frente a otro y ver la proyección de reflejos infinitos en circuito, el Infinito sabía de su conciencia a través del conocedor. Algún conducto de energía del observador máximo, penetró el velo de separación que es la experiencia colectiva humana, y se manifestó de su *nube de probabilidad* infinita como el Hijo de Dios.

Recuerda, del experimento de dos rendijas sabemos que el observador determina el comportamiento de lo observado. En el caso de Jesús, se puede decir que el detector es el vientre sagrado de la Virgen María, como lo es el bebé Jesús mismo. Tenemos profecías, no sólo en el judaísmo, sino también en mitraísmo, gnosticismo e incluso en la aislada e infame tribu africana del Dogón, que predicen el nacimiento virgen y la crucifixión del Salvador. La conciencia humana ya había predeterminado cómo se manifestaría Dios en la Tierra.

Al igual que el observador máximo buscó conocerse mediante la fragmentación de la conciencia singular y el universo físico, luego buscó conocerse mediante la conciencia del observador independiente: el hombre.

Cristo es la unión de la conciencia de Dios y Humana. Esta unión permitió que el hombre Jesús llevara a cabo sus milagros: caminar en el agua, convertir el agua en vino, biubicación, resurrección de los muertos, etc.

El fenómeno Cristo transformó tanto al hombre como a Dios según la observación del hombre. Durante la Era de Aries, el Dios Jehová era una deidad iracunda, celosa y vengativa. El inicio de la Era de Piscis transformó la conciencia humana del observador máximo. Durante el nacimiento y la Crucifixión de Jesucristo, Jehová se convirtió del dios iracundo en el Dios de amor y perdón.

El episodio cristiano también terminó con la práctica del sacrificio ritual ya que Jesús mismo era visto como el máximo sacrificio. Diversos actos inhumanos que exigía el Dios del Viejo Testamento se eliminaron del programa. No más lapidar a las adúlteras (*Levítico*) y no más ejecutar a niños por reírse de hombres calvos (también *Levítico*). Dios también dejó de pedir a los padres que dieran muerte a sus hijos en su nombre, como hicieron Abraham e Isaac.

La experiencia de Cristo era el principio de un nuevo paradigma humano. Las enseñanzas del cristianismo condujeron al mundo a la transformación. Además de inspirar esperanza y compasión entre sus seguidores, Jesús nos enseñó que nosotros somos como dioses. En la confrontación con los fariseos, nos ilumina a todos:

> *Entonces los judíos volvieron a tomar piedras para apedrearlo. Jesús les respondió: Muchas buenas obras os he mostrado de mi Padre; ¿por cuál de ellas me apedreáis?*
>
> *Le respondieron los judíos, diciendo: Por buena obra no te apedreamos, sino por la blasfemia, porque tú, siendo hombre, te haces Dios. Jesús les respondió: ¿No está escrito en vuestra Ley: "Yo dije, dioses sois"?*
>
> *Juan 10:31-34*

Descargar el destino

En el Paradigma Cristiano, la Era de Piscis, aumenta la conciencia de nuestra conciencia. Es la maduración de nuestra propia conciencia, y la evolución o adaptación del observador máximo.

La Lanza Sagrada es un artefacto de este poder. Podemos pensar en ella como el papel fotográfico en el experimento de las dos ranuras, registrando este gran poder como la mancha cuántica de la pura intención del observador máximo. Recuerda que Longinos clava la Lanza en el costado de Jesús después de que éste ha encomendado su alma en manos de Dios.

El proceso de transformación de nuestra relación con la Conciencia de Dios no estaba completo hasta después de la Ascensión, cuando el observador máximo reincorporó el espíritu de Jesús. Con la conciencia de Cristo que ya no estaba en el recipiente del cuerpo físico de Jesús, ¿es posible que Longinos estuviera descargando en la práctica la energía iracunda del dios Jehová? Trevor Ravenscroft en repetidas ocasiones dijo que el secreto del poder tras la Lanza era lo que llamó el Espíritu de la Era. ¿Pudo ser el poder del dios de la Era de Aries?

En este momento, necesitamos considerar la historia física de la Lanza del Destino de manera que podamos apreciar por completo la tecnología que actúa. Nuestra investigación siguió la pista a la posesión de la Lanza a Tubal-Caín...

Tubal-Caín y el metal E.T.

En 3061 a.C., Tubal-Caín, un descendiente de séptima generación de Adán y el último hijo del linaje de Caín, vivió en las tierras al este del Edén. Era un hombre de gran estatura, cuya ocupación era la metalurgia. Con su familia abrumada por la maldición de Caín, Tubal-Caín rezaba a Yahweh por un metal que pudiera convertir en un arma que resistiera a los enemigos de su familia.

Citamos de un antiguo texto masónico:

> *Y entonces llegó una gran luz en los cielos y las nubes se abrieron en dos y una raya de fuego descendió a la Tierra y golpeó al pie de una montaña cercana.*
>
> *Entonces, en la mañana, cuando estaba menos asustado, Tubal-Caín fue a este lugar y encontró donde el fuego había caído. Ahí vio que todavía brillaba con una luz extraña y con gran calor. Y cuando se enfrió*

> *encontró que era una masa de metal derretido, como no habían visto jamás los ojos de ningún hombre.*

Ésta es la narración del descubrimiento de Tubal-Caín de un metal extraterrestre. Prestando especial cuidado a la última declaración en el pasaje anterior, vamos a continuar con el texto:

> *Y él trabajó en su fragua una espada y una lanza de su metal. Trabajó un día, una noche y una mañana; que su trabajo pueda resistir por todos los tiempos, en penalidades, conflictos o en pesar, al servicio santo del hombre. Y cuando los terminó, los sostuvo levantados en las sombras tardías del día, para ver su perfección con la luz de la fragua. Pero no necesitaban luz ya que estaba en ellas mismas.*

Tubal-Caín trabajó sus armas con esta fuente de metal extraterrestre, al que el escritor atribuye una propiedad de brillo. Más:

> *Entonces Tubal-Caín dijo: "Con estas armas mi gente nunca será fugitiva o vagabunda en la Tierra, tampoco serán asesinados ni necesitarán venganza, ya que no se puede hacer que se oxiden, tampoco se pueden embotar, no se pueden destruir ni pueden ser derrotadas, siempre que no se separen una de la otra y se blandan por una causa justa".*

Por ahora comprendemos la imagen de que este metal no era, literalmente, de este mundo. Jehová habla a Tubal-Caín más adelante en el texto:

> *Ve a una tierra distante y a una montaña distante, donde te mostraré, y ahí coloca mi espada y mi lan-*

za, que he hecho a través de tu mano, y podrán ser encontradas por otros en un momento de pesar, de acuerdo a los que me lo pidan.

Tubal-Caín no sólo creó la Lanza que iba a convertirse en la Lanza Sagrada, sino también la espada que sería *Excalibur*. Casi dos mil años después, Ehud, el benjamita e hijo de Gera encuentra la espada y la Lanza sujetos en una roca, en la montaña donde Tubal-Caín los dejó. Se dice que en manos de Ehud y sus ejércitos, Excalibur y la Lanza del Destino mataron a 10 000 hombres. En el capítulo tres de *Jueces*, existe una historia dramática de Ehud asesinando al rey de los moabitas con esta espada.

El metal extraterrestre de Tubal-Caín no es diferente al "Metal de Memoria" del choque de un ovni en Roswell, Nuevo México en 1947. Los investigadores de ovnis Thomas J. Carey y Donald R. Schmitt, en *¡No era nuestro!*, resumen los informes de los testigos presenciales respecto a los restos de Roswell:

Muchos testigos han descrito lo que parece ser gran cantidad de piezas del tamaño de una mano y más grandes de un "metal" o "tela" muy delgado y muy ligero con propiedades "como de fluidos". Aunque este tipo de restos, como con el material descrito antes, no se podía cortar, rayar o quemar, se podía deformar temporalmente. Como uno de los sorprendidos testigos dijo: "Yo enrollé un pedazo en mi mano. Se sentía como si no tuviera nada en la mano. Luego lo coloqué sobre una superficie lisa y se desenrolló y fluyó sobre la superficie plana, como mercurio líquido, de vuelta a su forma original, sin siquiera una arruga".

El ejército de Estados Unidos ahora está empleando nanotecnología para fabricar metales con propiedades similares. Ann McGowan, la Directora de Proyecto para el Proyecto Morfo en el centro de investigación Langley de la NASA, comentó:

> *Entre los materiales inteligentes exóticos que está desarrollando el Proyecto Morfo, las aleaciones de memoria de forma son relativamente comunes. Imagina que ves una bala pasar por una hoja de material, ¡sólo para que el material de inmediato se cure detrás de la bala! Recuerda, no es ciencia ficción. En verdad existen los materiales que se curan por sí mismos y los científicos del centro de investigación Langley están trabajando para desentrañar sus secretos.*

El "metal inteligente" no sólo recuerda su forma, sino también los eventos energéticos a nivel subatómico. Aunque esto se puede observar mediante tecnología de punta, aún son desconocidos los métodos, el cómo y el por qué. Esta información nos ayuda a comprender la Lanza del Destino como mecanismo.

Tubal-Caín trabajó la lanza con "metal de memoria" o "metal inteligente", una aleación que tenía la habilidad de registrar eventos cuánticos. Cuando uno comprende por completo este secreto de la Lanza, se tiene el poder para activar esa *grabación.*

Aquí está un experimento para considerar (es posible que hicieras algo similar en la primaria con un diapasón): Toma una grabadora portátil, graba la nota do central en un piano. Abre la tapa del piano y pon esa grabación. Notarás que vibran muchas de las cuerdas en la caja de resonancia.

Los objetos físicos con el potencial para vibrar a cierta frecuencia de onda y los que tienen el potencial de vibrar en armónicos relacionados, resonarán cuando se estimulan con estas frecuencias. La Lanza del Destino, según cree uno de los autores, ¡es una grabación de la voluntad e intención puras de Jehová! Cuando su portador "presiona tocar" el poder no tiene rival. ¡La ira de Dios se puede volver a tocar con este dispositivo *ad libitum*!

El registro histórico colectivo muestra que la Lanza y la espada de Tubal-Caín pasaron de Ehud a Ahab y al final a Pompeyo que se las cedió a Julio César. Entregaron la espada, Excalibur, a Bruto, que terminó empleando el arma en el asesinato de César.

César otorgó la Lanza al abuelo de Gaius Cassius Longinos, también un centurión fiel. Es seguro que Julio César no tenía conocimiento del legado del arma o de su destino.

De Longinos pasó por otras cien manos o más. Algunos no tenían idea de qué tenían. Algunos conocían su leyenda pero no la creyeron. Algunos la sabían, emplearon su poder para el bien, mientras que otros emplearon su fuerza oscura. El último poseedor conocido en blandir la Lanza dejó tal sombra de horror en la psique de la humanidad que en mil años a partir de ahora su nombre será todavía empleado como sinónimo del mal...

Adolfo Hitler...

Respuesta a la duda de Tomás.

Grabado del siglo XIX.

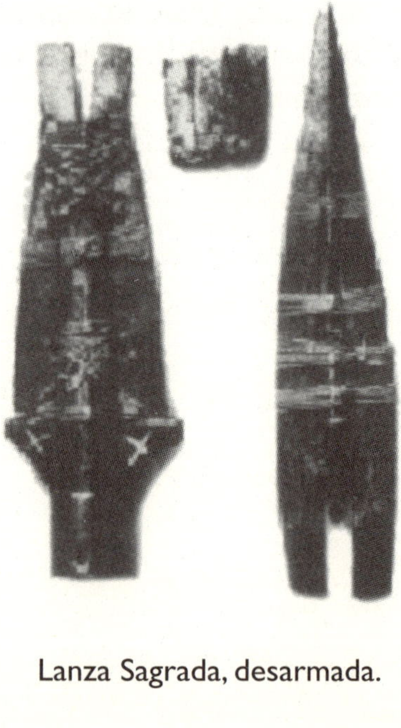

Lanza Sagrada, desarmada.

Capítulo 6

El joven Adolfo, el Führer de pensión de mala muerte

El resto del grupo de viaje siguió adelante. El joven Adolfo Hitler se inclinó sobre la baranda y miró fijamente a través del cristal que se encontraba entre él y la punta de lanza solitaria. La Heilige Lanze estaba sobre un estrado de terciopelo, dentro de un estuche de cuero. La Lanza era rectangular con dos "alas" en la base, cada una adornada con una pequeña cruz. Un cordón oro y plata sostenía un clavo de hierro dentro del surco para sangre, sobre el cual la hoja se afilaba hasta llegar a ser una punta.

El joven, una figura de piel pálida, escuálido y con capa, con ropa raída, estaba paralizado con el objeto. Un grupo de donadores y dignatarios se aproximó desde atrás. El guía habló.

"Se asocia una leyenda con esta Lanza de que cualquiera que la reclame y resuelva sus secretos, tiene el destino del mundo en sus manos para bien o para mal".

Los ojos de Adolfo ajustaron su foco de la Lanza a su reflejo en el vidrio. La cara que lo observaba no era la de un artista fracasado y enfermizo. Vio la imagen de un guerrero germano; fuerte y apuesto en su uniforme militar condecorado, ¡con claros ojos azules que brillaban con gloria aria!

Una energía se estremeció en su interior. Había caído en un estado semejante al trance y se recordó a sí mismo sosteniendo el arma, hacía mucho tiempo. Adolfo estaba eufórico con este poder.

Su trance no se rompió hasta que escuchó que se cerraban las puertas del Weltliche Schatzkammer. Habían terminado las horas de visita. Salió como flecha al KohlMarkt.

Estaba vigorizado con una nueva pasión. Avanzó con paso arrogante de vuelta al albergue para indigentes, por el camino de adoquines lleno de hojas caídas y los restos rotos de bosquejos que el frustrado artista había descartado más temprano ese día.

Ver la Lanza del Destino fue una ocasión que señaló el principio de la transformación de Hitler de fracaso a Führer. Más adelante describiría la experiencia a un grupo de periodistas:

> *Supe de inmediato que era un momento importante en mi vida... Me quedé observándolo en silencio por varios minutos sin notar en absoluto la escena a mi alrededor. Parecía tener algún significado interno oculto que se me escondía, un significado que sentía que conocía en mi interior pero que no podía llevar a la conciencia. Sentía como si la hubiera sostenido en mis manos antes, en algún siglo anterior de la historia... que yo mismo alguna vez la había reclamado como mi talismán de poder y tenido el destino del mundo en mis manos. ¿Qué tipo de locura era ésta que invadía mi mente y creaba tal confusión en mi pecho?*

Las experiencias de estado alterado de Hitler se convirtieron en una parte de su vida cotidiana. Existe gran cantidad de narraciones de sus trances descritos en persona por Hitler o por quienes estaban en su presencia.

La Oficina de Servicios Estratégicos de Estados Unidos, u OOS (predecesora de la Agencia Central de Inteligencia), preparó un "Informe Psicológico" de Adolfo Hitler en 1942. El autor, Walter Langer, enfatiza la confianza de Hitler que surgía del estado de trance:

> *En el tiempo de la reocupación de Rhineland, Hitler empleó una figura retórica extraordinaria para describir su propia conducta. Dijo: "Sigo mi curso con la precisión y la seguridad de un sonámbulo". Incluso en esa época al mundo le pareció una declaración poco común para el líder indiscutido de 67 000 000 de personas en un momento de crisis internacional. Hitler lo usó como medio de tranquilizar a sus seguidores más cautelosos que cuestionaban la sabiduría del camino que seguía.*

Walter Langer estaba intrigado por la audacia con que Hitler, el líder de una imponente potencia mundial, profesaba sus habilidades psíquicas. Langer nos narra que Hitler tenía alguna razón para tener confianza:

> *Ya que el camino de este sonámbulo lo había llevado por muchos caminos sin recorrer que al final lo condujeron sin error alguno a un pináculo de éxito y poder que no se había alcanzado nunca antes.*

El joven Adolfo Hitler iba a convertirse en un hombre de sorprendentes y aterradores logros militares y políticos. Su afirmación de que trabajaba en trances pide a gritos la pregunta "¿Tenía un don metafísico o delirios?". Parece que en 1942, el consultor Langer tenía en mente la misma pregunta:

> *Muchas personas se han detenido a preguntarse: "¿Es sincero este hombre en sus acciones o es un fraude?". Con seguridad incluso un conocimiento fragmentario de su vida pasada justifica una pregunta así.*

Así que debemos examinar los orígenes del hombre con el fin de comprender al monstruo que fue el resultado. Antes de que el mundo supiera del azote de Hitler, había un niño llamado Adolfo...

El origen de la bestia

Nació el 20 de abril de 1889 en el pequeño pueblo de Braunau-am-Linz y sus padres fueron Alois y Klara Hitler. Alois fue hijo ilegítimo de Maria Anna Schicklgruber... una sirvienta. Además de ser su tercera esposa, Klara también era sobrina de Alois. Recibieron permiso especial del Vaticano para casarse.

Al parecer, Alois era un poco canalla. Comenzó a tener citas con Klara mientras su segunda esposa estaba muriendo de tuberculosis.

Alois y Klara tuvieron seis hijos. Hitler y su hermana menor, Paula, fueron los únicos en sobrevivir hasta la madurez.

Alois fue funcionario del servicio público y borracho con mal temperamento. Cuando el hermanastro mayor de Hitler, Alois hijo, huyó, Hitler se convirtió en el nuevo blanco de las palizas causadas por el alcohol de su padre. Adolfo buscó refugio al cantar en el coro del monasterio Benedictino. El joven Hitler era muy religioso y consideró convertirse en monje. Alois hijo al final terminó en prisión por robo.

A Adolfo le fue muy bien en la escuela primaria. Caía bien a otros niños y recibió calificaciones altas. Hitler era un niño alto, al que gustaba recrear batallas famosas como *comando* en el patio de la escuela. Le gustaban en particular las novelas del oeste y le encantaba jugar a vaqueros e indios con los alumnos más pequeños.

Cuando tenía diez años de edad, su padre compró una casa en el pueblo a las afueras de Linz. Hitler trató de huir de casa poco después y su padre lo golpeó salvajemente. Hitler recordó más adelante que no le dio a su padre la satisfacción de llorar y que las palizas terminaron ese mismo día.

En la secundaria, considerado como "pueblerino", empezaron los problemas de Hitler. Al caer las calificaciones de Hitler, no pudo mantenerse en los primeros lugares de la clase. Alois empezó a preocuparse de que a menos que mejorara el desempeño de su hijo, no podría seguir los pasos de su padre y convertirse en funcionario público.

Hitler tenía otras ideas sobre su futuro. Cuando le dijo a su padre que deseaba ser artista, Alois se puso furioso. Discutieron, pero Alois se impuso y Hitler empezó a asistir a una escuela técnica. Ir a la escuela era una caminata de 5 kilómetros todos los días para Adolfo. Su relación se tensó más allá del punto de reconciliación. Su conflicto sólo terminó con la muerte de Alois en 1903.

Hitler sólo tenía trece años de edad cuando Alois murió. El joven ya había adoptado a su maestro de secundaria, Leo Potsch, como figura paternal. Potsch era un alemán nacionalista y llenaba los oídos de sus estudiantes con las dramáticas historias de los triunfos de Alemania. Potsch criticaba en particular las políticas públicas de Austria. Ahora liberado de una infancia de abuso y sufrimiento, el joven Adolfo encontró dirección en Potsch. El maestro dio inspiración a su corazón.

Hitler adoraba a Potsch y más adelante escribió sobre él en *Mein Kempf*:

> *Recuerdo con discreta emoción a este hombre de cabello gris, el cual con el fuego de sus narraciones, a veces nos hacía olvidar el presente; el cual, como por encantamiento, nos llevaba a tiempos del pasado y, usando los velos de neblina milenarios, moldeaba los secos recuerdos históricos en una realidad viva. En esas ocasiones nos sentábamos ahí, a menudo llenos de entusiasmo, y a veces incluso conmovidos hasta las lágrimas.*

El camino a Viena

La pensión de Alois dejaba 240 coronas por año para cada uno de sus hijos, hasta que llegaran a la edad de 24 años. Esto representa en el equivalente actual a alrededor de 55 dólares por mes.

Con su padre muerto, Klara quedó libre de permitir la solicitud de su hijo de asistir a la escuela de arte. Adolfo se aloja en Linz con otros cinco chicos, para estudiar arte lejos de casa.

Es en Linz que Adolfo conoce a August "Gustl" Kubizek, el hijo de un tapicero. August sueña con convertirse un día en un músico famoso en el mundo.

Los dos pasan las noches asistiendo a la Ópera, vestidos elegantemente.

Cuando tenía quince años, Adolfo falla en sus exámenes y enfrenta la perspectiva de repetir los estudios del año. Klara, mucho más amable y blanda que su difunto padre, permite a Adolfo dejar la escuela secundaria sin graduarse.

Hay una broma antigua:

> *¿Por qué Hitler no bebe?*
> *¡Porque lo hace desagradable!*

De hecho, hay algo de verdad. Hitler no hizo un deporte de beber como su padre. Cuando Klara le permitió dejar la escuela antes de terminar, lo celebró emborrachándose. A la mañana siguiente, Hitler se encontró tirado en una carretera y lo despertó una ordeñadora. Quedó tan avergonzado después, que prometió no volverse a emborrachar de nuevo.

En esta ocasión, Hitler compartió un apartamento en Linz con su hermana Paula. Todo el tiempo lo recriminaba por no tener trabajo. Él sentía que debía tener un estilo de vida bohemio con el fin de fomentar sus talentos como gran artista.

Kubizek recuerda que Adolfo visitó Viena para ver la Ópera. Volvió cautivado por los maravillosos edificios y monumentos de la ciudad. También recuerda que Hitler volvió con boleto de lotería de diez coronas.

Hitler está seguro que el boleto va a ganar y promete una noche de riqueza y esplendor a su amigo Gustl. Cuando Hitler lee los números ganadores la siguiente mañana en un café y no son el suyo, monta en cólera. Atribuye su desgracia a la hipocresía del gobierno austriaco y a las maquinaciones de los judíos.

En enero de 1907, médicos diagnosticaron a Klara Hitler cáncer de pecho. Se sometió a una mastectomía y pareció recuperarse.

Cuando Adolfo cumplió 18 años, convenció a su madre de darle el resto de su herencia de la pensión de su padre. Con el dinero adicional, se mudó a Viena con la aspiración de asistir a la escuela de arte.

Hitler tenía una elevada opinión de sus destrezas como artista. La Academia de Viena no compartió estas opiniones y rechazó su solicitud para asistir. El rechazo aplastó al joven Adolfo.

Entonces presentó solicitud a la escuela de Arquitectura de Viena, pero el departamento de admisiones lo rechazó porque no había completado la escuela secundaria.

Hitler nunca informó a su madre de sus fracasos. Continuó viviendo en Viena, aparentando ser un estudiante de arte. Empezó a dibujar edificios y a construir modelos arquitectónicos.

La mañana del 21 de diciembre, Klara murió por metástasis del cáncer. En su lecho de muerte, ella habló con Kubizek: "Continúa siendo un buen amigo de mi hijo cuando ya no esté aquí. No tiene a nadie más".

Para Hitler fue muy dura la muerte de su madre. Muchos atribuyen ahora el odio concentrado de Hitler respecto a los judíos a los defectos del médico de su madre, el doctor judío Edward Bloch. En contra de esta afirmación, Hitler expresó un inmenso agradecimiento a los esfuerzos del médico. Cuando asumió más adelante el control de Austria, permitió que Bloch se marchara a Estados Unidos.

Odio y fracaso

Hitler culpa a los judíos por no poder entrar a la escuela. Su furia creció. En 1908 logró entrar a la Unión Antisemita Vienesa de Karl Leuger. Con la esperanza de vengarse, Hitler pidió al grupo quemar la Academia de Arte.

Cuando se acabó el dinero de Hitler, dejó el apartamento que compartía con Gustl y se mudó al albergue para vagabundos para vivir entre los degenerados de Viena. Rodeado por drogadictos, prostitutas y delincuentes, Adolfo vive con un alimento básico de leche, pan y mantequilla. Se niega a buscar empleo.

En *Reminiscencias*, unas memorias que los nazis comisionaron más adelante, August Kubizek describe a un Hitler enigmático en Viena:

> *La gente que lo conoció ese año en Viena no podía comprender la contradicción, su apariencia de buenas maneras, su forma de hablar educada y el porte*

seguro de sí mismo por un lado y la existencia famélica que llevaba por el otro lado, y lo consideraban arrogante y pretencioso. No era nada de eso.

Kubizek recuerda la "Ciudad Imperial" de Hitler, un pueblo a escala de modelo de la utopía de Adolfo, todo el tiempo bajo revisión dentro de los confines de su alojamiento precario:

La Vieja Ciudad Imperial cambiaba en la mesa de dibujo de un joven de 19 años que vivía en una recámara insalubre oscura de las afueras de Viena, en una espaciosa, iluminada y exuberante ciudad que contenía casas de cinco, ocho y dieciséis habitaciones para las familias de la clase trabajadora.

Hitler estaba preocupado con la estructura y la rigidez. Podía eludir la inquietud de sus fracasos buscando propósito en la forma. Con papel, madera y pegamento, el joven Adolfo construyó un mundo que pudiera aceptarlo a él y a su idealismo distorsionado. De acuerdo a August, los planes de revisión de Adolfo pasaron de su mundo imaginario a la ciudad que lo rodeaba. August dijo:

Mi amigo a veces adoptaba cierto estado de ánimo y empezaba a cambiar todo lo que veía. Esa casa de allá estaba en una posición incorrecta; tendría que ser demolida... Esa calle necesitaba una corrección con el fin de darle una impresión más compacta. ¡Lejos de esta horrible y equivocada manzana de vecindades! Esta tendencia a la insatisfacción con la situación como era no se podía erradicar de él.

El amigo de Hitler, Gustl, fue admitido en la academia de Música de Viena. Hitler tomó brevemente clases de piano, tal vez en un esfuerzo por unirse a Gustl, de cuyo éxito en la escuela tenía envidia en silencio.

Gustl amplía el conocimiento de música de Adolfo, empleando boletos gratuitos de la Academia para llevarlo a conciertos. Hitler está interesado en particular en Schubert, Beethoven, Bruckner y Mendelssohn.

Gustl y Adolfo compartieron la pasión por la ópera. Cuando tenían doce años de edad, se conocieron mientras asistían a una ejecución de *Lohengrin*. Hitler escribe:

> *A la edad de doce años, vi... la primera ópera de mi vida, Lohengrin. En un instante era adicto. Mi entusiasmo juvenil para el maestro de Bayreuth no tenía límites.*

En 1908, los dos amigos empezaron a alejarse, ya que Hitler se vuelve cada vez más difícil. Chocan los una vez inseparables amigos. Mientras Kubizek persigue novias, Hitler insiste en que es importante para el hombre mantenerse casto hasta el matrimonio. Kubizek está muy preocupado por la decreciente salud y la melancolía errática de su amigo. Hitler considera las preocupaciones de Kubizek como insultos y evita la compañía de su amigo de largo tiempo. Al terminar el año escolar, Kubizek se marcha a Viena a pasar el verano con su familia. No volvería a ver a Adolfo hasta unos veinte años después.

Hitler pasó ese verano ganando una miseria pintando tarjetas postales. Se estableció como artista callejero y vendió sus pinturas y tarjetas postales en el mercado de Hofburg. Su salud se deterioró. Despotricaba en la plaza siempre que se reunía una multitud. Su apariencia era pobre y con regularidad lo corrían de las cafeterías que le encantaba frecuentar.

La llamada del destino

Ese otoño, Hitler conoció al instrumento de su destino. La leyenda afirma que Hitler había llegado a la máxima frustración con su fracaso como artista. Se dice que mientras los fríos vientos otoñales soplaban por el KohlMarket, pasó furiosamente las páginas de su cuaderno de bocetos y al final llegó a ver su arte como una desilusión. Con las manos temblando, arrancó las páginas en un ataque de ira y las rasgó en pedazos. Se dirigió a la entrada más cercana, buscando abrigo de la tormenta.

Cuando una puerta se cierra, se abre otra...

Se encontró en el vestíbulo del Museo del Tesoro de Hofburg. Adolfo se unió a un grupo de visita turística, que recorría las exhibiciones. Había pasado muchas horas en el museo, pero nunca había prestado mucha atención a la exhibición que presentaba la Heilige Lanze.

Frente al estuche en que se exhibía la Lanza Sagrada, la hoja que había atravesado el costado de Cristo, Hitler cayó en un trance. El joven, pálido, miró fijamente la Lanza hasta que cerró el museo.

La experiencia infundió nuevo vigor al joven Adolfo. Su vida tenía un nuevo propósito. La Lanza señalaba el camino a un nuevo sendero... uno que conduciría a Hitler a las alturas de dominar al mundo, camino que llevaría al mundo a un gran peligro.

Adolfo se metió en los libros. Pasaba día y noche en las bibliotecas de Viena en una búsqueda para satisfacer su hambre de más información sobre la Lanza del Destino.

La pasión de Hitler por la ópera se convirtió en obsesión por Wagner. La ópera favorita de Hitler era *Parsifal*, la historia de un Caballero del Grial que pierde y después recupera la Lanza del Destino. El caballero al final se convierte en el Rey del Grial. Wagner basó su obra en el libro *Parsi-*

val de Wolfram von Eschenbach que describe las recompensas de la compasión y la moralidad justas.

De acuerdo a las cartas escritas por Wagner en sus últimos años, existían "secretos ocultos" en Parsifal. En el último acto de Parsifal, los caballeros admiten a una mujer en su círculo mientras la escena al mismo tiempo trae la Lanza, el símbolo de lo masculino, a la presencia del Santo Grial, el receptor femenino.

Hitler atesoraba el ensayo de Wagner, *Heroicismo y cristianismo*, en el que Wagner examina el reto de la pureza racial para la "llamada raza blanca". Wagner especulaba que la especie había degenerado por el consumo de animales (como alimento) o por la "mezcla de las razas". Llegó a la conclusión de que el remedio para este problema era la sangre de Cristo:

> *Así, si encontramos que la facultad de peculiaridad consciente... sufrida, se desarrolla en particular en la llamada raza blanca, en la sangre del Salvador debemos reconocer la quintaesencia del sufrimiento por libre albedrío mismo, esa compasión que parece divina y que mana en toda la raza humana, su fuente y origen.*

Los apologistas de Wagner insisten que Hitler malinterpretó los escritos de Wagner como racista, cuando en realidad eran un examen de los puritanos raciales existentes. A pesar de todo, la obra de Wagner alimentó los propósitos de Hitler para una superraza aria.

Herman Rauschning, en *Gespräche mit Hitler* ("Hitler Habla"), afirma que Hitler pensaba que por su "sangre pura", el *Parsifal* de Wagner pertenecía a una "Raza Superior". Rauschning cita a Hitler:

> *Lo que se celebra no es la religión de compasión del schopenhauerismo cristiano [sic], sino la sangre*

> *pura y noble, y la Hermandad de Iniciados se ha formado para proteger la pureza de esa sangre. Entonces el rey sufre una enfermedad incurable, causada por su sangre contaminada. Entonces se conduce al ser humano puro pero que no sabe a la tentación, ya sea de someterse al frenesí y a los placeres de una civilización corrompida en el jardín mágico de Klingsor o unirse a la banda selecta de caballeros que protegen el secreto de la vida, que es la sangre misma. Todos nosotros sufrimos la enfermedad de la sangre mestiza, corrompida. ¿Cómo podemos purificarnos y compensarlo? Nota cómo la compasión que conduce al conocimiento se aplica sólo al hombre que es corrupto en su interior, al hombre de contradicciones. Y que esta compasión admite sólo un resultado, permitir que los enfermos mueran. Como promete el Grial, ¡vida eterna para los que en verdad son puros y nobles!*

Aquí empezamos a ver la versión retorcida del cristianismo que estaba formulando Hitler. Es capaz de ignorar los temas de altruismo y compasión de Parsifal, y sacar del subtexto una historia de pureza racial. Rauschning se extiende sobre el afecto de Adolfo para Wagner:

> *"La forma de pensar de Wagner me es muy familiar", continuó Hitler con más animación, "en cada etapa de mi vida vuelvo a él. Sólo una nueva nobleza puede producir la nueva cultura. Si descartamos todo lo que tenga que ver con la poesía, está claro que el elitismo y la renovación existen sólo en la tensión continua de una lucha duradera. Un proceso de división tiene lugar en términos de la historia mundial. El hombre que ve el significado de la vida en el conflicto gradualmente subirá los escalones de una*

> *nueva aristocracia. Aquel que desea las alegrías dependientes de paz y orden se hundirá en la masa no histórica, sin importar su procedencia. Pero la masa es presa del decaimiento y la autodesintegración. En este punto de cambio en la revolución del mundo, la masa es la suma de la cultura en decadencia y sus representantes moribundos. Se les debe dejar para que mueran, junto con todos los reyes como Amfortas". Hitler tarareó el lema, Durch Mitleid wissend.*

Los escritos de Frederich Nietzsche, contemporáneo de Wagner, también tuvieron un papel decisivo en la formación de la filosofía demencial de Adolfo. Los escritos de Nietzsche representan varios de los pilares fundamentales con que se construyó el movimiento nazi.

Nietzsche profetizó la llegada de un *UberMensch*, o "superhombre", en *Así habló Zaratustra.*

> *Les estoy enseñando sobre el superhombre. El Hombre es algo que va a ser superado. ¿Qué has hecho para superar al hombre?*

Se dice que el plan de los nazis de criar una superraza aria es una manifestación de las enseñanzas de Nietzsche. La tendencia del filósofo por la exageración parecía escapárseles. En *La voluntad de poder*, Nietzsche amplia la profecía:

> *Una raza osada y rectora se está elevando... La meta debería ser preparar una transvaloración de los valores de un tipo de hombre particularmente fuerte, muy dotado en intelecto y voluntad. Este hombre y la elite a su alrededor se convertirán en los "señores de la Tierra".*

Hitler adoptó el concepto de transvaloración y la noción de descartar la empatía, la compasión y el respeto por el ideal de pureza racial de la sangre. Como muestra adicional de su afinidad por Nietzsche, Hitler recicla la frase "señores de la Tierra" en todo el *Mein Kampf.*

Hitler llegaría a creer, que como el salvador del pueblo germano, tenía que estar *por encima* de la moralidad de los hombres normales. Tomó esta idea directamente de Nietzsche:

> *Los hombres fuertes, los maestros, recuperan la conciencia pura de una bestia de presa; monstruos llenos de alegría, pueden volver de una aterradora sucesión de asesinatos, incendios premeditados, violaciones y torturas con la misma alegría en sus corazones, la misma satisfacción en sus almas como si se hubieran permitido participar en alguna broma estudiantil... Cuando un hombre es capaz de ordenar, cuando por naturaleza es un "Maestro", cuando es violento en sus acciones y ademanes, ¿qué importancia tienen los tratados para él? Para juzgar la moralidad con propiedad, se deben reemplazar dos conceptos tomados de la zoología: la domesticación de una bestia y la crianza de especies específicas.*

Las obras de Frederich Nietzsche y Richard Wagner son importantes ya que son los padres de la ideología de Hitler. Wagner y Nietzche a menudo se enfrentaban entre sí. Nietzche escribió críticas mordaces del wagnerismo, pero los dos se hicieron amigos y se reunieron varias veces.

Se puede decir que ambos luchaban con la fuerza del cristianismo.

Para Nietzsche, Dios estaba muerto, el cristianismo era la "Consecuencia de los judíos" y el poder máximo estaba en manos de su Superhombre. Para reconciliar su propia conversión, Wagner pervirtió el cristianismo con la veneración de un Cristo ario. Nietzsche nunca perdonó a Wagner el convertirse.

En su reunión final, Wagner había preestrenado *Parsifal* para su amigo filósofo. Nietzsche consideró al Wagner que renunciaba como "un decadente desesperado, impotente y deshecho ante la Cruz cristiana". En *Nietzsche contra Wagner*, el obstinado filósofo escribió: "En verdad era el momento de decir adiós".

Hitler incorporó ambas filosofías en la suya. El joven que una vez pensó en convertirse en monje en la iglesia católica ahora tenía nuevos sentimientos respecto al cristianismo. Walter Langer, en su Informe de Psicología del OSS, cita a Hitler diciendo que "despreciaba el credo judío-cristiano con su ética afeminada y piadosa". Langer informa que Hitler consideraba al Cristo de la iglesia católica como "blando y débil, e inapropiado como Mesías germano".

Cuando Adolfo se cansó de las bibliotecas, buscó la compañía del ocultista y dueño de librería Ernst Pretzsche. Este hombre extraño, tal vez un mago de artes negras, permitió a Adolfo perder el tiempo en la tienda. Le vendió a Hitler un ejemplar de *Parsival*. Hitler quedó cautivado con el texto.

Adolfo empezó a hacer anotaciones en las páginas del libro, conectando los caracteres con sus personajes históricos. Vinculó a Parsival con el canciller francés Luitward de Vercelli. Creía que el carácter de Klingsor fue representativo de Landulfo II de Capua.

En el libro de Eschenbach, una batalla que enfrentaba a los Caballeros del Grial con los oscuros subordinados de Landulfo, ¡se lleva a cabo por la Lanza del Destino misma!

Hitler, una vez más sin dinero, se vio obligado al final a empeñar su apreciado libro con Pretzsche.

Aparece el doctor Walter Stein. Stein era maestro y mentor del investigador finado Trevor Ravenscroft, autor del libro de vanguardia, *La Lanza del Destino: El poder oculto tras la lanza que atravesó el costado de Cristo.* Ravenscroft transmitió la historia del encuentro fortuito de su mentor con Adolfo Hitler.

Stein había comprado poco antes el que había sido el ejemplar de Adolfo de *Parsival* en la librería de Pretzsche. Al ser él mismo un investigador de la Lanza, quedó fascinado por las anotaciones y volvió a la librería para hacer contacto con el dueño anterior del libro.

Pretzsche proporcionó a Stein el nombre de Hitler. Stein más adelante localizó a Hitler en el KohlMarket, fuera del café conocido como Demel's.

Hitler al principio resintió que Pretzsche hubiera vendido su apreciado *Parsival.* Stein lo hizo abrirse cuando le ofreció su teoría de que Cassius Longinos era parte de la tribu teutónica.

De repente fue como si Hitler hubiera encontrado su alma gemela. Él y Stein visitaron el museo para ver juntos la Lanza Heilige. Durante los siguientes años, en muchas ocasiones, él y Stein se reunirían para investigar y discutir la Lanza. Adolfo aprovechó la generosidad de Stein y Stein disfrutó la compañía de su compañero de estudios de la Lanza.

Durante este periodo, Hitler era en extremo pobre. A menudo no tenía casa, durmiendo en los bosques y buscando comodidades en estaciones de trenes, bares y alojamientos de trabajadores.

La fortuna llegó con la tragedia. En 1913, murió la tía de Adolfo Hitler, dejándole una pequeña herencia. Con este dinero, compra ropa nueva y se prepara para mudarse a Múnich.

En 1909, de acuerdo a la ley imperante, se suponía que Hitler tenía que registrarse para el ejército austriaco. Pero detesta al ejército austriaco y se las arregla para evadirlos por cuatro años. Al final, lo encontraron en Múnich y lo obligaron a registrarse. Hitler falla el examen físico, lo declaran "demasiado débil para portar armas" y lo excusan del servicio militar.

Cuando estalla la Primera Guerra Mundial, Hitler está extasiado por la oportunidad de enlistarse en el ejército de Baviera. Hace una solicitud al rey Wittelsbach III, el cual le concede su petición. El 16 de agosto de 1914, Adolfo Hitler hace el juramento para participar en el Primer Regimiento Bávaro.

Se da a Adolfo el puesto de despachador, donde su deber era llevar mensajes de ida y vuelta entre el cuartel y las líneas del frente. Era un puesto muy peligroso con una alta tasa de mortalidad. Fue mientras estaba en este puesto que Hitler conoce a Hans Mend, otro despachador.

Mend añade un reto interesante a nuestra comprensión del joven Adolfo. En una carta de 1939 a un doble agente nazi durante la Segunda Guerra Mundial, Mend narró haber atrapado a Hitler *en el acto* con otro hombre:

> *En 1915 alojados en la cervecería Le Febre en Fournes. Dormimos en el heno. Hitler estaba acostado para pasar la noche con "Schmidl" [Ernst Schmidt], su prostituto. Escuchamos crujidos en el heno. Alguien encendió su lámpara y refunfuñó: "Den un vistazo a esos dos maricones".*

El escritor Lothar Machtan, en *El Hitler oculto*, examina la historia de Mend y otras evidencias. Su controvertida conclusión es que sus lectores deberían aceptar la homosexualidad de Hitler como un hecho histórico.

En los primeros días de su carrera, Hitler tuvo muchos aliados abiertamente homosexuales. Más adelante, cuando su poder se hizo supremo, eliminó a estos aliados. Algunas personas han especulado que protestaba demasiado.

Existen otras evidencias circunstanciales que apuntan en esta dirección. Los escépticos creen que el carácter de

"Stephanie" de August Kubizek, *El joven Hitler que conocí*, fue inventado para silenciar las preguntas respecto a la sexualidad de Hitler. Los afeminados gestos con las manos de Hitler, sus accesorios físicos: el bigote y el látigo, y su abierta admiración de la psique masculina atlética, ayudaron a alimentar esa idea.

Kubizek escribió que Stephanie era la novia de Adolfo en los días de Linz y Viena. Pero nadie ha encontrado narraciones que corroboren la existencia de Stephanie. Parecería que Hitler no tenía interés en las mujeres cuando joven.

Esta falta de interés se evaporó al llegar a adulto, como se veía en la abierta promiscuidad de Hitler con las mujeres y en su relación de largo tiempo con Eva Braun.

En general, los escritos de Kubizek son dudosos. Como se mencionó antes, el partido nazi comisionó *Reminiscencias* como artículo de propaganda. Le tomó a Kubizek años escribir el volumen más bien delgado.

Cuando el partido volvió por más, Kubizek rogó a los nazis que encontraran a alguien más. Forcejeó con *El joven Hitler que conocí*. Cuando le dijo a los nazis que no podía terminarlo, Hitler mismo escribió un gran cheque para asegurar que Kubizek "terminara".

Parece que Kubizek lo *terminó*. Existen bastantes contradicciones entre las dos obras de Kubizek. La más notable es que Stephanie aparece sólo en la segunda. Es probable que Kubizek subcontratara el trabajo a escritores más eficientes.

Más teorías sobre la sexualidad oculta de Hitler se encuentran en el libro más reciente, *La swástica rosa*, de Scott Lively y Kevin Abrams. Por desgracia, este libro lleno de odio parece más dirigido a condenar a los homosexuales que a presentar una narrativa histórica. Lively y Abrams trataron de matar dos aves con una piedra al unir el nazismo con los Derechos de los Homosexuales en Estados Unidos y Europa. Querían tirar al bebé junto con el agua de la tina.

Examinar la vida personal de Hitler es tabú y pocos historiadores han sido lo bastante valientes para enfrentar la tarea. Algunas personas temen que al visualizar su humanidad, arriesgamos racionalizar su comportamiento; sin embargo, es del máximo interés que demos un vistazo a la oscuridad de la mente del monstruo de manera que prevengamos atrocidades de este tipo en el futuro.

Como joven, Adolfo exhibía las características clásicas de la psicosis. Recriminaba a su padre y consideró la muerte del mismo como una victoria... con el afecto de su madre como el premio. Adolfo tenía delirios de grandeza; desde creer que era un gran artista a creer que era el mesías alemán. Experimentaba paranoia severa, culpando a los judíos de sus defectos. Pero la suma de estos síntomas no equivale a una enfermedad mental. El doctor Fritz Redlich, neurólogo y psicólogo, examina la psicología de Hitler en su libro: *Hitler: Diagnóstico de un profeta destructivo*. Redlich llega a la conclusión de que las exhibiciones de Hitler "podrían llenar un libro de texto de psiquiatría", pero que era muy probable que no estuviera enfermo mentalmente ya que la mayor parte de su personalidad era funcional. "Hitler sabía lo que estaba haciendo", afirma Redlich "y escogió hacerlo con orgullo y entusiasmo".

¿Así que este niño del que abusaron continuó el ciclo de abuso en una escala mundial? ¿Estaba combatiendo sus propios fantasmas al mandar al mundo a la guerra? Si no era un enfermo mental, ¿qué impulsó al hombre convertido en monstruo y a sus conciudadanos a dominar el mundo?

La Lanza del Destino fue parte integral de la transformación del joven Adolfo. Fue el agua de la brújula de su feroz determinación. Le señalaba una dirección. La Lanza lo envió a los textos de Parsival, a las óperas de Wagner y a los desvaríos de Nietzsche. A su vez, su síntesis torcida de estas filosofías construyó el movimiento nazi y le permitió su *voluntad de tener el poder*. La Lanza construyó la mente del Führer.

Hemos visto que Hitler buscó la Lanza del Destino; de hecho, la anheló. Por supuesto, existen dos historias respecto a este episodio de la narración del Talismán. Más adelante mostraremos que con la ayuda de cierto conciliábulo ocultista, la Lanza dirigió el destino de Hitler.

Pero primero, volvamos para contar la historia de la Lanza y su viaje de Gólgota a Viena...

Cartel de propaganda nazi que muestra a Hitler como *Parsifal* sujetando la Lanza del Destino.

Der Führer Adolfo Hitler, un nombre sinónimo de *mal*.

Capítulo 7

San Mauricio y la legión tebana

La segunda semana de junio de 1998 d.C., estuvo llena de malas noticias para el somnoliento pueblo maderero de Jasper, Texas. El sábado anterior, un afroamericano había sido arrastrado con cadenas detrás de una camioneta y literalmente lo hicieron pedazos. Para media semana, habían acusado a tres hombres blancos del horrible asesinato, dos personas de la localidad y un vagabundo. En el periodo posterior al crimen y al juicio, el mundo observó a Jasper por un año, sin poder creer del todo lo que veía.

La víctima fue James Byrd, hijo, padre de tres hijos de 49 años de edad. Quienes lo conocieron dijeron que amaba la música, era amigable y muy conocido en el pueblo.

Ubicado entre Beaumont y Lufkin, en el extremo más este de Texas, Jasper, con una población de 7 657, está en el centro de la zona de madera de pino de Texas. Su cercanía al lago Sam Rayburn, a la reserva Toledo Bend y al lago B. A. Steinhagen lo ha convertido en un paraíso para las actividades al aire libre y recreativas... y sus bosques solitarios eran lugares apropiados para acciones siniestras.

Se sentenció a tres hombres blancos por el crimen: al vagabundo Lawrence Russell Brewer, y a Allen Berry y John William King, ambos de Jasper. Al momento del asesinato, Brewer tenía 31 años de edad y los otros dos 23 años ambos.

Clara Tuma, de un programa de televisión de asesinatos resumió lo que la fiscalía dijo que sucedió, contándolo al público de la Hora de Noticias de Jim Lehrer en PBS:

> *Dicen que tres supremacistas blancos salieron a buscar atención para tratar de hacer publicidad para un nuevo grupo racista que esperaban iniciar. Dicen que recogieron a James Byrd, hijo, le ofrecieron llevarlo a casa... y el negro, James Byrd, nunca sospechó lo que estaba a punto de sucederle. Dicen que lo llevaron a un camino de tierra de leñadores, lo golpearon y luego lo encadenaron a la camioneta y lo llevaron... lo arrastraron por un camino de casi cinco kilómetros, terminando frente a un cementerio de negros.*

Byrd caminaba a casa después de la despedida de soltera de una sobrina cuando los tres se detuvieron a su lado. Él conocía a uno de los hombres en la camioneta. Los cuatro hombres habían pasado tiempo en prisión. El sheriff Billy Rowles informó que al parecer los tres acusados tenían lazos en prisión con el Ku Klux Klan y la Nación Aria, un grupo supremacista blanco. King y Brewer tenían varios tatuajes de supremacistas blancos.

Después de que Byrd aceptó el viaje a casa, los cuatro se detuvieron en una tienda. King se puso al volante y condujo a un área aislada donde Brewer y King golpearon a Byrd. Luego lo encadenaron a la camioneta y lo arrastraron unos 3 000 metros por un camino de asfalto angosto y serpenteante. Sus pertenencias, cartera, llaves y dentadura postiza, se regaron a su paso, junto con partes de su cuerpo. Encontraron su torso la mañana del domingo en un área llamada arroyo Huff. Cerca estaban latas de cerveza, una llave inglesa grabada con el nombre de Berry y un encendedor grabado con un símbolo triangular y la palabra *possum* (zarigüeya), que había sido el apodo de King en prisión. La cabeza, el cuello y el brazo derecho de Byrd se encontraron a 1600 metros de distancia.

Una autopsia indicó que Byrd estuvo vivo la mayor parte del tiempo que lo arrastraron, retorciéndose y girando mientras la carretera le arrancaba la piel. Murió sólo después de que se arrancaron el brazo derecho y la cabeza cuando chocó con una alcantarilla. La víctima estaba tan desfigurada que los investigadores tuvieron que emplear sus huellas digitales para identificarlo.

Brewer, Berry y King fueron arrestados originalmente por otro crimen. Los detuvieron por una acusación de poseer propiedad robada después de un robo en un restaurante. Como para helar la sangre, los policías dijeron que los atraparon con grandes cantidades de carne congelada.

Ahora más de 100 años después de la muerte de Frederich Nietzsche, y medio siglo después del horror del holocausto, el veneno de la "pureza racial" continúa dando a la humanidad *delirium tremens*. En lugares tan alejados como Ruanda, Bosnia y Texas esta demencia todavía se fomenta. Sí, entre más cambia todo, más es lo mismo.

El temor a los que son diferentes (xenofobia) es tan antiguo como los registros de la historia humana... San Marcos, quien escribió el segundo evangelio del Nuevo Testamento, murió de la misma forma que James Byrd, hijo. Bueno, no, no lo jalaron detrás de una camioneta, pero un grupo de intolerantes ignorantes lo jaló detrás de un buey por las calles de Alejandría.

La iglesia copta

El reverendo Alban Butler, en *Las vidas de los padres, mártires y otros santos principales*, escribió en 1864 que San

Pedro nombró a Marcos obispo de Alejandría y lo envió a Egipto. La iglesia fundada por San Marcos es conocida en la actualidad como la Iglesia Copta Ortodoxa Cristiana de Egipto.

Marcos no fue bien recibido por las personas locales, muchas de las cuales después de atestiguar sus "milagros" lo consideró un mago. Lo que es más, como escribió Butler, que después de reunir una cantidad importante de seguidores para el cristianismo en Alejandría, se incitó a los "paganos" contra el recién llegado.

Después de doce años de predicar, San Marcos emprendió una misión que lo llevó a través de Egipto. Después de pensar que se habían liberado de él, los alejandrinos se disgustaron mucho de que volviera dos años después. E igual que el Sanedrín conspiró para resolver el problema de Jesús, los alejandrinos buscaron una solución permanente para el problema de San Marcos. Decidieron terminar con su vida. Butler escribió un informe de la muerte violenta de San Marcos:

> *Lo encontraron ofreciendo a Dios la oración de la oblación o la misa. Muy contentos de tenerlo en su poder, lo sujetaron, ataron sus pies con cuerdas y lo arrastraron por las calles, gritando que el buey debía ser conducido a Bucoles, un sitio cerca del mar, lleno de rocas y precipicios, donde tal vez se alimentaba a los bueyes. Esto sucedió en domingo, el 24 de abril del año de Cristo de 68, de Nerón el décimo cuarto y alrededor de tres años después de la muerte de los santos Pedro y Pablo. Así arrastraron al santo todo el día, manchando las piedras con su sangre y dejando el suelo cubierto de pedazos de su carne; y todo el tiempo no cesó de alabar y agradecer a Dios sus sufrimientos. En la noche lo metieron a prisión. El siguiente día los infieles lo arrastraron, como antes,*

hasta que expiró felizmente el 25 de abril, día en que las iglesias oriental y occidental tienen un festival en su honor.

El martirio de San Marcos tuvo lugar en 68 d.C., siete años después de la muerte de la reina Boudica y la desaparición de la Lanza Sagrada. La Lanza del Destino se mantuvo oculta y al parecer sin usar los siguientes doscientos años, pero como veremos pronto, recorrió el camino de vuelta al sur, a Egipto.

El cristianismo se extendió por todo Egipto menos de medio siglo después de la llegada de San Marcos a Alejandría. Antes de su horrible muerte, Marcos llevó él mismo el cristianismo al antiguo capitolio egipcio de Tebas.

Tebas de las cien entradas

Tebas, también conocida como Karnak, está ubicada en la parte norte de la ciudad actual de Luxor. Había sido la capital de Egipto por unos dos mil años antes de que los romanos la saquearan. El Imperio abandonó Tebas como centro de gobierno más o menos al mismo tiempo que fue la Crucifixión.

En algún momento antes del año 286 d.C., la Lanza Sagrada llegó a Tebas y cayó en manos de Mauricio, un devoto cristiano copto y comandante de una legión romana.

Mauricio sería canonizado más adelante como el primer santo negro del cristianismo. San Mauricio fue martirizado, muriendo por su Fe en Cristo, cuando se negó a obedecer la orden de César de propiciar a los dioses paganos de Roma. Mauricio no murió solo. ¡Todos los 6 660 soldados bajo su mando se le unieron en el martirio!

El hombre que en la actualidad se conoce como San Mauricio nació en el sur de Egipto. Se alistó en el ejército romano muy joven y lo promovieron poco a poco hasta que se convirtió en el dirigente de su propia legión.

Esta legión tenía su cuartel en Tebas, de ahí el nombre de *La Legión Tebana*. Constaba de 6 660 guerreros cristianos, reclutados de la ciudad y sus alrededores. Su ardor legendario en batalla sólo era igualado por el fervor de su fe.

La legión del trueno

En 286, la Legión Tebana recibió órdenes para marchar. Fue convocada por César Maximiano para unírsele en Galia a la mayor velocidad posible. La inquietud civil estaba en todas partes y el imperio necesitaba la presencia de la legión para restaurar el orden. Los legionarios tebanos navegaron de Egipto a Roma y luego marcharon por el norte de Italia cruzando lo que ahora se llama el Paso de San Bernardo. Sus pies golpeaban con tanta fuerza el piso mientras marchaban que se ganaron el apodo de "La Legión del Trueno".

En 284 d.C., elevaron a Diocleciano a Augusto con el César Maximiano (Marco Aurelio Valerio Maximiano) a su lado. Un poco más de un año después, Diocleciano sorprendió a todo el mundo al nombrar a su general favorito para gobernar junto a él, promoviendo a Maximiano a *Augusti*, es decir, coemperador. Maximiano entonces adoptó el nombre de Maximiano Hercúleo, afirmando ser la encarnación terrestre del espíritu de Hércules, el gran héroe e hijo de Júpiter. Júpiter (Zeus para los griegos) fue el padre de todos los dioses. Al mismo tiempo, el Augusto Superior, Diocleciano, se proclamó una encarnación de Júpiter, adoptando el nombre de Diocleciano Jovius.

Maximiano nació en alrededor de 250 d.C., en una familia de comerciantes pobres. Recibió poca o ninguna educación formal, pero se elevó en las filas del ejército y sirvió con honor bajo el emperador Aureliano en las fronteras del Danubio, el Éufrates y el Rin, y en Inglaterra. Era amigo íntimo de Diocleciano que había tenido una carrera militar muy similar a la suya. Los historiadores describen a

Maximiano como tirano y derrochador con temperamento salvaje.

Maximiano, como el César de Diocleciano, había convocado a la Legión Tebana para fortalecer su frente occidental y para ayudar a acabar con el levantamiento de los *bagaudas*. La mayoría de los informes afirman que los bagaudas eran bandas de ladrones formadas por campesinos expulsados de sus casas por bárbaros invasores y desertores del ejército. Sus dos líderes, Eliano y Amando, incluso es posible que se proclamaran emperadores.

El nombre *bagaudas* reapareció en el siglo V, cuando se les menciona como que tenían el control de partes de Galia y del valle del Ebro. Combatieron a los ejércitos que envió en su contra el general Aecio... el cual también era el portador de la Lanza de Longinos, como veremos. Cuando el Imperio Romano Occidental se colapsó, los bagaudas desaparecieron de la historia escrita. Es curios que en la actualidad existen algunos vascos nacionalistas que afirman que los bagaudas eran campesinos vascos rebeldes, con lo que establecen una línea de revolucionarios vascos por siglos.

Después de su larga caminata desde Egipto, la legión Tebana se unió al recién coronado emperador Maximiano en 286. Mientras que su fuerza principal estaba acampada en Octoduro, la Legión del Trueno acampó a unos 13 kilómetros de él, cerca del pueblo de Agauno.

Agauno

Junto a una parte de la carretera, entre las modernas ciudades de Ginebra y Roma, a sólo tres kilómetros al sur de Bex, se encuentra el pequeño y viejo pueblo de San Mauricio. Este pueblo era conocido en tiempos de los romanos como Agauno, entonces un importante centro de comunicaciones.

San Mauricio, que habla francés, se encuentra junto al Ródano, no lejos del lago Ginebra, en el punto en que el río tiene que estrecharse entre elevados barrancos. La línea de ferrocarril y la autopista también tienen que abrirse paso por esta estrecha sección de valle, enmarcada por el Dents du Midi (3 239 metros) en un lado y el Dent de Morcles (2 969 metros) en el otro.

Por siglos, ha sido un bastión militar. En épocas más recientes, fortalezas subterráneas han protegido esta entrada a los Alpes y algunos de los pasos de montaña estratégicos de Suiza. El pueblo está cerca del paso de San Bernardo, que fue cruzado por Aníbal y sus elefantes, y mucho después, por Napoleón, en su camino a la península italiana.

La historia de los 6 660 mártires, conocidos por lo general como la Legión Tebana, y la vida y muerte del comandante de la Legión, Mauricio (o en francés, Mauritius) se ha contado una y otra vez. Tal vez el informe más antiguo conocido de estos sucesos está en *Passio Martyrum Acaunensium* (*La pasión de los mártires de Agauno*), escrita en el siglo V por el obispo francés, Euquerio de Lyons, que más adelante también fue canonizado.

San Euquerio, quien murió unos 200 años después de Mauricio, nos cuenta que Mauricio en verdad poseía la Lanza de Longinos. Por desgracia, no nos dice cómo la consiguió Mauricio, sólo que sabía la historia de la Lanza y creía en su poder de destino. El obispo comienza su narración del martirio de estos soldados tan poco comunes con la siguiente introducción:

> *Aquí se encuentra la historia de la pasión de los Santos Mártires que han hecho a Agauno ilustre con su sangre. Es en honor a este martirio heroico que narramos con nuestra pluma el orden de los eventos como han llegado a nuestros oídos. Al menos escuchamos, ¿no es así?, cómo se tiene en alto honor una*

> *localidad o ciudad particular por un solo mártir que murió ahí, y con mucha razón, ya que en cada caso el santo dio su preciada alma a Dios el Altísimo. ¿Cuánto más se debe reverenciar este lugar sagrado, Aguano, donde tantos miles de mártires han sido asesinados con la espada por amor a Dios?*

De acuerdo al obispo Euquerio, se ordenó a la Legión unirse en el ataque a los rebeldes y se negó después de enterarse que los bagaudas eran compañeros cristianos. En otras versiones de la historia de San Mauricio, que por lo general no hacen mención alguna a la Lanza de Longinos, la historia empieza después de que se han vencido los rebeldes y se dice que la Legión de Trueno incurrió en la ira del emperador al negarse a participar en la celebración pagana de la victoria, o antes de la guerra, cuando se negaron a participar en los ritos de los dioses para asegurar la victoria.

Fuera antes o después de la batalla, la mayoría de las historias concuerdan en que Maximiano dio una orden de que todo el ejército debía unirse en ofrecer sacrificios a los dioses por su éxito. Esta celebración pudo incluir juramentos hechos a Maximiano, nombrándolo Dios. Algunas versiones de la historia dicen que la orden incluía el asesinato como sacrificio de cristianos. Cualquiera que fuera el caso, sólo la Legión Tebana se atrevió a negarse a tomar parte en estos ritos. Euquerio explicó:

> *Siempre tenían miedo a la idolatría. Se les había criado como cristianos y se les instruyó en el Dios Único y Eterno y estaban listos para sufrir penalidades extremas más que para hacer algo contrario a su religión.*
>
> *Mauritius se paró frente a sus hombres y blandiendo la Lanza de Longinos, les recordó a Él, que*

> *había muerto con ella, y les dijo que sería un pecado pelear contra sus hermanos.*

En la actualidad es difícil imaginarlo, pero los romanos practicaban una forma de castigo llamada *diezmado*, que literalmente significa "seleccionar por suerte y matar a cada décimo hombre". Los nazis revivieron la práctica durante la Segunda Guerra mundial cuando las tropas de ocupación, por lo general encabezadas por las SS, mataban a uno de cada diez personas en un pueblo en venganza por los ataques guerrilleros de los combatientes de la resistencia.

En tiempos romanos, se ordenaba a las legiones que cometían errores graves que se *diezmaran* ellas mismas. ¡Y lo hacían! Es de suponer que era mejor que una persona de diez perdiera la vida que se ordenara que toda la legión fuera pasada por la espada.

Cuando Maximiano se enteró de que la Legión Tebana se había negado a hacer sacrificios a los dioses, se encolerizó y ordenó que los diezmaran. Un tiempo después recibió aviso de que con alegría habían jugado a la suerte y se habían sometido con humildad, abrazando como amigos a su asesino los que iban a morir... ¡y que todavía se negaban a hacer sacrificios a los dioses! Se ordenó una segunda diezmada a menos que obedecieran los hombres, pero, según la historia, un gran grito recorrió el campamento de la legión: todos afirmaron que nunca se permitirían llevar a cabo una orden tan sacrílega.

Se dice que Mauricio, haciendo hincapié en el ejemplo de sus fieles compañeros soldados, ya mártires de la primera diezmada, los persuadió a todos a estar listos para morir a su vez por amor a su voto bautismal (la promesa que cada uno hizo en su bautismo de rechazar a Satán y venerar sólo a Dios). Les recordó a sus camaradas que habían ido al cielo antes que ellos. Animados por esas palabras, de acuerdo a las historias sacerdotales, una disposición arrasadora por el martirio se encendió en sus corazones y con alegre reverencia llevaron a cabo la segunda diezmada.

Cuando todavía se negaron a hacer sacrificios, Maximiano amenazó que si continuaban con la desobediencia, ninguno de ellos escaparía. San Euquerio pone por escrito su respuesta:

> *Emperador, somos tus soldados, pero también los soldados del verdadero Dios. Te debemos servicio militar y obediencia, pero no podemos renunciar a Él que es nuestro Creador y Señor, y también el suyo aunque lo rechace a Él. En todo, que no sea contra la ley de Él, le obedeceremos con toda la disposición, como hemos hecho hasta ahora. Nos oponemos de buena gana a sus enemigos quienquiera que sean, pero no podemos manchar nuestras manos con la sangre de gente inocente [cristianos]. Hicimos un juramento a Dios antes de que hiciéramos uno con usted: no puede depositar confianza alguna en nuestro segundo juramento si violamos el primero. Usted nos ordenó ejecutar cristianos; tome en cuenta que nosotros lo somos. Profesamos a Dios el Padre, el Creador de todas las cosas, y su Hijo Jesucristo, también Dios. Hemos visto matar nuestros compañeros con la espada y no lloramos por ellos sino más bien nos regocijamos por su honor. Ni esto ni cualquier provocación nos han tentado a rebelarnos. Mira, tenemos las armas en nuestras manos, pero no nos resistimos, ya que preferimos morir inocentes que vivir por cualquier pecado.*

Un texto copto expone lo que sucedió después:

> *Cuando Maximiano escuchó esto, se dio cuenta que estos hombres estaban decididos obstinadamente a conservar su fe cristiana y desesperó de poder des-*

viarlos de su constancia. Por lo tanto, decretó, en una sentencia final, que se les debía reunir y completar la matanza. Las tropas enviadas para ejecutar esta orden se acercaron a la legión bendecida y blandieron sus espadas sobre estos hombres santos que, por amor a la Vida, no se negaron a morir. Todos fueron asesinados con la espada. Nunca se resistieron en forma alguna. Dejando de lado sus armas, ofrecieron sus cuellos a los verdugos. Ni sus números ni la fuerza de sus armas los tentó a sostener la justicia de su causa por la fuerza. Sólo mantuvieron algo en su mente, que estaban dando testimonio de Él, que había ido a la muerte sin protesta, y el Cual, como cordero, no abrió la boca, y que ahora, ellos mismos, ovejas del rebaño del Señor, iban a ser masacrados como si fueran devastados por lobos. Así, por la salvaje crueldad de este tirano, esa hermandad de los santos se volvió perfecta. Ya que despreciaron todo lo presente con la esperanza de todo lo que vendría. Así fue asesinada esta legión en verdad angélica de hombres que, confiamos, ahora alaban al Señor Dios de los Ejércitos, junto con las legiones de Ángeles, en el cielo por siempre.

Después, los verdugos paganos celebraron su operación de sangre en el pueblo de Agauno. En lo que tal vez sea una antigua "leyenda urbana", se dice que un hombre de nombre Víctor, al enterarse de la causa de tal jolgorio, se negó a beber con los soldados o a aceptar ninguna de las pertenencias de los legionarios muertos. Al interrogarlo, sin dudar confesó ser de la fe cristiana y de inmediato lo atravesaron con una espada.

Algunos de los miembros de la legión no estuvieron en Agauno en el momento de la masacre, sino que estaban apostados en posiciones militares a través de los Alpes vinculando Suiza con Alemania e Italia. También los martirizaron en todas las partes donde los encontraron.

Se informó que sucedieron numerosos milagros durante su martirio. Por ejemplo, en Zurich, los tres santos decapitados, Félix, Regula y Exuperantius, se levantaron milagrosamente, llevaron sus cabezas en las manos, caminaron a la cima de una colina, donde se arrodillaron, rezaron y al final se recostaron. En el mismo punto, más adelante erigieron una catedral. Los tres santos que llevan sus cabezas en las manos aparecen en el Escudo de Armas de Zurich hasta la actualidad.

Unos cien años después de la masacre de la Legión del Trueno, se descubrieron los cadáveres de los mártires en Agauno y fueron identificados por San Teodoro, el obispo de Octoduro. Construyó una basílica en su honor en Agauno, cuyos restos todavía son visibles.

San Euquerio menciona que en su tiempo, el siglo IV d.C., muchas personas venían de diferentes provincias del imperio con devoción para honrar a estos santos y a ofrecer presentes de oro, plata y otros. Menciona que se han realizado muchos milagros en su santuario, como expulsar diablos y otros tipos de curaciones "que el poder del Señor realiza ahí todos los días mediante la intercesión de sus santos".

Reyes, nobles y líderes de la iglesia compiten para obtener aunque sea pequeñas porciones de las reliquias de los santos con el fin de construir iglesias en su honor. En la última cuenta existen 598 iglesias, 74 pueblos y cuatro catedrales nombradas en honor a San Mauricio. En la Edad Media, San Mauricio fue el santo patrón de varias dinastías romanas de Europa y más delante de los santos emperadores romanos.

No se sabe con exactitud qué sucedió a la Lanza después de la muerte de San Mauricio. Es de suponer que después de que Maximiano hizo que asesinaran a la Legión Tebana, le llevaron la Lanza como trofeo. Unos treinta y seis años después, reaparece en manos de Constantino el Grande, que tal vez fue el primero en descubrir todo su poder.

Capítulo 8

La Lanza, la diseminación del cristianismo y la caída de Roma

Majencio se detuvo en el puente Milvio, él y su guardia personal protegiendo el área al final del puente para que sus hombres pudieran escapar. Mientras lo hacía, se aproximó Constantino. No temía a su hermanastro y estaba totalmente resuelto. Se posicionó entre Constantino y el puente de botes, moviéndose con lentitud hacia atrás a él.

Se enfrentaron cara a cara. Majencio sosteniendo su brillante espada, Constantino la vieja Lanza. Cuando Majencio vio la Lanza, comenzó a reír, entonces lo alcanzó algo como un golpe físico. Lo estaba empujando hacia atrás una fuerza invisible. Se dio la vuelta y corrió hacia el puente de botes.

Constantino cabalgó hacia delante, los hombres se lanzaban fuera de su camino. Llegó al puente improvisado mientras su hermanastro huía, recorriendo los tablones.

Constantino bajó su Lanza, permitiendo que tocara un tablón tosco que llegaba de la playa lodosa hasta el primer bote. El tablón tembló. Luego el bote se estremeció. Como una onda cruzando un estanque, el estremecimiento se extendió por todo el puente de botes. En un momento, todos los botes estaban cabeceando y temblando como caballos asustados. El puente improvisado se disolvió con tablones y hombres volando en todas direcciones. Mientras observaba, vio la carreta de Majencio cruzar el aire y desaparecer bajo la superficie del río. Jaló las riendas, dando la vuelta al caballo de vuelta al caos que lo rodeaba. Sus hombres habían asegurado el puente de piedra. Era suyo el día.

El nacimiento de Constantino

Para el campesino romano, el mundo a su alrededor simplemente estaba lleno de dioses y poderes, demonios y espíritus. ¿Eran sólo fantasmas del temor y el asombro o seres reales? ¿En realidad pudieron existir criaturas como los espíritus femeninos de la naturaleza llamados ninfas o sus lujuriosas contrapartes, los sátiros, en parte humanos, en parte cabras?

El gran geógrafo romano Ptolomeo de Alejandría pensaba, como la mayoría de los romanos, que eran reales y dio las ubicaciones donde se decía que se congregaban. En su *Geografía* menciona un pueblo llamado Naissus, cuyo nombre significa "lugar de las ninfas". Llamado Niš en la actualidad, es una ciudad de alrededor de 150 000 almas en Serbia y Montenegro (la anterior Yugoslavia).

Los romanos ocuparon el pueblo por cien años antes de que Ptolomeo escribiera al respecto, en el periodo de la

"Guerra de Dardania" (75-73 a.C.). Con los romanos la ciudad se desarrolló como una encrucijada estratégica, guarnición y poblado basado en el comercio. Tuvo un papel clave en defender el imperio en 268 d.C., cuando la mayor invasión goda vista hasta el momento llegó en grandes cantidades a los Balcanes.

Los godos atacaron por tierra y mar, dejando devastación y ruinas a su paso. El emperador Galieno apenas se las arregló para detener el avance de los godos al derrotarlos en batalla el 1 de abril de 268. En septiembre de ese año, enfrentó la fuerza goda principal en Naissus. Los godos fueron derrotados en la matanza llamada la Batalla de Naissus. Fue la batalla más sangrienta del siglo III, dejando a treinta a cincuenta mil godos en el campo.

No, los godos no eran roqueros con maquillaje de películas de vampiros que usaran drogas depresivas. De acuerdo a sus propias tradiciones, los godos eran un pueblo antiguo que se originó en una tierra llamada "Gothiscandza" en el sur de Escandinavia.

Durante un periodo de varios siglos, organizaron olas de invasión siempre mayores al sur, hacia Europa y a Asia Menor. Esto produjo la adquisición de enormes cantidades de botines y muchos esclavos. Bien pudo ser que estos mismos esclavos fueron los que produjeron la conversión de los godos al cristianismo. El hecho de que la versión de cristianismo que arraigó entre los godos fuera el *arrianismo*, iba a resultar significativo siglos después, cuando se levantaron contra los francos católicos.

Y no, el arrianismo no tiene nada que ver con el *arianismo*, el Poder Blanco o los cabezas rapadas. Se basaba en las enseñanzas de Arrio, un sacerdote de parroquia de Alejandría que nació en Egipto en 256 d.C. Sus seguidores creían que Jesucristo y Dios el Padre no eran la misma esencia fundamental, considerando que el Hijo era un ser creado, inferior al Padre. Arrio creía que Jesús era un profeta importante, pero también sólo un hombre como otros hombres. La creencia creció con rapidez, tanto que fue el punto de vista de la mayoría de todos los cristianos en un tiempo. El argumento de arrianismo en relación con la ortodoxia conduciría a siglos de luchas en el seno de la iglesia cristiana y en la casa imperial.

Unos cuantos años después de la Batalla de Naissus, el hijo de un comandante y la hija de un posadero nació cerca de ahí. Ese niño estaba destinado a gobernar, con la ayuda de la Lanza del Destino, como el primer emperador cristiano de Roma. Más adelante se le conoció como Constantino el Grande.

Desde el punto de vista de los cristianos, Constantino puede reclamar con justicia el título de "el Grande". Cambió la historia del mundo occidental en una nueva dirección al hacer del cristianismo, que hasta él había sufrido una sangrienta persecución, la religión de la Familia Real, y así de la elite de Roma, y en ese tiempo, del Imperio. Soplaban vientos de cambio por todo el Imperio mientras la Era de Aries cedía su lugar a la nueva Era de Piscis y como un capitán de mar de la antigüedad, Constantino empleó esos vientos para impulsar su Barco de Estado.

Para el momento en que Constantino se convirtió en el gobernante indisputable del imperio, la antigua religión mostraba su fuerza principalmente en forma de superstición, magia y adivinación. La religión estatal oficial que heredó no se basaba en alguna creencia central, sino en una mezcla de rituales, tabúes, supersticiones y tradiciones fragmentados a los que se habían hecho adiciones con el paso de los siglos de fuentes muy diversas.

La religión de estado romana, el final de la era pagana, era, para decirlo con franqueza, aburrida para sus seguidores. Consistía en su mayor parte de decir oraciones y hacer rituales. Para los romanos paganos, la religión era menos una experiencia espiritual que una relación contractual entre la humanidad y las fuerzas que creían que controlaban sus vidas y bienestar. Al igual que se pagaba el impuesto anual al estado, se propiciaba a los dioses. No tanto porque los amaras sino porque era algo que tenía uno que hacer para mantener un techo sobre la cabeza y asegurar una cosecha decente.

Pero el mundo estaba cambiando. Religiones nuevas de oriente ofrecían una perspectiva totalmente nueva, una participación personal, una relación directa con el infinito y lo divino... algo desconocido en el paganismo romano. Conforme cambiaba el punto de vista de la gente respecto al mundo y el universo, los individuos cuyas necesidades religiosas personales no eran satisfechas por la antigua religión recurrían cada vez más a los misterios que eran en su mayor parte de origen griego y a los cultos de oriente con su monoteísmo o su forma modificada, el *henoteísmo* (la veneración de un dios sin negar la existencia de otros dioses).

Era inevitable que también cambiara la religión de estado. Colgaba de un hilo, ya que con facilidad pudo haber recurrido a una religión muy diferente. En el momento del nacimiento de Constantino, el mitraísmo era por mucho el más popular de los cultos orientales. La veneración romana de Mitra empezó más o menos en el tiempo del nacimiento de Cristo y prosperó de los siglos II hasta el IV, muriendo sólo después de la conversión al cristianismo de Constantino.

El mitraísmo fue importado principalmente al imperio por legionarios que se habían convertido mientras estaban apostados en las provincias orientales. Era una religión por completo masculina basada en un dios viril y masculino. Los legionarios menospreciaban al cristianismo como algo de mujeres. Fue sólo la famosa visión de Constantino, tal vez causada por la posesión de la Lanza Sagrada, lo que lo convirtió a él y al imperio al cristianismo.

El César Constancio Cloro

El padre de Constantino, Constancio Cloro, nació como Flavio Julio Constancio en alrededor de 250 d.C. Procedente de una familia pobre del Danubio, Constantino logró elevarse por las filas del ejército. La adición de *Cloro* (el Pálido) a su nombre procede de su tez pálida.

Constancio tuvo una aventura con la hija de un posadero (que más adelante canonizarían como Santa Helena), pero nunca se supo con seguridad si los dos se casaron en realidad. Constancio pudo haber mantenido a Helena en la condición de concubina, algo más que una esclava pero menos que una esposa. Ella le dio un hijo, Flavio Valerio Aurelio Constantinus, Constantino para abreviar.

Más o menos en el año 290, Constancio (también llamado Constantino para abreviar, lo que hacía que su hijo fuera "junior" en la jerga actual) al parecer, descubrió que tener como esposa a la hija de un posadero (o lo que fuera) era un obstáculo para subir la escala política y la botó para casarse con Teodora, la hijastra del emperador Maximiano Hercúleo, el carnicero de la Legión Tebana. Poco después de su matrimonio con Teodora, se convirtió en *prefecto pretoriano* ante Maximiano Hercúleo (Maximiano para abreviar) y se encontró en la vía rápida para llegar a ser emperador.

Una década después, el "junior" se casaría con la hija más joven de Maximiano, Fausta, una acción puramente política que dio dividendos, como veremos.

Como ya se mencionó antes, el emperador Diocleciano decidió que el imperio era demasiado grande para que lo gobernara un hombre y dividió el gobierno del imperio entre dos Augustos, donde él gobernaba como Augusto en oriente y Maximiano como Augusto de occidente. Ocho años después, en 293, refinó el plan y añadió dos Césares. Los Augustos se convirtieron entonces en Emperadores Superiores y los Césares en Emperadores Menores. A esto se le llamó la *Tetrarquía*. Maximiano eligió a Constancio Cloro como su César.

A Constancio se le otorgaron los territorios del noroeste para que los gobernara. Había un pequeño problema con esa asignación... ¡una parte importante de la región se había rebelado y separado del imperio!

Después de varios años de combates, Constancio logró el control completo de la región, arrancándola del poder del muy ambicioso comandante Naval. Por una década fue pacífico el reinado de la tetrarquía.

En los territorios de Constancio, los cristianos sufrieron menos por las persecuciones de Diocleciano. Después del gobierno tiránico del bruto Maximiano, el reinado de Constancio en verdad fue popular.

Fin de la tetrarquía

El primer día de mayo, llamado por tradición Día de Mayo, ha sido una fecha importante en la historia por miles de años. En el año 305 d.C., señaló el principio del fin de la Tetrarquía de Diocleciano.

A finales de 304, el emperador Diocleciano se enfermó y se pensaba que estaba a punto de morir. No confiaba en que su tiránico coemperador Maximiano Hercúleo hiciera lo correcto en su ausencia, así que el 1 de mayo de 305 obligó a Maximiano a unírsele en renunciar a la púrpura y retirarse. Sin embargo, Diocleciano se recuperó de su enfermedad casi fatal y Maximiano nunca perdió su deseo de poder.

Cuando Diocleciano y Maximiano Hercúleo renunciaron al mismo tiempo a sus puestos de emperador, los sucedieron Constancio Cloro y Galerio como augustos.

Para Constantino la situación fue bastante contraproducente con la repentina abdicación y retiro de Diocleciano y Maximiano. Sí, se elevó a Constantino a Augusto (emperador) de Occidente y se le consideraba el Augusto Superior, pero Galerio, Augusto de Oriente, tenía más poder real. La posición de augusto superior de Constantino era sólo de nombre y todos lo sabían. Constantino sólo gobernaba sobre las diócesis de Galia, *Viennensis* (Italia), Inglaterra y España, que de ninguna manera eran rival para las provincias del Danubio y Asia Menor bajo el firme control de Galerio.

La mayor fuente de desagrado para Constancio fue que no había visto a su hijo, Constantino, por muchos años. Constantino, el hijo de la unión de Constancio con Helena, la hija del posadero, era su primogénito y heredero. Cuando joven, el niño había sido enviado a la corte del emperador Diocleciano, donde, a los veintitantos años de edad, se había distinguido como soldado en la expedición de Diocleciano a Egipto en 296.

Con la abdicación de Diocleciano, Galerio se convirtió en el nuevo anfitrión de Constantino. En la práctica, esto significaba que Galerio tenía un rehén efectivo con el cual asegurar la docilidad de Constancio. Esto, aparte del desequilibrio de poder entre ellos, aseguraba que Constancio actuara como el inferior de los dos augustos.

Los pictos proporcionaron a Constancio el pretexto que necesitaba para que volviera su hijo. Los pictos estaban invadiendo las provincias británicas romanas, al menos es lo que Constancio dijo a Galerio. Lo que es más, insistió que una campaña contra ellos requeriría su propio liderazgo y el de su hijo. Galerio, evidentemente bajo presión para cumplir o admitir que estaba reteniendo un rehén real, cedió y dejó ir a Constantino.

Constantino alcanzó a su padre en Gesoriacum a principios de 306 y cruzaron juntos el Canal poco después. Por desgracia, fue una aventura infortunada para Augusto Constancio. Después de varios enfrentamientos exitosos con los pictos, el Constantino mayor se enfermó y murió en Eboracum, que después se convertiría en la ciudad de York, el

25 de julio de 306. A la muerte de Constancio Cloro sus tropas de inmediato proclamaron al Constantino joven como su emperador.

César Constantino

La muerte de Constancio dejo a Galerio como el Augusto superior indiscutible. En cuanto recibió aviso de la muerte, elevó a Severo II de César al rango de coaugusto para llenar la posición vacante del padre de Constantino. Consintiendo de alguna manera las demandas de las tropas de Constancio Cloro, Galerio elevó al Constantino más joven a César... algo menos que un emperador completo, pero todavía no demasiado mezquino para alguien de apenas treinta y tres años de edad.

De vuelta en Roma, esto no sentó bien a Majencio, hijo del recién retirado Maximiano. Majencio, no apreció la elevación de Constancio Cloro a augusto por principio de cuentas, pensando que debió dársele a él. Cuando se enteró de la muerte de Constancio Cloro, y que de nuevo lo habían dejado de lado, y que el hombre elegido con cuidado por Galerio, Severo, había sido elevado a augusto y habían aceptado a Constantino como su César, Majencio montó en cólera. De inmediato se proclamó emperador y tomó medidas para asegurar Roma y su fastidioso Senado.

Majencio era el primogénito del emperador Maximiano Hercúleo. Parece haber habido poco amor o incluso amistad entre padre e hijo. Se describía a Majencio como que tenía una naturaleza altanera y mal temperamento. Después del nombramiento de Galerio al puesto de César el 1 de marzo de 293, Majencio se casó con la hija de Galerio, Valeria Maximila, quien le dio un hijo llamado Rómulo y otro cuyo nombre está perdido para la historia. Sin embargo, ese matrimonio político no ayudó a elevar al malhumorado Majencio en la escala política romana, como había hecho un matrimonio político similar por el padre de Constantino, quien se casó con la hijastra del emperador Maximiano.

Rara vez podía Majencio ponerse de acuerdo con su padre o con su suegro, ambos emperadores. Mientras tanto, Galerio y Maximiano le cobraron tal aversión que lo dejaron de lado para la elevación a César, mucho menos para Emperador. Lo más que se puede decir, antes de reclamar el trono, Majencio pasó la mayor parte de su vida jugando a ser el joven rico y ocioso; aunque, de alguna manera, se convirtió en Senador.

Su madre era una siria llamada Eutropia. Su matrimonio con Maximiano Hercúleo era su segundo. Le dio dos hijos: Majencio y su hermana más joven, Fausta. Una hija más grande, Teodora, procedía de su primer matrimonio. Fausta se convirtió en la esposa de Constantino, como se describirá pronto, mientras que su hermana Teodora fue la segunda esposa del padre de Constantino. Esto hizo de Constantino y Majencio, que sólo estaban separados por unos años, cuñados, ¡e hizo que Constantino y su padre también fueran cuñados!

La plebe y los pretorios de Roma aceptaron el reclamo de Majencio de la púrpura. Compró su lealtad con promesas de riquezas para los que lo ayudaran. Su dominio, robado a Severo, incluía Italia, África, Cerdeña y Córcega.

El emperador oriental Galerio estaba indignado cuando se enteró de la revuelta de Majencio. No podía permitir que este yerno usurpador poseyera Roma. Envió a Severo de Mediolanum (Milán en la actualidad) para quitarlo. Severo de inmediato tomó un gran ejército que antes había sido el de Maximiano y se dirigió a Roma.

Cuando Majencio se enteró del avance del antiguo ejército de su padre a las órdenes de Severo, envió a su padre la púrpura, ofreciendo hacerlo Augusto de nuevo para ganar el ejército de Severo para su causa. Maximiano aceptó la oferta de su hijo de unírsele como coemperador, entusiasmado de abandonar su retiro forzoso. Mientras tanto, Severo y su ejército llegaron a Roma y pronto pusieron sitio a la ciudad. Majencio, recurriendo a tácticas de probada funcionalidad, sobornó a los soldados de Severo. Es difícil decir si los sobornos o la presencia de Maximiano lograron el resultado, pero a una señal elegida, las fuerzas del anterior emperador de repente se unieron al usurpador.

Severo, al encontrarse solo con un puñado de hombres leales huyó a la ciudad de Rávena. Maximiano y su ejército lo siguieron. Al llegar a Rávena encontraron que la posición de Severo era inexpugnable. Empleando falsas promesas de garantías, convenció a Severo de rendirse. El nuevo emperador llevó a Severo a Roma y lo encarceló en *Tres Tabernae* (mejor conocido como el punto al que los amigos de San Pablo llegaron para reunirse con él en su viaje a Roma [*Hechos 28:15*]). Una vez ahí, mataron a Severo.

Cuando Galerio se enteró de lo que le había sucedido a Severo, se decidió vengar su asesinato. A principios del verano de 307, invadió Italia con un ejército reunido con precipitación. Marcharon al sur y no encontraron resistencia en todo el camino a Roma, donde acampó en Interamna (en la actualidad conocida como Terni) cerca del río Tíber. De inmediato descubrió que sería imposible cualquier intento de sitiar la ciudad, ya que su ejército no era lo bastante grande para abarcar todas las fortificaciones de la ciudad.

Se intentaron negociaciones entre Majencio y Galerio, pero de inmediato se rompieron cuando el emperador descubrió que el usurpador estaba tratando de ganarse sus tropas. Algunos de sus soldados se unieron al enemigo y algunos dudaban. Al no confiar en sus propias tropas, Galerio se retiró.

Sin embargo, Galerio no renunció a las negociaciones como solución. Después, envió a Licinio con Majencio como embajador. Licinio era amigo íntimo y camarada de armas del emperador Galerio (lo acompañó en su expedición persa en 297). Sin embargo, la misión diplomática de Licinio fue un fracaso igual a la de Galerio, ya que Majencio se negó a someterse a la autoridad de su suegro, afirmando en vez que era el único emperador.

En un intento por derribar a Majencio y reclamar el trono para él, Maximiano Hercúleo dejó Roma para ir a Galia en 307, donde casó a su hija Fausta con Constantino para procurar su ayuda. Los autores creen que llevaron la Lanza de Longinos como trofeo a Maximiano después de la matanza de la Legión Tebana. Maximiano a su vez se la dio a Constantino como parte de la dote de Fausta. Maximiano pudo haber sabido la historia de la Lanza, al menos en parte, y pudo pasársela a Constantino también, esperando ganar su lealtad. La posesión de la Lanza por Constantino bien podría explicar la fuente de su famosa visión y conversión al cristianismo, como veremos pronto.

Cuando Constantino se negó a involucrarse en la guerra civil, Maximiano Hercúleo volvió a roma en 308 y trató de destronar a su hijo por medios más directos. Le falló y apenas salió con vida. Luego convenció a Diocleciano que se le uniera para una conferencia en otoño de 308. El propósito propuesto de la conferencia era restaurar el orden en el imperio (y su plan oculto era que él volviera al trono).

La conferencia tuvo lugar en Carnuntum, un pueblo militar romano en el río Danubio a unos 40 kilómetros al este de lo que en la actualidad es Viena, Austria. Fallaron de nuevo los planes de Maximiano Hercúleo ya que no pudo convencer a Diocleciano de salir del retiro y así dar legitimidad a su posición como coemperador.

Frustrado en todos lados, Maximiano Hercúleo volvió al lado de su yerno Constantino en Galia. Durante las guerras entre Majencio y los emperadores Severo y Galerio, Constantino se había quedado en sus provincias; demasiado ocupado en defender sus fronteras de los germanos para preocuparse por el lejano imperio. Aunque el joven Constantino trató a Maximiano con todo el respeto debido a un antiguo emperador, el viejo intrigante amargado todavía deseaba ser más que una simple figura decorativa. Parece que se decidió a apoderarse de la corona de Constantino en algún momento en que menos lo esperara su yerno.

La oportunidad de Maximiano llegó en verano de 310, cuando se levantaron los francos. Constantino tomó una pequeña parte de su ejército a territorio enemigo, dejando el grueso de su ejército atrás en Arelate. Originalmente un *oppidum* celta, o fortaleza de colina, Arelate estaba en la orilla izquierda del río Ródano bajo, en el sur de Francia. Se encuentra en una encrucijada importante de dos rutas romanas mayores. Constantino, y luego sus hijos, a menudo se quedaban ahí por su maravilloso clima, el cercano mar Mediterráneo y los Alpes.

En cuanto Constantino estuvo a una distancia segura, Maximiano se proclamó a sí mismo emperador... de nuevo. Tomando fondos de Majencio pagó a los soldados bajo su mando una bonificación para conseguir su lealtad. En cuanto Constantino recibió noticias de la revuelta de Maximiano, se apresuró a volver, llegando a Arelate justo antes de que su suegro pudiera preparar una defensa de la ciudad. Maximiano huyó a la cercana Massilia, pero Constantino se apoderó del pueblo y tomó prisionero a Maximiano. Por alguna razón desconocida, Constantino otorgó el perdón a Maximiano por sus crímenes.

Incapaz de soportar la humillación de su derrota, trató de hacer que asesinaran a Constantino en su cama. La conspiración falló porque trató de hacer que su hija Fausta ayudara en el asunto. Parece que había poco amor entre Maximiano y cualquiera de sus hijos. Fausta prefirió a su marido de sólo tres años a su intrigante padre y reveló la conspiración a Constantino. Maximiano murió a finales de julio de 310, por su propia mano o por órdenes de su pretendida víctima.

Mientras tanto, Majencio mantuvo el control de Roma y la mayor parte de Italia y África. Su dominio de la situación se debilitó un poco con la revuelta de L. Domicio Alejandro en 308. Alejandro era *vicario* de África. Majencio, al no estar seguro si podía o no depender de la lealtad de las tropas en África, exigió que el *vicario* enviara a su hijo a Roma como rehén. Alejandro se negó y su tropa lo aclamó como augusto. Aunque la revuelta sólo duró hasta el final de 309, cuando tropas leales a Majencio lograron derrocar al "emperador Alejandro" y ejecutarlo, redujo drásticamente la cantidad de cereales que llegaban a Roma y disminuyeron las reservas de la ciudad.

En la primavera de 311, el emperador de oriente, Galerio, sufrió una enfermedad repentina y extraña. Primero sus genitales sufrieron una inflamación grave. A esto le siguió el crecimiento de una úlcera profunda que con rapidez se llenó con gusanos. Se inflamaron obscenamente, luego empezaron a pudrirse en su cuerpo. Algunos de los médicos de Galerio tan sólo no pudieron soportar el hedor. Esos médicos fueron ejecutados de inmediato. Sus otros médicos sólo vivieron un poco más... asesinados por no curar la enfermedad de su emperador.

Galerio estaba entonces en Nicomedia (la moderna ciudad de Izmit [también conocida como Ismid o Kocaeli]), una ciudad en la parte noroeste de Turquía. Está ubicada a alrededor de 100 kilómetros al este de la moderna Estambul. Fue fundada en 264 a.C. y desde entonces ha sido una de las ciudades más importantes en esa parte de Asia Menor. Diocleciano, al marcharse de Roma para tener una posición más cercana a su dominio del este, y por las interminables campañas del Imperio contra los persas, la convirtió en la principal ciudad del Imperio Romano Oriental. Fue desde ahí que Galerio había gobernado. Más adelante, Nicodemia se volvería importante para los cristianos como sitio del primer Concilio Ecuménico de la iglesia.

Desde su lecho de enfermo, Galerio lanzó un edicto, que fue confirmado por sus compañeros emperadores, cancelando la persecución de los cristianos. Este acto, que terminaba con toda persecución en el imperio, fue un portento de los cambios religiosos que recorrían la tierra.

La gente había estado perpleja con esta extraña enfermedad y por el milagroso edicto desde el momento en que se anunció. ¿Podía esta horrible enfermedad deberse a la ira de Dios? ¿Podía la enfermedad, combinada con la conciencia culpable de Galerio, conducirlo a creer que sufría alguna forma de retribución divina? Algunas personas han presentado la teoría de que Constantino pudo ser el autor real o el verdadero iniciador del edicto, y Galerio sólo sirvió para confirmarlo.

Constantino ya había abolido la persecución de los cristianos en su propio dominio en 306, y, creemos, para este tiempo tenía la posesión de la Lanza que atravesó el costado de Cristo. ¿La conversión de pagano a cristiano de Constantino ya estaba en marcha?

Sólo unos días antes de firmar el decreto para detener toda persecución cristiana, Galerio sucumbió a su espantosa enfermedad.

Cuando Galerio murió en 311, la lucha por el poder continuaba. En el verano de 312, Constantino reunió sus fuerzas y decidió arreglar su disputa con Majencio por la fuerza. Más evidencia de que Constantino poseía la Lanza de Longinos en este tiempo se ve en el hecho de que marcó a Roma con un ejército que era vastamente inferior al de Majencio. Algunas versiones de la historia dicen que las tropas de Majencio superaban en número a las de Constantino hasta por 10 a 1, aunque los historiadores modernos creen que era más cercano a 4 a 1. De acuerdo a estos diferentes cálculos, el ejército de Constantino constaba de 25 000 a 100 000 hombres, mientras que se creía que Majencio podía enviar al campo no menos de 190 000. Y sin embargo, el joven "Hijo de los Augustos" no dudó, marchando a Italia en cuanto se sembraron las cosechas.

¿Podría ser que Constantino sintiera que el poder de la Lanza del Destino era lo bastante grande para compensar los hombres faltantes? ¿Podría ser algo más? Habían pasado 25 años desde el martirio de San Mauricio y la Legión Tebana. ¿La Lanza estaba sedienta de más sangre? Como la lanza hablaría más adelante con Adolfo en Viena, ¿estaba hablando entonces con Constantino?

Encontramos evidencia que lo corrobora en los escritos de Eusebio de Cesarea (aprox. 264-340)... conocido como "El Padre de la Historia Cristiana". En *La vida de Constantino*, Eusebio contó cómo el emperador estaba convencido "que necesitaba alguna ayuda más poderosa de lo que podían darle sus fuerzas militares al tomar en cuenta los encantamientos perversos y mágicos que practicaban en forma tan diligente sus enemigos". Sostenemos que la Lanza era la "superarma" mágica que Constantino estaba buscando.

¿O la lanza lo estaba buscando a él? Después de la matanza de la Legión Tebana, pasó a Maximiano Hercúleo, suponemos que como trofeo. ¿En realidad fue sólo una casualidad o fue su voluntad que la entregaran al emperador de Occidente?

El destino es definido por Webster como "un curso predeterminado de eventos que a menudo se considera como un poder o agencia irresistible". ¿Podría ser *La Lanza del Destino* porque *es* "un poder o agencia irresistible"? ¿Es más que un simple objeto inanimado, sacudiéndose como un corcho en el río del tiempo? ¿Podría ser como un imán, atrayendo gente, dirigiéndola en un curso predeterminado hacia su destino...o el suyo propio?

¿Fue la victoria de Constantino predestinada por el Destino? ¿Se le "dio" la Lanza para asegurar la victoria final del cristianismo sobre el paganismo en el Imperio Romano?

El ataque relámpago de Constantino en Italia empezó con la toma por asalto de Susa (una ciudad en el Piamonte, situada en un tributario del Po, al pie de los Alpes Cottiae, a 50 kilómetros más o menos de Turín, hogar actual del afamado Sudario de la Muerte de Jesús). Poco después, casi aniquiló un ejército más grande a las afueras de Turín. En Verona, encontró otro ejército hostil más bajo el mando de la guardia de Majencio, Ruricius, el cual se había encerrado en la fortaleza.

Mientras mantenía la ciudad bajo sitio con su fuerza principal, Constantino condujo a un pequeño destacamento de su ejército en un ataque osado a un ejército descansado del enemigo que venía a auxiliar a la asediada fortaleza. Con mínimas pérdidas, lo derrotó por completo. Le siguió la rendición de Verona.

A pesar de la cantidad abrumadora de enemigos, Constantino avanzó con confianza. Se detuvo a menos de 16 kilómetros de Roma cuando Majencio decidió oponer resistencia frente al puente Milvio.

El puente Milvio

Volviendo a la evidencia del historiador de la iglesia, Eusebio, nos dice lo que sucedió cuando Constantino se preparaba para una de las batallas más decisivas de la historia:

> *Constantino estaba rezando al dios de su padre, rogando que le dijera quién era él e implorándole que le extendiera la mano derecha para ayudarlo en sus dificultades presentes. Mientras rezaba fervientemente, se le apareció un signo increíble del cielo. (Hubiera sido difícil de creer su narración si la hubiera contado alguien más. Pero el emperador victorioso mucho después se lo declaró al escritor de esta historia... cuando tuve el honor de conocerlo y hablar*

> *con él e incluso confirmé su declaración mediante un juramento. Así, ¿quién podría dudar de él, en especial porque el tiempo ha determinado su veracidad?) Dijo que más o menos al mediodía, cuando el día ya empezaba a terminar, vio con sus propios ojos el trofeo de una cruz de luz en los cielos, sobre el sol, y una inscripción que decía: "Conquista por Esto", unida. Al ver esto, él y su ejército, que lo siguieron en una expedición y fueron testigos del milagro, quedaron sorprendidos.*
>
> *Él dijo que dudaba en su interior qué importancia podía tener esta visión. Continuó considerando su significado hasta que cayó dormido. Mientras dormía, el Cristo de Dios apareció ante él con el mismo signo que había visto antes en los cielos. Dios le ordenó hacer una imagen semejante a ese signo que había visto en los cielos y que lo usara como protección en todos los encuentros con sus enemigos.*

Lactancio, al que Constantino contrató como tutor para su hijo Crispo, informó que Constantino recibió su visión en un sueño el 27 de octubre, la noche antes de la batalla del Puente Milvio. Sin embargo, Eusebio escribió que su visión estando despierto y el sueño posterior tuvieron lugar cuando el ejército todavía estaba en el norte de Italia. Si se considera el tiempo que tomaría lograr que más de 20 000 soldados marcaran sus escudos es improbable que se hiciera en la mañana de la batalla. Por lo tanto, concluimos que Eusebio estaba en lo correcto y la visión de Constantino y el marcado de los escudos de su tropa tuvo lugar antes de que llegaran a las afueras de Roma.

A menudo se ha descrito la visión de Constantino como una "cruz flamígera" que apareció cerca del sol o enmarcada en él, y tal vez con las letras griegas "Chi-Rho", las dos primeras letras de "Cristo" entrelazadas. A este símbolo se le llama ahora *labarum*, y se parece a una "P" mayúscula sobreimpuesta en una "X" mayúscula en el alfabeto español.

Además, Constantino vio o escuchó la frase griega "Ev Τουτω Νικα", a menudo traducida en latín como *In Hoc Signo Vinces*: "Bajo este signo, conquistarás". Se dice que Constantino puso una cruz o el *labarum* en los escudos de sus solados en respuesta a esta visión. ¿Tal vez fue la Lanza la que le murmuró estas palabras del Destino?

El 28 de octubre los dos ejércitos chocaron en la famosa Batalla del Puente Milvio y Constantino salió victorioso. Mientras que la historia europea está llena de batallas famosas, tal vez ésta sea la más importante en la historia cristiana. Con la victoria de Constantino, logró gobernar el Imperio, y al convertir a su familia al cristianismo, con esto puso los fundamentos para la cristianización. Si esta batalla no hubiera tenido lugar o hubiera terminado de otra manera, tú, querido lector, nunca hubieras escuchado de Jesucristo. ¡Pero la Lanza se encargó de eso!

En 312 d.C., el Milvio era un puente de piedra que llevaba el camino a la Vía Flaminia cruzando el río Tíber a Roma. Majencio sabía que retenerlo era crucial si iba a mantener a su rival fuera de Roma, donde el Senado con seguridad favorecería a cualquiera que tuviera la ciudad.

El puente estaba ubicado en un lugar donde había grandes campos abiertos a ambos lados del Tíber. En el lado de la ciudad del puente estaba el *Campus Martius*, lugar donde los romanos habían reunido fuerzas defensoras o habían juntado fuerzas expedicionarias por siglos. En el otro lado del río, al norte del puente Milvio, estaba un área próxima a Roma donde una fuerza invasora podía hacer maniobras y reagruparse antes de tratar de abrirse paso peleando a la ciudad. Así, el puente Milvio siempre fue un puente miliar y así se le empleó muchas veces.

Majencio convocó a sus tropas en el *Campus Martius*. En la mañana del 28 de octubre, los hizo marchar, cruzando el puente y dirigiéndose al norte para enfrentar las fuerzas de Constantino. Sus ejércitos chocaron en un lugar llamado Saxa Rubra a 15 kilómetros al norte.

Las fuerzas de Constantino de inmediato empezaron a empujar al ejército hacia atrás al Tíber. Majencio se vio obligado a retroceder, esperando presentar otra resistencia en Roma misma. Pero sólo había una ruta de escape, a través del puente, y los hombres de Constantino infligieron fuertes pérdidas al ejército que se retiraba. Sólo un vestigio de la fuerza de Majencio logró llegar al Tíber, retrocediendo en medio del caos, desesperados por tratar de llegar a la seguridad de los muros de Roma.

El puente estaba obstruido con la gente y sus estrechos confines sólo permitían que unos cuantos cientos cruzaran por vez. Por último, se estableció una cadena de botes junto al puente Milvio, por el que escaparon otros soldados. El puente improvisado de botes, de acuerdo a la mayoría de las narraciones, se colapsó bajo el peso de tantos hombres que huían y Majencio, por el lastre de su armadura, se ahogó en el Tíber.

Emperador Constantino

Constantino entró a Roma no mucho después y fue aclamado por el Senado como el único augusto occidental. Constantino sólo se quedó en Roma un breve tiempo después de su victoria. De hecho, sólo volvería a Roma dos veces más en su vida: para celebrar el décimo y el vigésimo aniversario de su victoria ahí. Procedió a Mediolanum (en la actualidad Milán) a finales de 312 o principios de 313.

En Mediolanum se le unió su colega, Augusto Licinio, que había reemplazado a Galerio como emperador de Oriente. En conformidad con la tradición romana de matrimonios políticos, en marzo de 313, Constantino casó a su media hermana Constancia con Augusto Licinio.

Constantino había acreditado en público su victoria en el puente Milvio al Dios de los cristianos y empleó el motivo del matrimonio de su hermana para manejar a Licinio para que firmara el "Edicto de Milán" publicado conjuntamente.

El Edicto de Milán restauró las propiedades confiscadas a las congregaciones cristianas. Éste, de hecho, ordenó el fin de cualquier persecución religiosa dentro de su reino. Fue la codificación de todo el imperio de un paso que Constantino ya había dado en Inglaterra y Galia en 306.

A Licinio también le prometió apoyo militar contra Maximino Daya quien había fortalecido su posición mediante la ocupación de Asia Menor. También había esperado encontrar un aliado en Majencio, que no sólo controlaba Italia y Egipto, sino que era, como él, también un pagano tradicional. En otoño de 312, mientras Constantino marchaba por Italia en camino a Roma, experimentando victoria tras victoria, Maximino Daya sólo sufría reveses en oriente. Cosechas perdidas, plagas, bandas de ladrones sueltas y una revuelta de los armenios que sirvieron para socavar su gobierno.

Estaban justificados los temores de Licinio y Constantino de un movimiento de Maximino Daya. Cuando se enteró de la muerte de su aliado Majencio y la alianza militar que se había forjado entre Constantino y Licinio, se sintió obligado a actuar. Como lo expuso un historiador (empleando el otro título de Daya, Maximino II):

> *Maximino II sabía que era inevitable que la posición actual de tres emperadores hostiles sólo podía tener como resultado la guerra civil hasta que uno lograra el poder absoluto. La victoria de Constantino en el puente Milvio lo hizo el más fuerte de los tres por mucho. Y el ambicioso Constantino era con claridad la mayor amenaza. Sin embargo, una guerra con*

Constantino no era posible. Con la excepción del desierto libio, no tenía una frontera real con ninguno de los territorios de Constantino.

Y así, cualquier acción tendría que dirigirse a su antiguo enemigo Licinio, que era aliado de Constantino, incluso si estaba comprometido con su hermana Constancia.

Sin embargo, estas situaciones cambiarían. Si Constantino alguna vez podía poner sus manos en las provincias del Danubio de Licinio, Maximino II no tendría una oportunidad contra un enemigo de tal poder. Sin embargo, si podía conquistar el territorio de Licinio él mismo, su fuerza sería igual a la de Constantino.

Con esto en mente, Maximino II hizo marchar sus tropas cruzando Asia Menor (Turquía) en el invierno de 312 y 313 d.C. Estaba helando, todavía no llegaba la primavera.

Maximino Daya entró a Europa con 70 000 hombres cuando cruzó el Bósforo en abril de 313. Pronto llegó a las puertas de la antigua ciudad griega de Bizancio (la ciudad moderna de Estambul). Bizancio tenía entonces una guarnición de tropas de Licinio. Cuando la ciudad se negó a rendirse, Daya la tomó después de un sitio de once días. De inmediato avanzó a Heraclea, una ciudad portuaria de origen griego antiguo, en la costa sur del mar Negro. Se apoderó con facilidad de Heraclea después de un corto sitio, luego llevó adelante sus fuerzas.

Mientras Daya estaba asediando Heraclea, Licinio llegó a Adrianópolis, una ciudad turca en Europa que en la actualidad todavía tiene ese nombre. Aunque Licinio llegó sólo con un pequeño contingente de hombres, sus fuerzas demostraron estar mejor preparados.

Maximino Daya conducía un ejército de más del doble del tamaño del de Licinio pero después de una prolongada marcha forzada cruzando las montañas de Asia Menor, sus tropas estaban exhaustas. Al estar simplemente demasiado agotados para pelear, su ejército fue derrotado por completo. Maximino escapó a la matanza y recorrió el camino de vuelta cruzando el Bósforo disfrazado como esclavo.

Con el ejército de Licinio siguiéndolo de cerca, huyó de vuelta a su fortaleza en Asia Menor, esperando reagruparse detrás de la cordillera del Tauro y recuperar su posición. Estableció un nuevo cuartel en Tarso (lugar de nacimiento de Saúl, que más adelante se convertiría en San Pablo) y empezó a fortificar los desfiladeros con el fin de detener el avance de Licinio. Pero no era posible parar a Licinio. Pasó por la fuerza y lo sitió en Tarso.

Asediado por tierra y mar, la situación de Maximino era desesperada. Fue en este punto en que se enfermó. Se desconoce si lo atacó una enfermedad o si tomó veneno en un intento de suicidarse. En cualquier caso, se debilitó con rapidez.

Ciego y sufriendo, Maximino tuvo una muerte miserable en Tarso en agosto de 313 d.C. Como con su mentor pagano, Galerio, los creyentes supusieron que Maximino Daya también sufrió la ira de Dios. El César había perseguido a cristianos con rigor. Siguiendo una antigua tradición, Licinio buscó a la esposa y a los hijos de Daya y los mató.

Daya había tenido razón, era una guerra de la que emergería un solo Augusto como el único poder en el Imperio. Licinio y Constantino pronto estuvieron en guerra.

La primera vuelta de la guerra terminó en una batalla no decisiva que llevó a ambos Augustos a la mesa de las negociaciones. La paz duró por diez años. Pero con el tiempo Licinio volvió al paganismo. No contento con sólo profanar abiertamente la religión, empezó a perseguir a los cristianos. Después de una serie de afrentas a Constantino en persona, de tratar con desprecio sus derechos y privilegios como coemperador, tuvo lugar el pospuesto enfrentamiento final.

Constantino reunió un ejército de 125 000 soldados de infantería y 10 000 de caballería. También juntó una flota de 200 barcos, con la intención de asegurar el control del Bósforo.

Licinio, en un movimiento osado que sacó hombres de las fronteras del este y dejó al imperio sin defensa, logró formar un ejército todavía más grande; uno formado por 150 000 soldados de infantería y 15 000 de caballería, mientras que su flota constaba de no menos de 350 barcos.

Los ejércitos enfrentados se encontraron en Adrianópolis, el 3 de julio de 324. Entre las tropas bien disciplinadas de Constantino y la Lanza del Destino en manos del emperador, Licinio no tenía oportunidad alguna. Lo derrotaron por completo y se vio obligado a retroceder a Bizancio.

Licinio fortaleció su guarnición en Bizancio tanto que Constantino consideró que sería una tontería un ataque directo a la ciudad. Entonces intentó tomar la fortaleza mediante el bloqueo y el hambre. Esto requeriría la ayuda de su flota, pero los barcos de Licinio bloqueaban el camino.

Una batalla marina en la entrada de los Dardanelos no fue decisiva y el destacamento de Constantino se retiró a Elains, donde se unió al grupo principal de su flota. Al día siguiente, la flota de Licinio trató de atacar la de Constantino, pero fue alcanzada por una violenta tormenta que destruyó 130 barcos y 5 000 hombres. ¿Pudo ser la acción de la Lanza?

Como sabemos por la Biblia, un gran viento sopló en la Muerte de Cristo. En siglos posteriores otros portadores de la Lanza descubrirían que vientos poderosos les proporcionaban victorias. Tal vez la frase "los vientos del destino" sea más que una simple licencia poética...

Constantino cruzó el Bósforo, dejando un cuerpo del ejército lo bastante grande para mantener el bloqueo de Bizancio y sorprendió al grupo principal de sus oponentes en Crisópolis (en la actualidad Scútari) cerca de Calcedón.

Por supuesto, la batalla en Crisópolis fue contraria a Licinio. De nuevo, el portador de la Lanza del Destino infligió una derrota aplastante a su enemigo. Veintidós mil hombres murieron y la mayor parte del resto quedó diseminada como hojas secas ante el primer viento invernal. La Lanza avanzó al frente del ejército de Constantino, y a donde fue fluyeron ríos de sangre.

Licinio escapó a Nicomedia, pero se dio cuenta que cualquier resistencia extra era inútil. Se rindió y, como Constantino había hecho con su suegro después de su revuelta en Galia, perdonó la vida a Licinio.

Pero como en la historia del escorpión y la rana, en que el escorpión pica a la rana mientras lo ayuda a cruzar una corriente, ahogándose ambos, es sólo la naturaleza del escorpión picar, y está en la naturaleza de algunos hombres nunca aceptar la derrota, incluso si significa su muerte.

En 325 Licinio intentó otra rebelión contra Constantino, pero falló, y el Senado Romano lo condenó a muerte y lo ejecutó.

A partir de ese momento, Constantino fue el único superior del Imperio Romano.

El concilio de Nicea

Como se mencionó antes, estalló una disputa en el interior de la iglesia cristiana primitiva llamada la Controversia Arriana, respecto a la relación exacta entre Dios el Hijo y Dios el Padre. Arrio, sacerdote en Alejandría, enseñó que hubo un tiempo en que Cristo no existía, es decir, que no compartía la eternidad con el Padre, que el Padre, el Hijo y el Espíritu Santo eran tres *hipóstasis* distintas. Arrio enseñó que el Hijo estaba subordinado al Padre. Los arrianos creían que Jesús, entonces, era sólo un hombre. Un concilio convocado por Alejandro, el obispo de Alejandría, censuró estas enseñanzas y excomulgó a Arrio en 318. Pero esto de ninguna manera terminó con el asunto.

Se pidió a Constantino, aunque no era oficialmente cristiano, que resolviera esta disputa. Él citó lo que se ha llegado a conocer como el Primer Concilio Ecuménico de la iglesia. La sesión inaugural tuvo lugar el 20 de mayo de 325 en la gran sala del palacio de Nicea (Nicomedia), Constantino mismo presidió y pronunció el discurso inaugural.

Tenía consigo la Lanza de Longinos, en exhibición pública, durante los procedimientos. Un informe de la reunión afirma que los argumentos se expresaban con furia alrededor del emperador, éste se sentó tranquilamente en un estrado: "sujetando el talismán sagrado de poder y revelación contra su pecho".

El Concilio de Nicea resultó ser más que una mera charla de cristianos. Fue aquí que se promulgó por primera vez la idea de una iglesia universal ("católica" de acuerdo a Webster, procede de la palabra del francés medio *catholique*, del latín tardío *catholicus*, del griego *katholikos*, que significa universal o general). Al consejo asistieron no sólo líderes cristianos de Alejandría, Antioquía, Atenas, Jerusalén y Roma, sino también líderes de muchos otros cultos, sectas y religiones. Entre ellos estaban representantes de los cultos de Apolo, Démeter o Ceres, Dionisio o Baco, Jano, Júpiter o Zeus, Uanna o Dagón, Osiris e Isis, y "Sol Invictus", el Sol Invencible, el dios sol mitraico.

Al final, el Concilio de Nicea decidió la definición de la deidad cristiana como la Santísima Trinidad: Dios el Padre, Dios el Hijo y Dios el Espíritu Santo. Este concilio también articuló un credo que se ha llegado a conocer como el Credo de Nicea, que se recita en casi todas las iglesias cristianas de todo el mundo actual. San Atanasio, uno de los hijos favoritos de la Iglesia Copta, fue el autor del credo. Él, después de que el Consejo completó su obra, volvió a Alejandría, donde sirvió como Papa Copto de 327 d.C. a 373 d.C.

Si Constantino había esperado que el concilio resolviera el tema arriano para siempre, debió quedar amargamente decepcionado. Las disputas continuaron por otro siglo y Constantino mismo vaciló.

El padre de la iglesia mencionado antes, Eusebio, era partidario de Arrio. Eusebio fue exiliado en 325, pero lo convocaron en 327. Pronto se convirtió en el principal asesor espiritual del emperador, así fue que tuvo conocimiento de la relación de Constantino con la Lanza del Destino.

En manos de Constantino, la Lanza había tomado parte en la matanza de decenas de miles de hombres en el campo de batalla, pero no parecía haber sido del todo suficiente para ella. Con la paz cercana, la terrible necesidad de sangre de la Lanza pronto se desvió hacia la misma familia del emperador... y si la Maldición de Caín es en verdad su fuerza impulsora, entonces la sangre de la familia debe ser la más dulce para sus labios metafóricos. Como escribió Hans A. Pohlsander, de la Universidad Estatal de Nueva York, en Albany:

> *En algún momento de 326, Constantino ordenó la ejecución de su hijo mayor, Crispo, a quien habían nombrado César en 317, que había servido tres veces como cónsul y que se había distinguido en la reciente campaña contra Licinio. En el mismo año, poco después de la muerte de Crispo, Constantino también causó la muerte de Fausta, la madre de sus otros tres hijos. Es probable una conexión entre ambas muertes. Zosimo informa que Crispo estaba bajo sospechas de "estar involucrado" con su madrastra Fausta. El Epítome de Aurelio Víctor informa que Constantino mató a Fausta cuando su madre, Helena, lo reprendió por la muerte de Crispo. En la actualidad es imposible separar el hecho de la especulación y saber con certeza qué ofensas cometieron Crispo y Fausta. Ambos sufrieron damnatio memoriae y nunca se les rehabilitó. No se puede excluir alguna par-*

ticipación de Helena en esta tragedia familiar, pero no existe razón para pasar la responsabilidad de Constantino a ella.

Poco después de estos tristes sucesos, tal vez en 326-28, Helena realizó un peregrinaje a Tierra Santa. Se ha sugerido que este peregrinaje era un acto de expiación, sea por sus propios pecados o por los de su hijo. En el transcurso de su viaje, Helena impresionó a Eusebio de Cesarea y a otros por su piedad, humildad y caridad. Tuvo un papel en la construcción de la iglesia de la Natividad en Belén y la iglesia de Eleona en el monte de los Olivos en Jerusalén (la iglesia del Santo Sepulcro parece haber sido una empresa de Constantino solo). Una tradición más apreciada que confiable acredita a Helena la recuperación de la Cruz Verdadera.

Su esposa y el hijo mayor no fueron las únicas víctimas. Constantino, como puedes recordar, casó a su hermanastra, Constancia, con su compañero emperador, Licinio. Entonces tenía dieciocho años de edad, a lo más, mientras que Licinio era de más del doble de eso. El matrimonio, como se mencionó antes, tuvo lugar en la ocasión del encuentro de Constantino con Licinio en Milán, donde lanzaron el Edicto conjunto que terminaba con la persecución de los cristianos.

A pesar de la guerra posterior entre Constantino y Licinio, se mantuvo al lado de su marido. En 315 le dio un hijo. Como acabamos de ver, la guerra entre los emperadores terminó en la derrota dos veces de Licinio, en Adrianópolis y Crisópolis, y poco después se rindió ante Constantino. Constancia intercedió con su hermanastro por la vida de su marido y Constantino le perdonó la vida, ordenándole que residiera como ciudadano privado en Tesalónica, la antigua ciudad portuaria griega en Macedonia que se había vuelto una residencia imperial y centro de poder en el imperio oriental. Unos meses después, en la primavera de 325, Constantino ordenó que se ejecutara a Licinio, violando el juramento que había hecho a Constancia. Más o menos un año después, su hijo también fue víctima de la ira o las sospechas de Constantino... o tal vez al deseo de sangre de la Lanza.

La pérdida tanto del marido como del hijo debió ser un golpe fuerte para Constancia y debió volver tensa su relación con el emperador. Sin embargo, ocupó una posición de honor e influencia en la corte de Constantino, mantuvo el rango de *nobilissina femina*, y recibió la atención cariñosa de Constantino. Se volvió cristiana de creencia arriana, bajo la influencia de Eusebio. Asistió al Concilio de Nicea, donde asesoró a los representantes del partido arriano.

Nova Roma

No mucho después de que Constantino estableciera su autoridad por todo el imperio, la Lanza le habló de nuevo. En un sueño reveló que debía reubicar su capitolio.

Roma era una ciudad en decadencia. Abandonada de hecho por la tetrarquía de Diocleciano y Maximiano, ellos y los emperadores que les siguieron habían establecido residencia en las ciudades de Trier (la principal ciudad de Galia), Milán, Tesalónica y Nicomedia. Donde los emperadores iban, también lo hacía la corte imperial y sus cortesanos y burócratas, reduciendo la importancia de Roma como centro de gobierno.

Ahora, de acuerdo a las instrucciones de la Lanza, Constantino reconstruyó la antigua ciudad griega de Bizancio, renombrándola *Nova Roma* (Nueva Roma en español).

Constantino y la Lanza tuvieron parte importante en la reconstrucción de la ciudad. Llevaba la Lanza consigo a todas partes, recibiendo de ella inspiración (¿y más?), mientras se establecían los límites de las propiedades y los espacios públicos.

Mientras caminaba por todas partes, repetía con suficiente volumen para que todos lo escucharan: "Yo sigo los pasos de Él, al que veo caminar delante de mí". Un cínico supondría que sus protestas de verlo a "Él" no podían ser más que un político astuto usando cortinas de humo, y de hecho ese fue el primer pensamiento de los autores cuando leyeron esto hace muchos años. Pero ahora nos preguntamos si en realidad tenía una visión mística de algún ser como dios que caminaba ante él. Si esta visión fue una que le presentaba la Lanza, ¿a quién veía? ¿Jesús?, ¿Tubal-Caín?, ¿el espíritu del Anticristo?

De nuevo, Hans A. Pohlsander, de la Universidad Estatal de Nueva York, en Albany, escribió:

> *Su decisión de establecer una nueva capital en Oriente está a la altura en sus consecuencias a largo plazo con su decisión de adoptar el cristianismo. La nueva capital gozaba de una ubicación de lo más favorable que permitía un acceso fácil tanto a las provincias balcánicas como a la frontera oriental, controlaba el tráfico por el Bósforo y reunía todas las condiciones para un desarrollo económico favorable.*
>
> *El 8 de noviembre de 324, menos de dos meses después de su victoria sobre Licinio en Crisópolis, Constantino formalmente estableció los límites de su nueva ciudad, más o menos cuadruplicando su territorio. Para 328 estaban completos los nuevos muros y el 11 de mayo de 330 se dedicó formalmente la nueva ciudad. La Nueva Roma, tanto en sus características físicas como sus instituciones, se parecía a la vieja Roma. Estaba construida en siete colinas, tenía un senado y su pueblo recibía cereal subsidiado.*
>
> *Constantino sin dudar empezó la construcción de dos iglesias importantes en Constantinopla, Hagia Sophia (Santa Sabiduría) y Hagia Eirene (Santa Paz);*

> *la fundación de una tercera, la Iglesia de los Santos Apóstoles, se puede atribuir a él con cierta seguridad. A diferencia de la antigua Roma, que estaba llena de monumentos e instituciones paganos, la Nueva Roma era en esencia una capital cristiana (y al final el centro de autoridad de un patriarca), aunque no se habían eliminado todos los restos de su pasado pagano.*

Después de su muerte, se renombró a la ciudad como Constantinopla, "Ciudad de Constantino". Los eruditos modernos a menudo han llamado Imperio Bizantino o Bizancio al Imperio Romano de Oriente, que tuvo su capital en Constantinopla desde entonces hasta 1453.

Estoy seguro que has notado las relaciones extrañas, y para los estándares modernos, enrevesadas en las familias imperiales. El padre de Constantino, Constancio Cloro, tuvo dos hijos de dos mujeres, aunque nunca estuvo claro si la primera, Helena, fue alguna vez su esposa real. Helena tuvo a Constantino, y por sus obras en Tierra Santa la elevaron a la santidad. Cuando hicieron a Constancio Cloro César de Occidente, dejó a Helena para casarse con Teodora, hijastra de su jefe, el Augusto de Occidente Maximiano Hercúleo. Teodora también era la hermana mayor de la esposa de Constantino, Fausta, ¡lo que la hacía madrastra y cuñada de Constantino al mismo tiempo! Teodora dio seis hijos a Constancio Cloro, de los que tres eran hombres, Flavio Dalmacio, Flavio Hanibaliano, y Julio Constancio, el cual fue padre de un heredero que llegaría a ser el emperador conocido en la historia como "Juliano el Apóstata".

Constantino puso a sus hermanastros, o sobrinos dependiendo de cómo lo veas, Dalmacio y Hanibaliano, a cargo de provincias menores, mientras nombraba a sus hijos Constancio, Constantina y Constante, como los futuros gobernantes del imperio, haciendo de cada uno un César. También elevó a Julio Constancio para que fuera el cuarto César.

Constantino no convirtió al cristianismo en la religión oficial de estado. Eso no sucedería hasta Teodosio I, otro portador de la Lanza. Constantino cambió la persecución de los cristianos a los paganos, prohibiendo, por ejemplo, el mantenimiento de templos paganos. Se destruyeron muchos templos y se martirizó a los fieles paganos, como a los cristianos antes de ellos. Se discute la medida en que Constantino y sus sucesores aprobaron o dirigieron estas destrucciones y matanzas, pero es seguro que no las impidieron.

La muerte de Constantino

Constantino, o la Lanza, en ocasiones se mostraba inquieto. Fuera por la necesidad de acción por los movimientos hostiles del rey de Persia o sutiles murmullos de la Lanza, en 337 Constantino de nuevo se preparó para la guerra. Aunque eran comunes las escaramuzas fronterizas, ningún emperador romano por siglos se había atrevido a retar directamente el poder del Imperio Persa. Pero Constantino anhelaba añadir la riqueza de Persia a la suya. Trazó un plan osado para tomar el territorio por la fuerza, pero cuando estaba a punto de poner en movimiento su ejército, se apoderó de él una enfermedad misteriosa.

Como Eusebio escribe en su *Vida de Constantino*:

> *Al principio experimentó cierta indisposición corporal, a la que pronto siguió una enfermedad clara. Como consecuencia, visitó los baños calientes de su propia ciudad; y de ahí se dirigió al lugar que tenía el nombre de su madre. Aquí pasó algún tiempo en la iglesia de los mártires y elevó súplicas y oraciones a Dios. Al estar seguro al final que su vida estaba llegando a su fin, sintió que había llegado el tiempo en que debía buscar la purificación de los pecados de su carrera pasada, creyendo con firmeza que cualquier*

error que hubiera cometido como hombre mortal, su alma los purificaría mediante la eficacia de las palabras místicas y las aguas saludables del bautismo. Impresionado por estos pensamientos, vertió poco a poco sus súplicas y confesiones a Dios, arrodillado en el pavimento de la iglesia en sí, en donde también por primera vez recibió la imposición de las manos con oración.

Después de rezar en la tumba del santo favorito de su madre, el mártir Luciano, se dirigió a la zona de las afueras de Nicomedia y ahí fue bautizado, como informaron tanto Eusebio como Jerónimo; pero sólo Jerónimo añade otro hecho significativo: el bautismo fue realizado por el arriano Eusebio.

Unas cuantas semanas después, el día de Pentecostés, 22 de mayo, Constantino murió en Nicomedia, todavía usando los mantos blancos de un neófito cristiano. Su cuerpo fue escoltado a Constantinopla y se presentó su sarcófago en público en el palacio imperial. Luego se colocó su sarcófago en la Iglesia de los Santos Apóstoles, como había instruido él mismo. Las estelas conmemorativas de los Doce Apóstoles lo rodeaban, haciéndolo en forma simbólica el apóstol trece... ¡arrogante hasta el final!

Pero no se iba a negar el deseo de sangre de la Lanza, o así parecería, ya que con la muerte de Constantino, en verdad empezó la orgía de sangre. No, la Lanza no fue a la guerra contra los persas, sino contra la familia real misma. Los siguientes cuatro meses fueron duros para los portadores de la púrpura.

El 9 de septiembre, los tres hijos de Constantino, Constantino II, Constancio II y Constante, asumieron el nivel de Augustos. Pero su elevación a la cima de la pila romana fue sobre los cadáveres de varios posibles rivales, incluyendo sus primos y cuñados Flavio Dalmacio, Flavio Habibaliano y Julio Constancio. Esta sangrienta purga pudo tener sus raíces en los conflictos religiosos que dividieron a la familia real y a la corte imperial en facciones arrianas y ortodoxas.

Juliano el Apóstata

Juliano el Apóstata fue el último miembro de la dinastía de Constantino el Grande en poseer la Lanza del Destino.

Juliano el Apóstata nació Flavio Claudio Juliano en 332 d.C., en Constantinopla. Era hijo de Julio Constancio, que era hermanastro de Constantino... uno de los tres hijos de la segunda esposa del padre de Constantino, Teodora, que fueron todos asesinados en la purga que siguió a la muerte de Constantino. La madre de Juliano era Basilina, la hija de un gobernador de Egipto, que murió unas semanas después de su nacimiento. Juliano prefería las bibliotecas a los campos de batalla y los libros a la política.

Cuando niño vio la eliminación de su familia por parte de su tío Constancio II cuando él y sus dos hermanos asesinaban a todos los competidores en su camino a convertirse en emperadores. Esto, como Juliano escribiría más adelante, fue el principio de su escepticismo hacia el cristianismo. Con seguridad debe ser difícil creer en una religión de Amor, ¡después de que acabas de ver a quienes practican esa religión asesinar alegremente a la mayor parte de tu propia familia! Después de esta masacre, Juliano, su hermanastro Constancio Galo, Eutropia, hermana de Constantino, y su hijo Nepociano, eran los últimos parientes de Constantino que quedaban vivos, aparte de los tres emperadores, los hijos de Constantino.

En 355, el emperador Constancio II elevó a Juliano al rango de César. Juliano estaba casado con una hermana del emperador y ordenó tomar el Rin para repeler invasiones de los francos y los alamanes.

Los alamanes eran una tribu germánica, que bien pudo ser una confederación de tribus más pequeñas. Los romanos se referían a su territorio como *Alamannia*. Más adelante recibió su nombre actual de Suabia o Schwabenland, de migrantes germanos posteriores, los *suevos*, que se amalgamaron con los alamanes en el siglo V d.C. Los territorios germanos de Neuschwabenland en la Antártica recibieron ese nombre en honor a esta región, una de las más importantes en la historia de Alemania. Desde ahí surgió la Dinastía Hohenstaufen, la dinastía de Federico Barbarroja, un gran portador de la Lanza del Destino, que gobernó el oeste del Sacro Imperio Romano en el siglo XII y el XIII.

Juliano, aunque carecía por completo de experiencia en asuntos militares, recuperó con éxito la Colonia Agripina, como los romanos llamaban a Colonia, para 356 d.C. y en 357 d.C., derrotó a una fuerza muy superior de alamanes cerca de Argenoratum (Estrasburgo). Luego de esto, cruzó el Rin y asaltó las fortalezas germanas, ganando más victorias sobre los germanos en 358 y 359 d.C.

Sus tropas de inmediato se encariñaron de él, viendo en el joven César un líder que como el gran Trajano, soportaba las penurias de la vida militar junto con sus soldados. El nuevo César también se ganó los corazones y las mentes de la población general de Galia al poner en vigor amplias reducciones de impuestos.

Aunque Juliano demostró ser un líder talentoso, sus habilidades le proporcionaron poca admiración en la corte de Constancio II. El emperador había sufrido una serie de reveses desalentadores a manos de los persas. Entonces, el celoso emperador percibió estas victorias de su César como situaciones vergonzosas. De hecho, los historiadores han especulado que Constancio, enfurecido por el éxito de Juliano, había hecho planes para que lo asesinaran. Pero primero Constancio necesitaba liberarse de un peligroso predicamento militar con los persas. Pensando en tener un triunfo y quitarle poder a Juliano al mismo tiempo, Constancio exigió que Juliano enviara un destacamento de sus mejores tropas como refuerzos en la guerra contra los persas.

Juliano trató de cumplir pero sus soldados se negaron a obedecer. Sus lealtades estaban con firmeza con Juliano y parecería que notaron que la orden era un acto rencoroso de celos por parte del emperador. En lugar de marchar al Frente Oriental, aclamaron a Juliano como Augusto.

Juliano, como puedes imaginar, estaba renuente a aceptar el título. Si lo aceptaba, era inevitable una guerra con Constancio II. Si se negaba, perdería la lealtad de sus hombres y Constancio II todavía sentiría la necesidad de destituirlo. En cualquier forma, la derrota pudo significar muerte… ¿y ganar hubiera sido mucho mejor? El joven erudito y devorador de libros se había vuelto un hombre, pero, ¿en realidad deseaba ser emperador? Por otro lado, no podía haber tenido mucha lealtad a Constancio II, después de la ejecución de su padre y hermanastro.

Al principio buscó negociar con Constancio II, pero el iracundo emperador no quería saber nada. Juliano, el renuente Augusto, por fin salió en 361 al este, preparado para una batalla que no deseaba luchar, por un trono que no quería tener. De inmediato desapareció en los bosques germanos con un ejército de sólo 3 000 hombres, luego reapareció en la parte baja del Danubio poco tiempo después. Los historiadores creen que lo más probable es que este esfuerzo sorprendente se llevara a cabo con el fin de llegar a las legiones clave del Danubio tan pronto como fuera posible para asegurar su lealtad con el conocimiento de que todas las demás unidades europeas con seguridad seguirían su ejemplo.

Por fortuna, el movimiento resultó ser innecesario cuando llegó a Juliano la noticia de que Constancio II había muerto por enfermedad.

Juliano entonces se apresuró a llegar a Constantinopla para reclamar el trono. Mientras estaba en ruta al capitolio, oficialmente se declaró seguidor de los viejos dioses paganos. Para muchos, éste fue un movimiento por completo inesperado, considerando que tres generaciones de su familia habían profesado ser cristianos y que se le había criado como uno. Fue este rechazo del cristianismo lo que le dio el nombre en la historia de "Juliano el Apóstata".

La situación religiosa de Juliano es un tema de considerable discusión entre los historiadores. No practicaba el paganismo cívico común del anterior imperio, sino un tipo de enfoque mágico a la filosofía clásica a la que a veces se llama *teúrgia*... literalmente "trabajo de milagros" en que el practicante obliga o persuade a un dios o poder benefactor o sobrenatural a hacer o abstenerse de hacer algo. De acuerdo a Sócrates Escolástico, Juliano creía que era la reencarnación de Alejandro Magno a través de la trasmigración de almas enseñada por Platón y Pitágoras. Es curioso que su muerte fuera inquietantemente similar a la de Alejandro.

Juliano entró a Constantinopla como el único emperador del mundo romano en 361 d.C. Ejecutaron a algunos de los partidarios de Constancio, exiliaron a otros, pero la coronación de Juliano de ninguna manera fue tan sangrienta como cuando los tres hijos de Constantino empezaron su reinado.

La *Historia ilustrada del Imperio Romano* describió así a Juliano:

> *El intelectual Juliano fue un gran escritor, detrás sólo tal vez del emperador filósofo Marco Aurelio, componiendo ensayos, sátiras, discursos, comentarios y cartas de gran calidad.*
>
> *Es con claridad el segundo gobernante filósofo que haya tenido nunca Roma, después del gran Marco Aurelio. Pero si Marco Aurelio estuvo agobiado por las guerras y las plagas, entonces, la mayor carga de Juliano fue que pertenecía a una era diferente. Con un entrenamiento clásico, erudito en la filosofía grie-*

> *ga, hubiera sido un maravilloso sucesor para Marco Aurelio. Pero esos tiempos habían pasado, ahora este intelecto distante parecía fuera de lugar, en oposición a muchos de sus seguidores y con seguridad, a la elite cristiana de la sociedad. Su apariencia reforzaba aun más la imagen de un gobernante de una era de antaño. En un tiempo en que los romanos se rasuraban bien, Juliano tenía una barba anticuada que recordaba a la de Marco Aurelio. Juliano era de complexión atlética y poderosa. Aunque vanidoso y con tendencia a escuchar halagos, también era lo bastante sabio para permitir que los asesores lo corrigieran cuando cometía errores.*

En una inversión casi perfecta de la intolerancia de Constantino respecto al paganismo y la extensión del favor especial para la iglesia cristiana, con Juliano ahora se negaban a la iglesia cristiana privilegios que había tenido con regímenes previos, mientras que se rehabilitaba la vieja religión. En su *Edicto de Tolerancia* de 362, Juliano decretó la reapertura de los templos paganos, la restitución de propiedades enajenadas de templos e invitó a volver a los obispos exiliados por edictos de la iglesia. Restableció los dioses paganos como dioses oficiales, aunque los cristianos todavía eran oficialmente tolerados. Sin embargo, esta tolerancia fue un velo tenue para una supresión disimulada.

Se ha hecho notar que la política de Juliano en relación con la matanza de los sacerdotes era la imagen especular de la de Constantino... ambos se dieron por desentendidos, instigaron los asesinatos o ambos; pero mientras que Constantino pasaba por alto las muertes de los sacerdotes paganos, Juliano permitía las de cristianos.

En un intento por socavar más la posición cristiana, Juliano favoreció a los judíos, esperando que pudieran rivalizar con la fe cristiana y privarla de muchos de sus seguidores. Incluso consideró la reconstrucción del Gran Templo de Jerusalén.

Otra de las tácticas de Juliano fue alentar a los cristianos a discutir entre ellos puntos de teología y así, esperaba, que quedara poca energía con la cual creciera la iglesia. Además, ordenó que los líderes cristianos que antes habían destruido templos paganos o iglesias heréticas tenían que reconstruirlas... obligándolos así a gastar recursos de esta forma.

Para ese tiempo, el cristianismo simplemente se había establecido con demasiada firmeza en la sociedad romana para que lo extirparan con éxito los medios de Juliano. Se ha sostenido que su naturaleza moderada y filosófica no permitía persecuciones y opresiones violentas a los cristianos, y así, sus medidas no tuvieron un impacto significativo. Un historiador moderno escribió: “Si Justiniano hubiera sido un hombre del carácter de Constantino el Grande, su intento de volver al paganismo pudo haber sido más exitoso. Un autócrata implacable y decidido que hubiera impuesto los cambios que deseaba con persecuciones sangrientas pudo haber tenido éxito”.

Otros ven el funcionamiento de la Lanza en su fracaso. Se ha informado que a pesar de que Juliano poseía la Lanza, nunca la empleó. De hecho, se dice que se rió de las historias de sus poderes. Algunos investigadores de la Lanza creen que ésta trabajó activamente en su contra, defendiendo la iglesia primitiva de él.

Juliano heredó los problemas de Constantino con los persas. El meollo del problema fue que los persas tenían riqueza que los romanos deseaban. En marzo de 363, menos de dos años después de reclamar la púrpura, dejó Antioquía a la cabeza de sesenta mil hombres.

Al principio, su invasión del territorio persa fue un éxito abrumador, y para junio, sus fuerzas habían avanzado todo el camino hasta la capital en Ctesifonte, cerca de la Bagdad de la actualidad en el moderno Irak. Pero Juliano consideró a su fuerza demasiado pequeña para aventurarse a conquistar la capital persa y en lugar de eso retrocedió para unirse con una columna de reserva romana. Poco después, Juliano estaba muerto.

El 26 de junio de 363, Juliano el Apóstata recibió un flechazo en una escaramuza con la caballería persa. Se dice que tenía tanta confianza en la victoria que no estaba usando armadura. Una antigua leyenda urbana ha persistido por más de 1500 años respecto a que su muerte en realidad se debió a que fue acuchillado por un cristiano entre sus soldados. Cualquiera que fuera la causa de la lesión, la herida no se curó y Juliano murió.

Otra leyenda que nos ha llegado es que las palabras que pronunció al morir fueron: "*Vicisti, Galilæe*" ("Tú has ganado, Galileo"), que se supone expresa su reconocimiento de que con su muerte, el cristianismo, la religión basada en un carpintero de Galilea, gobernaría el mundo romano.

Después de la muerte de Juliano, sus soldados proclamaron emperador a Joviano (Flavius Claudius Iovianus). Joviano fue el comandante de la guardia imperial en la campaña persa de Juliano. Concertó una paz humillante con el rey persa Sapor II, decidido a salir de Asia Menor al costo que fuera. Una vez en el capitolio, invirtió las políticas religiosas de Juliano, devolviendo al cristianismo la posición privilegiada que tenía antes de él. También restituyó a su amigo San Atanasio a la sede episcopal de Constantinopla. Después de un reinado de sólo ocho meses, Joviano murió de causas naturales y lo sucedieron los emperadores conjuntos Valentiniano I y su hermano Valente.

Emperador Teodosio El Grande

En los cuatrocientos años que siguieron a la muerte de Juliano la Lanza del Destino migró por muchos pretendientes, entrando y saliendo de la historia escrita.

Después de Juliano, pasó una docena de años antes de que la Lanza reapareciera en manos de Teodosio el Grande. Fue el último emperador romano en gobernar un imperio romano unido. Aunque el imperio oriental sobrevivió otros mil años, el Imperio Occidental pronto se disolvió en el caos y oscuridad que en la actualidad conocemos como Edad Media.

Teodosio se ganó su apodo de "El Grande" al establecer el cristianismo ortodoxo como la religión estatal oficial y defenderla con éxito contra el paganismo y el arrianismo. Compró la paz para Oriente con diplomacia y la defendió con un ejército reconstruido. Se ganó el favor de la gente al establecer a Constantinopla como una ciudad de belleza y abundancia. La dinastía que gobernó después de su muerte aseguró la continuidad y el surgimiento del cristianismo de Nicea, que duró toda la Edad Media. Algunos de estos logros se pueden atribuir a su uso de la Lanza del Destino.

¿Recuerdas la batalla de Naissus? Esa batalla se libró contra los godos. Unos cuantos años después de esa horrorosa batalla, nació Constantino el Grande, hijo de un comandante militar y la hija de un posadero. En los cien años que siguieron, los godos se separaron en dos divisiones, los visigodos (*visi* significa "oeste") y los ostrogodos (*ostro* significa "este").

Aunque derrotados en la batalla de Naissus, los godos continuaron siendo un problema para el imperio. Algunos asaltaron del otro lado del río Danubio, otros más pacíficos se infiltraron en las provincias del Transdanubio. Los godos habían preocupado a Constantino, pero se convirtieron en una verdadera amenaza sólo después de su muerte.

Bajo sitio de la amenaza visigoda y al enfrentar el peligro real de una derrota grave, el imperio llamó a su más grande general.

Teodosio fue nombrado emperador de Oriente en enero de 379, reemplazando a Valente. Teodosio conocía muy bien la Lanza y las leyendas de lo que Constantino había logrado con ella. No sólo reclamó el trono sino también la Lanza. Para finales de ese año, Teodosio, blandiendo la Lanza del Destino, no sólo había derrotado al ejército pagano sino que también había reclutado a muchos de sus hombres en sus filas y en la religión cristiana.

Lo bautizaron en 380, después de una enfermedad grave que casi lo mató. Los historiadores han especulado que pudo haber tenido algún tipo de experiencia de conversión... una que lo condujo a oponerse a la poderosa facción arriana. Teodosio reemplazó al obispo arriano Demófilo con un obispo católico ortodoxo, Gregorio Nacianceno, en noviembre de 380. Antes había decretado, en febrero de ese año, que todas las religiones dentro del imperio debían aceptar la verdad de la Trinidad.

En 381, organizó el Concilio de Constantinopla. Como Constantino antes de él, dirigió el cónclave cristiano con la Lanza muy visible a su lado. Bajo la presión de Teodosio, 150 obispos orientales avalaron la divinidad del Espíritu Santo y del Hijo de Dios. Después de eso ordenó que todos los templos e iglesias de todas las religiones se entregaran a la autoridad de los católicos nicenos.

La carrera del emperador de occidente, Graciano, terminó poco después por el usurpador Magno Máximo. A principios de 383 Graciano fue al norte para combatir otra incursión de los alamanes. Con la noticia de que las fuerzas de Graciano estaban muy disminuidas por este conflicto, Máximo, el superior de las legiones de Inglaterra, fue aclamado Augusto por sus tropas. Entonces cruzó a Galia para desafiar a Graciano. Después de un breve periodo de escaramuzas, la caballería mora de Graciano, seguida por la mayor parte de sus otras tropas, se pasaron con Máximo. Graciano escapó hacia los Alpes, pero lo persiguieron y mataron en Lyon. La fecha de su muerte es el 25 de agosto de 383; murió con sólo 24 años de edad.

Esto dejó la disputa por el título de emperador de Occidente entre el títere de veinte años de edad Valentiniano II y Máximo el Usurpador. Máximo fue un español que incluso afirmó ser pariente de otro español, Teodosio. Como Teodosio, también era un católico piadoso. Teodosio no actuó de inmediato contra Máximo, permitiéndole controlar Inglaterra, España y Galia como compañero Augusto. De la misma manera, el joven Valentiniano no podía hacer nada, sino que continuó gobernando Italia, Ilírico y África. El reino de Valentiniano servía como estado amortiguador entre los territorios de los otros dos Augustos más poderosos.

Se mantuvo una paz inquieta por cuatro años hasta el verano de 387, cuando Máximo envió sus tropas al norte de Italia y obligó a Valentiniano a retroceder a Tesalónica. En el extremo este de su territorio, Tesalónica era la principal ciudad y el puerto primario de Macedonia en lo que en la actualidad es Grecia.

Teodosio se unió con Valentiniano en Tesalónica a finales del verano. En ese tiempo también se casó con la hermana de Valentiniano, Gala. Los dos Augustos lanzaron una expedición conjunta contra Máximo el siguiente verano, derrotando sus fuerzas en batallas campales en Siscia (Sisak, Croacia), luego Peotovio (en Eslovenia). Luego pasaron por la fuerza los Alpes y capturaron a Máximo en Aquileia (en el noreste de Italia, cerca del mar Adriático). Lo hicieron ejecutar a cinco kilómetros a las afueras de Aquileia el 28 de agosto de 388 y enviaron a Arbogastes, quien era en efecto el único comandante de las fuerzas de Valentiniano, a hacer lo mismo con su hijo Víctor en Trier. Sin embargo, rompiendo con la tradición, perdonaron a su esposa y dos hijas.

Teodosio pasó alrededor de tres años en Italia, antes de volver a Constantinopla en el verano de 391. Valentiniano entonces gobernó todo el Imperio Occidental, pero lo dominaba cada vez más su *magister peditum praesentalis*, Arbogastes, cuya arrogancia aumentaba conforme Teodosio se alejaba del escenario.

La situación llegó a un punto crítico en 392, cuando Valentiniano trató de destituir a Arbogastes y éste simplemente se negó a aceptar su orden. Valentiniano escribió en secreto a Teodosio para solicitar su ayuda, pero lo encontraron muerto el 15 de mayo de 392 de un presunto suicidio, con sólo veintiún años de edad. Le siguió una paz inquieta mientras Arbogastes esperaba noticias de la reacción de Teodosio a la muerte de su cuñado Valentiniano. Gala, la nueva esposa de Teodosio se negó a aceptar que su hermano hubiera cometido suicidio.

En algún momento le quedó claro a Arbogastes que Teodosio iba a decidir en su contra, así que atacó primero. Aclamó a Eugenio, el *magister scrinii* de Valentiniano, como emperador el 22 de agosto de 392 y de inmediato aseguró a Italia para su causa. En contraste con su aceptación de Máximo por varios años, Teodosio se negó a reconocer a Eugenio desde el principio. Ignorando a Eugenio, coronó a su segundo hijo, Honorio, como Augusto, el 23 de enero de 393, convirtiéndolo en el nuevo emperador de Occidente. La guerra empezó el siguiente verano, cuando Teodosio hizo marchar su ejército desde Constantinopla. La guerra se resolvió mediante una batalla decisiva en las estribaciones de los Alpes en septiembre de 394.

Muchos historiadores cristianos han contado y vuelto a contar la historia de cómo Teodosio condujo a los hombres a la batalla sosteniendo en lo alto la Lanza de Longinos. Sin embargo, en una de las pocas batallas en que fue derrotado, repelieron su ataque inicial.

Al día siguiente, Arbogastes atacó, gritando: "¿Dónde está el Dios de Teodosio?". Contestaron a su grito y destruyeron al ejército pagano. Las fuentes cristianas narran cómo Dios ayudó a Teodosio enviando un viento que sopló las armas de sus enemigos de vuelta a sus caras. Éste es otro ejemplo de que se reconozca a la Lanza controlar el clima. Eugenio murió en batalla y Arbogastes se suicidó. En agradecimiento por su victoria, Teodosio puso la Lanza en exhibición en la catedral de Milán por un año donde la vieron miles.

El reinado de Teodosio terminó pronto por enfermedad. Murió el 17 de enero de 395.

Rey Alarico

Alarico era un líder visigodo que había convertido al cristianismo el emperador Teodosio y lo había reclutado en su ejército.

Después de la muerte de Teodosio en 395, se rebelaron las tropas visigodas que estaban al servicio romano y escogieron a Alarico como su rey. Con la acusación de que su tribu no había recibido unos subsidios prometidos por los romanos, Alarico marchó a occidente, hacia Constantinopla, hasta que las fuerza romanas lo desviaron. Luego se dirigió hacia el sur, a Grecia, donde saqueó El Pireo (el puerto de Atenas). Muy pronto las fuerzas de Alarico invadieron Tracia, Macedonia y la mayor parte de Grecia con éxito, pero el general romano las expulsó del Peloponeso (una gran península al sur de Grecia y al este de Atenas).

Alarico y sus hordas se asentaron un tiempo en Epiro, que era un antiguo país de Grecia. Se encuentra en el mar Jónico, al oeste de Macedonia y Tesalia, región ocupada por el noroeste de Grecia y sur de Albania. En tiempos de Homero, Epiro era conocido como el hogar del Oráculo de Dodona. Epiro era una porción más o menos descuidada del imperio Bizantino, un lugar perfecto para que antiguos soldados descontentos volvieran a sus formas de vida antiguas sin que los molestaran. Pero Alarico no estaba muy feliz con la vida en un lugar alejado del poder y pronto inició un plan para invadir Italia y tomar Roma.

Para gran consternación y sorpresa de todos los involucrados, Roma cayó ante él después de una serie de batallas y numerosos intentos de los oficiales romanos por negociar un acuerdo pacífico, todo lo cual fue deshonrado por Alarico y los romanos por igual.

Alarico y su ejército entraron por la fuerza en Roma en 410 d.C., saqueando casas privadas y edificios públicos, apoderándose de todo el oro, plata y objetos valiosos que pudieron encontrar. Antes de Alarico, Roma se habían mantenido sin que la tocara un ejército extranjero por casi 800 años. Algunos historiadores modernos lo llaman el evento que simbolizó la caída del Imperio Romano Occidental. El historiador bizantino Procopio de Cesarea escribió en 562 en su *Historiae*:

> *En medio del saqueo, Alarico se vistió con togas espléndidas y se sentó en el trono del Emperador con una corona de oro en la cabeza y la lanza que atravesó a Cristo en su mano. Mientras Alarico estaba sentado en el trono, se obligó a miles de romanos a arrodillarse en el suelo ante él y gritar sus nombres como conquistador y emperador. Después de seis días de saqueo y placeres, Alarico y su ejército marcharon por las puertas llevando con ellos las riquezas de Roma.*

No está registrado cómo consiguió Alarico la Lanza y cómo la perdió. El hijo de Teodosio, Flavio Honorio, como emperador de Occidente, había establecido su residencia en Milán, donde su padre había puesto la Lanza en exhibición. Cuando Alarico se aproximó, Honorio retrocedió a Ravena. ¿La llevó consigo y por lo tanto a Roma donde se convirtió en parte del botín, o, al no comprender el poder de la Lanza la abandonó en Milán para que la tomara Alarico? ¿Alarico comprendía su poder? Como comandante de las fuerzas auxiliares bien pudo haberla visto actuar en manos de Teodosio. ¿Pudo haber empleado la Lanza de la Invencibilidad para apoderarse de la invencible Roma?

Tampoco se sabe si Alarico llevó la Lanza consigo cuando se marchó de Roma. Él y su ejército marcharon al sur para atacar Sicilia, con la intención de continuar y atacar África. Sin embargo, mientras todavía estaba en el mar, una terrible tormenta alcanzó la flota y destruyó a la mayor parte de sus barcos. ¿Pudo ser otro hechizo del clima de la Lanza? ¿Pudo Alarico tratar de usar la Lanza y funcionó en su contra?

Alarico fue uno de los pocos sobrevivientes, pero debilitado por la terrible experiencia, murió poco después de tocar tierra. La leyenda dice que su cuerpo y su botín fueron enterrados en el lecho del río Bussento, que fluye por la región de Campania de Italia. Se cuentan historias que se obligó a esclavos a desviar el río y luego los mataron para mantener el secreto. Rumores de este tipo han circulado por muchos años.

Si Alarico la tenía, es improbable que enterraran la Lanza con él, ya que reapareció unos 50 años después en manos del infame Atila el Huno.

Atila el Huno

Atila ascendió a rey de los hunos en 434. Durante los siguientes veinte años, abrió una banda de muertes y destrucción en la mayor parte de Europa, terminando al final a las puertas mismas de Roma. Fue ahí que el Papa León I pagó para que se fuera con un vasto tesoro que incluía la Lanza.

La historia continúa diciendo que antes de que Atila se dirigiera al norte, volvió al galope en su caballo a la entrada. Se detuvo, sacó un arma delgada de su silla y la lanzó a un grupo de oficiales que esperaban para ver si cumplía su palabra y no atacaba Roma. Se levantó en su caballo y gritó: "Tomen de vuelta su Lanza Sagrada... no me sirve ya que no conocí al que la hace sagrada". Ahí en el polvo a sus pies estaba la Lanza de Longinos.

Justiniano

Dependiendo de la fuente que escuches, el emperador Justiniano I (482-565), a veces llamado el Último Romano, fue uno de los mayores o de los peores de todos los emperadores romanos. Los católicos lo honran y a menudo lo llaman "el Grande". Los historiadores no católicos suelen tener el punto de vista opuesto de él.

Nacido con el nombre de Petrus Sabbatius, su padre era un campesino eslavo. Su madre era la hermana de un general romano, Justino, quien adoptó al niño y lo crió como propio, encargándose de que recibiera una educación clásica en Constantinopla. Justiniano salió bien en sus estudios, pero demostró ser incluso más experto en asuntos militares, elevándose con rapidez por las filas del ejército romano. Llegó a ser cónsul poco antes de su cumpleaños cuarenta. Poco después lo hicieron Regente. Conmocionó al mundo romano al casarse con una actriz, Teodora, en 523. Hasta el principio del siglo XX se consideraba que tales mujeres estaban en el fondo de la escala social, con una condición apenas superior a las prostitutas. Sin embargo, apenas seis años después de que llegara a cónsul, lo proclamaron emperador.

Es mucho lo que sabemos de lo que sucedió en su gobierno, ya que han sobrevivido muchos documentos de su época, incluyendo la *Historia Arcana* (o *Historia secreta*) de Procopio. En su *Historia secreta* (que se mantuvo oculta y no se sacó para el público hasta después de la muerte de Procopio por temor a venganzas) nos enteramos que las administraciones llenas de escándalos no son nada nuevo, y que mentiras, engaños, asesinatos e incompetencia eran sucesos de todos los días en la corte de Justiniano. La *Historia secreta* traza una imagen de una administración corrupta casi más allá de todo lo que pudiéramos imaginar en la actualidad... a menos que seas un "teórico de la conspiración" y entonces parecería casi demasiado "normal".

Cuando Justiniano llegó al poder, lo que había sido el Imperio Occidental ya no estaba bajo el control de los emperadores de Oriente... la mayor parte de Galia estaba bajo el control de los francos, la mayor parte de lo restante por tribus teutónicas aisladas; la península italiana estaba dividida entre varias tribus, donde los lombardos tenían la mayor parte de la región norte, y los vándalos (que en repetidas ocasiones saquearon Roma dándonos el sustantivo "vándalo" en el proceso) retenían gran parte del norte de África. Lo que es peor, a los ojos de los gobernantes ortodoxos de Constantinopla, el oeste estaba en manos de cristianos arrianos.

Procopio nos dice que el emperador Justiniano estaba fascinado por la leyenda de la Lanza Sagrada y que él consideraba la Lanza de Longinos como una de sus posesiones más preciadas. Bien pudo ser que ella le "habló" como hacía con Constantino y como lo haría más adelante con Adolfo Hitler. Con ella, creyó que su destino era reunir el imperio y destruir la herejía arriana al mismo tiempo. Una de las mayores tragedias del gobierno de Justiniano fue que cerrara la Academia de Platón en Atenas.

De acuerdo a Procopio, Justiniano "declaró sobre la Lanza Sagrada que era su tarea suprimir el helenismo y todas las formas de paganismo". Volver ilegal toda instrucción que no se basara en las enseñanzas del cristianismo ortodoxo al final condujo a Europa a lo que ahora llamamos la Edad Media. Al destruir textos clásicos y suprimir a griegos y judíos, se perdió la mayor parte de la sabiduría y ciencia de las eras anteriores a Roma, y no se recuperarían hasta la Ilustración... en un tiempo más bien moderno.

Las guerras de Justiniano para reunir Europa se llevaron a cabo, pero sólo hasta su muerte. Occidente no deseaba unión con Oriente y rompió su conexión forzada tan rápido como fue posible. Todo lo que lograron las campañas de Justiniano fue asesinatos y pobreza. Sangró por completo la economía oriental, combatiendo en occidente y pagando tributo en oriente. Sobornó a los persas para que no atacaran y al hacerlo, los fortaleció, estableciendo el escenario para la diseminación del Islam.

Después de la muerte de Justiniano, la Lanza desapareció por más de 200 años. Durante ese tiempo, los ejércitos del Papa en Occidente y los emperadores en oriente al fin acabaron con el arrianismo al matar a todos sus seguidores. Cuando reapareció la Lanza, apareció en el centro de la antigua Galia, en manos del un rey franco muy católico...

La batalla de Constantino y Majencio (aprox. 1613, Pieter Lastman). La pintura presenta la batalla en el puente Milvio. Constantino es visible en la esquina inferior izquierda de esta pintura, a punto de clavar la lanza en su enemigo.

THE RED PERIL.

Caricatura británica de la década de 1930 que satiriza el incendio del Reichstag con una representación de Hitler como César.

Capítulo 9

Adolfo, iniciado

"'Lichter Heraus!"

El guardia nocturno caminó entre las celdas, descuidando asegurarse de que cada una estuviera cerrada.

Se detuvo en el exterior, en la noche nevada, para fumar un cigarrillo. Aparentando no notar las sombras que entraban sigilosamente a la puerta detrás de él, distrajo al oficial de la torre.

La puerta de la celda de Adolfo se abrió. El capitán Dietrich encabezaba a una docena de hombres encubiertos a la celda. Bajo la luz de los portadores de velas, se hizo la invocación. Trazaron un círculo en el piso de la celda. Quitaron la toga a Hitler y lo pusieron en el centro. Salió el cáliz de sangre y empezaron los cánticos.

Nace una nueva era

Hasta finales del siglo XIX, la búsqueda de espiritualidad de Occidente estaba más o menos limitada a las clases de estudio de la Biblia. Con la publicación de *Isis sin velo* en 1877, madame Blavatsky dio a luz al *New Age*.

Blavatsky fue la primera en introducir los conceptos orientales de reencarnación y karma al mundo occidental. Fundó la *Teosofía*, que significa *divina sabiduría*.

De hecho, madame Blavatsky tuvo una vida notable. Nació en Ucrania. Descendía de la realeza y se dice que era una psíquica talentosa desde el nacimiento. Cuando tenía 18 años de edad, se casó con un oficial estatal: Nikifor Blavatsky. Su marido era mucho más grande que ella y conforme pasaba el tiempo ella encontraba insoportable la diferencia de edades.

Blavatsky dejó a su marido para viajar por Turquía, Grecia, Egipto, Francia e Inglaterra. En Londres, se puso en contacto con el ser que sería su maestro: Kut Humi.

Desde ese momento aumentó su deseo de vagar. Blavatsky fue un auténtico miembro del jet-set. En las siguientes dos décadas, visitaría Canadá, cruzaría las montañas Rocallosas con una caravana de inmigrantes, viajaría por México y Sudamérica. Pasó tiempo en los Balcanes, India y Japón. Incluso la hirieron como transeúnte en una batalla en Italia.

En 1868, Blavatsky viajó a Tíbet con Kut Humi, donde se inició en la sabiduría divina. Fue en Tíbet que Blavatsky estudió con maestros ascendidos.

La idea de entidades que habían completado su ciclo de reencarnación y se quedan en el reino de la Tierra para ayudar con la evolución espiritual es un tema común en todo el movimiento del espiritualismo. Estos maestros ascendidos son fundamentales en la Teosofía. De hecho, son el fundamento en que se basan las enseñanzas de Blavatsky.

Mientras estudiaba con los maestros, la instruyeron en la Religión Original, de la que surgen todas las otras religiones. Este concepto de una singularidad religiosa ancestral, también conocido como *Religión de la Sabiduría*, es común en sijismo, sufismo, masonería egipcia y rosacrucismo.

En el siglo XVII, la Hermandad Iniciada de Asia, un descendiente del rosacrucismo con sede en Constantinopla, llevó a cabo un intento de sintetizar una Religión de la Sabiduría mediante combinar elementos de las religiones dualistas zoroastrismo y maniqueísmo, junto con las filosofías budista, hindú y sufí. El intento falló, pero sobrevivió uno de los libros del movimiento y los zoroastrianos de la actualidad lo han adoptado como texto sagrado. Los escépticos de Blavatsky sostienen que este libro, el *Dasatir*, es la fuente de gran parte de la Teosofía. Los teosofistas contestan que obras como *Dasatir* son validaciones de la Divina Sabiduría más que fuentes de derivación.

La cosmogonía de la teosofía = ¿Génesis para el arianismo?

Algo importante para nuestra discusión de Adolfo Hitler y la Lanza del Destino es la cosmogonía de la Teosofía de Blavatsky.

La Teosofía es una filosofía antropocéntrica... su historia de la creación es la historia de la creación del hombre. En la Teosofía, Blavatsky describe siete "razas raíz", cada una correspondiendo a uno de siete "planos, giros y principios raíz".

Es de hacer notar que Blavatsky ordenó que el primer objetivo de su Hermandad Universal fuera "sin consideración de raza, credo, sexo, casta o color"; sin embargo, es irónico que la Teosofía presente una cosmogonía que utiliza una jerarquía espiritual clasificada por raza.

Las dos primeras razas raíz teosóficas eran los *polarianos* y los *hiperbóreos*. Eran seres etéreos y no requerían forma física. La tercera raza, los *lemurianos*, eran una raza de gigantes de tres ojos que habitaban el continente perdido de Lemuria. La cuarta raza, los *atlantes*, fue la segunda raza física. Poseían avanzados poderes tecnológicos y psíquicos.

Cada raza raíz tenía un conjunto correspondiente de siete subrazas. La quinta subraza de la raíz atlante era la raza *semita original*. Cuando Atlantis se hundió en el mar, los sobrevivientes eran de esta subraza.

Apegándose a un estricto proceso numerológico, la quinta subraza de la cuarta raza raíz se convierte en la quinta raza raíz: la quinta raza raíz es la de los *arios*. La raza aria entró a la India y con el paso del tiempo migró a Europa.

La raza raíz aria es la raza dominante en el periodo post-Atlántico. Como las razas raíz antes de ella, también contiene siete subrazas, aunque la séptima subraza todavía es desconocida. Las subrazas arias conocidas son hindúes, sumerios, egipcios, helenos, europeos y *Hombres Nova*.

Siguiendo la lógica de la cosmogonía, la sexta subraza de la raza raíz aria produce la sexta raza raíz. Blavatsky predice que la venidera sexta raza raíz demostrará tener poderes telepáticos, singularidad y conciencia de grupo.

Debemos notar la relación entre los *Hombres Nova* de Blavatsky, el *Uberman* de Nietzsche y el deseo nazi de criar una raza de superhombres arios. Aunque la jerarquía aria de la Teosofía pudo haber sido benevolente, las ideas eran armas que esperaban caer en las manos equivocadas.

Rudolf Von Sebottendorff

Esas manos equivocadas pertenecían al barón Rudolf von Sebottendorff. Nació como Rudolf Glauer en Sajonia, 1875. Cuando joven, Glauer se mudó a Anatolia, Turquía, donde se unió a la Hermandad Iniciada de Asia. Su patrocinador fue un mercader grecojudío retirado llamado Termudi.

Termudi fue estudiante de Ciencias Ocultas. Con la muerte de Termudi, Glauer heredó su biblioteca ocultista y empezó su propia investigación y práctica. Rudolf Glauer entonces empezó a estudiar con un grupo de místicos sufí llamados los Derviches Bektashi.

Los bektashi tienen una historia interesante. Una década antes, el místico Gurdjieff estudió a los derviches. Son una orden de sufís que rechazó gran parte del islamismo ortodoxo y agregó partes de cristianismo e hinduismo, e incluyó populares creencias del mitraísmo bizantino precristiano. ¿Suena familiar? Como la *Religión de la Sabiduría,* los bektashi son una secta sincrética (que combina formas diferentes de creencias o prácticas). Nacida de la veneración de santos, o derviches, la secta fue establecida por Haji Bektash Veli en el siglo XII.

Haji Bektash a menudo era un portavoz para ventilar los motivos de queja de los señores turcos con la opresiva ocupación sunita. Esto hizo que fuera tensa la relación entre el profeta y los poderes gobernantes, pero entre la gente común, Bektash era muy popular.

La leyenda afirma que el derviche se transformó en una paloma por orden de su maestro espiritual y voló a Capadocia, el lugar de nacimiento de los cátaros, cuyas obras inspiraron a los Caballeros Templarios. Bektash era un maestro espiritual que abogaba por la tolerancia, la inclusión y que rechazaba la adhesión obsesiva a textos antiguos tan populares entre los musulmanes fundamentalistas.

Justo antes de su muerte, Haji Bektash dio su bendición a un ejército que pertenecía al sultán Selim III. Este ejército, los *janisarios*, estaba compuesto por prisioneros e hijos de cristianos que conseguían los conquistadores turcos como tributo. Los soldados eran seguidores de Bektash y en un esfuerzo por ganar su lealtad, el sultán se dirigió a ellos como los *Caballeros de Haji Bektash.* Por Bektash, la conexión de los janisarios, rara vez atacaban a los bektashi y se establecieron como una fuerza religiosa importante en el imperio otomano turco.

Cuando Mehmed II ascendió al trono en el año 1808, decidió hacer un punto de política eliminar a los bektashi y sus emisarios por completo. Mehmed II prometió decapitar

70 000 bektashi. Cuando no pudo encontrar suficientes bektashi para ejecutar, empezó a profanar las tumbas de los muertos.

Esta persecución continuó durante todo el siglo XIX. El clero musulmán estaba más que feliz en unirse al califato contra los bektashi, debido a la falta de ortodoxia de los bektashi. Se pueden encontrar puntos comunes entre el destino de los janisarios y los caballeros templarios. La secta sólo pudo sobrevivir con la ayuda de europeos comprensivos, a través de órdenes fraternales como los masones y los rosacruces.

Con la ayuda llegó una influencia indeseable y para finales de 1800, un cisma se abrió dentro de la comunidad de las órdenes. De esta división surgió la reaccionaria Hermandad Iniciada de Asia.

Los maestros, que formaron y controlaron la Hermandad Iniciada de Asia, aprovecharon las corrientes pan-turcas que fluían por la política de la época. Esta usurpación del nacionalismo y los eventos que le siguieron, presagiaban lo que todavía estaba por llegar en la Alemania del siglo XX.

En este tiempo, surgió una nueva fuerza política, con sus raíces plantadas con firmeza en las sociedades secretas. Se llamó al grupo *Los Jóvenes Turcos*, y puso a su líder Mehmed Talaat a la cabeza del imperio después de un golpe de estado incruento en 1908. El partido reformista nacionalista turco pronto reemplazó a todos los puestos oficiales de gobierno con miembros del partido jóvenes, sin educación ni experiencia.

En una conferencia organizada por Talaat Pasha, un asesor cercano enfatizó: "Las naciones que continúan desde la antigüedad en nuestro imperio son semejantes a malezas extranjeras y dañinas que se deben desenraizar para limpiar nuestra tierra".

En los años siguientes, tuvo lugar el Holocausto cristiano de Asia Menor. Alrededor de 4 millones de cristianos, asirios y armenios fueron asesinados sistemáticamente en nombre del Nacionalismo Turco.

Algunos historiadores dan a entender que enviaron a Glauer a Turquía como espía para el káiser. La historia indica que con el fin de entrar a los niveles más altos de poder, Glauer frecuentaba los círculos aristocráticos. Fue ahí que Glauer se hizo amigo del barón Heinrich von Sebottendorff, diplomático varado en Anatolia luego de la anexión de Bosnia-Herzegovina de los otomanos para el imperio austro-húngaro. Sebottendorff adoptó a Glauer de acuerdo a la ley turca y a su vez, Glauer asumió el nombre.

Rudolf Glauer, ahora Rudolf Sebottendorff, se convirtió oficialmente en ciudadano de Turquía en 1911. Se mudó a Constantinopla y estableció una orden secreta de la que se sabe poco. En 1913, los maestros espirituales de Sebottendorff lo enviaron a Berlín. En sus propias palabras, su misión era "iluminar a Alemania".

En este momento no se puede determinar si enviaron a Sebottendorff a Turquía originalmente como espía a favor de Alemania. Sin embargo, lo recibió bien la familia Sebottendorff en Berlín, lo que da credibilidad a su afirmación de que fue adoptado. Para quienquiera que trabajara, de Turquía llevó consigo los planes para lo que ahora se puede identificar como ritual mitraico de sacrificio humano en masa. En este caso, ¡la raza semita sería masacrada para abrir el camino a la nueva era del Homo Novus!

Logias de sangre y órdenes secretas

El escenario cultural en la Alemania de principios del siglo XX estaba muy emocionado con la magia. Existían numerosas órdenes secretas, cultos y logias… y muchas eran muy populares en la elite.

El Ordo Templi Orientis, u OTO reclamó como suyo a Aleister Crowley. El autoproclamado "Magus del Eón" actuaría como espía para Inglaterra, saboteando los esfuerzos de propaganda de Alemania en la Primera Guerra Mundial.

Crowley llegó a OTO desde la Orden Hermética del Dorado Amanecer, que también prosperó durante este periodo en Alemania. Otros grupos prominentes fueron los Caballeros Teutónicos, los Caballeros de la Santa Cruz y los Illuminati Bávaros.

También estaba surgiendo de este caldo de secretos el periodista nacionalista antisemita Guido von Liszt. Liszt, estudiante de madame Blavatsky, quedó muy interesado en las runas después de una experiencia mística. Empezó a practicar el *wotanismo*, y junto con varios ocultistas prominentes fundó el *Germanenorden* en 1912. Este orden era una sociedad secreta para y de la elite de las sociedades secretas.

También en 1912, Rudolf Steiner dejó la Teosofía después de un desacuerdo con la nueva jefa, Annie Besant. Steiner poco después fundó la *Antroposofía*, empezando más o menos, como una revisión de la Teosofía amistosa a Cristo. La Antroposofía es el movimiento responsable del renacimiento de la homeopatía y de las escuelas Waldorf. El doctor Walter Stein, al que recordarás del capítulo cinco, sirvió como asistente de Rudolf Steiner hasta su deserción a Inglaterra.

El interés en la Lanza del Destino creció entre las personas más influyentes de la Alemania de preguerra, en armonía con el crescendo de formación del espiritualismo. Parecería que la Lanza, con su deseo de sangre incitado por el Holocausto de Asia Menor, empezaba a hacer sus llamadas telefónicas etéreas.

El yerno de Wagner y filósofo racial Houston Chamberlain, más adelante proclamado por Adolfo Hitler como "regalo de Dios para Alemania", empezó a recibir "visiones" de la Lanza. Informó estas intuiciones al káiser Wilhelm y le aconsejó recuperar la Heilige Lanze de los Habsburgo de Austria.

El káiser, junto gran cantidad de alemanes, creía que la Lanza pertenecía legítimamente a su país. Cuando las tropas francesas marcharon a Alemania en 1806, se llevaron la Lanza a Viena de Núremberg para impedir que cayera en manos de Napoleón. Wilhelm y Chamberlain tramaron un plan para robar la Lanza al persuadir a los Habsburgo a contribuir el artefacto como parte de un espectáculo itinerante de "Tesoros Nacionales". Durante el espectáculo, según el plan, los alemanes robarían la Lanza como un robo escenificado. Avisaron a los Habsburgo y aunque prestaron artículos para la gira, no prestaron la Lanza.

Rudolf Sebottendorff se inició en el Germanenorden poco después de su llegada a Berlín. Creo una amplia red con diversos ocultistas. Sebottendorff compró un periódico que fracasaba en Múnich, el *Munchener Beobachter*, y transformó esta publicación en una hoja de escándalos antisemitas.

En 1918, Sebottendorff fundó Thule Gessellschaft (sociedad). Descrita como grupo literario y cultural, Thule atrajo a los más poderosos en negocios, política y magia. Basaron su ideología en las filosofías de la Teosofía retorcida hacia el arianismo de Sebottendorff. El grupo creía que la raza aria descendía del mítico continente de hielo del norte de *Thule*, similar y tal vez relacionado con Atlantis. De acuerdo a la Sociedad, la línea de sangre aria se había vuelto impura debido a una crianza interracial e intraespecífica. Thule Gessellschaft buscó restaurar la pureza aria mediante la crianza selectiva y la erradicación sistemática de las líneas de sangre consideradas demasiado contaminadas para corrección. Los nazis derivaron su *solución final* directamente de esta filosofía.

La meta de la logia de Thule fue al menos de tres partes: diseminar los ideales del nacionalismo pangermánico, contrarrestar políticamente a los movimientos marxistas que ganaban popularidad en el núcleo industrial y conectar a los practicantes de magia con la riqueza y el poder necesarios para poner a Alemania en la posición apropiada para el siguiente sacrificio humano en masa.

El *Munchener Beobachter* de Sebottendorff se convirtió en el *Volkischer Beobachter*, el órgano de prensa de la Sociedad Thule. Sebottendorff publicaba el periódico desde el elegante hotel Four Seasons, donde alquiló salas de juntas para el Thule Gessellschaft. Las habitaciones estaban decoradas con emblemas de una daga grande sobreimpuesta a la imagen de una swástica. Al final, el *Beobachter* se convertiría en el periódico oficial del partido nazi.

Caos en la Baviera en tiempo de guerra

Conforme crecía el poder de Thule, el Segundo Reich se estaba colapsando. El imperio alemán degeneró gradualmente hacia un estado fracturado por tensiones entre ejército, aristocracia e intelectuales. El caos reinaba en toda la campaña de guerra alemana. Se produjeron varios motines y rebeliones, conforme la marea había cambiado con claridad a favor de los aliados. Austria pidió la paz, ya que miles estaban muriendo de hambre.

En septiembre de 1918, el general Erich Ludendorff, que había encabezado exitosamente la invasión a Bélgica cuatro años antes, exigió al káiser Wilhelm un armisticio inmediato con los aliados. Cuando el káiser se negó, Ludendorff proclamó una nueva Monarquía Constitucional Democrática y nombró al príncipe Max von Baden como su canciller.

A pesar de estar tan destrozados, los alemanes siguieron luchando. Adolfo Hitler sirvió como oficial despachador en las líneas del frente. En octubre, un ataque químico británico dejó ciego a Adolfo Hitler en Wervik, Alemania. Después de entregar su mensaje, los médicos llevaron a Hitler a un hospital del ejército en Pomerania. En *Mein Kampf*, describe la pesadilla de esta experiencia:

> *Durante la noche de 13 al 14 de octubre [de 1918] los... británicos iniciaron un ataque con gas en el frente al sur de Ypres. Emplearon el gas amarillo cuyo efecto era desconocido para nosotros, al menos por experiencia personal. Yo estaba destinado a experimentarlo esa misma noche. En una colina al sur de Wervik, en la tarde del 13 de octubre, nos sometieron por varias horas a un bombardeo fuerte con bombas de gas, el cual continuó durante toda la noche con mayor o menor intensidad. Más o menos a medianoche nos pusieron fuera de acción a varios de nosotros, algunos para siempre. Hacia la mañana empecé a sentir dolor. Aumentó con cada cuarto de hora, y más o menos a las siete en punto mis ojos estaban ardiendo mientras me tambaleaba de vuelta y entregaba el último despacho que estaba destinado a llevar en esta guerra. Unas cuantas horas después mis ojos estaban como carbones ardientes y todo era oscuridad a mi alrededor.*

El nuevo canciller Von Baden envió un mensaje al presidente Wilson de que los alemanes buscaban el armisticio y que estaría de acuerdo con los *14 puntos* de Wilson. Wilson rechazó la oferta e insistió en que los Aliados no negociarían con una dictadura militar.

Al enfrentar la destitución, el general Ludendorff renunció formalmente. El ocho de noviembre, una muchedumbre comunista causó disturbios en Berlín, matando a docenas de oficiales militares. Al día siguiente, el príncipe Von Baden entregó el gobierno a Frederich Ebert, quien declaró a Alemania una república socialista. Ebert hizo un trato con el desordenado ejército en que estuvo de acuerdo en impedir una revolución comunista, y en intercambio, los militares estuvieron de acuerdo en proteger la nueva república.

El fracaso de los poderes militares tanto en la guerra como en la unificación nacional fue un serio revés para el Thule Gessellschaft. Se dice que miembros de la Sociedad quedaron conmocionados y deprimidos por el establecimiento de una república socialista. Sebottendorff aprovechó la oportunidad y transformó su desaliento en indignación con el siguiente discurso impartido la tarde del nueve de noviembre de 1918:

> *Ayer experimentamos el colapso de todo lo que era conocido, querido y valioso para nosotros. En lugar de nuestros príncipes de sangre germana gobierna nuestro mortal enemigo: Judas. Aún no sabemos que saldrá de este caos. Pero podemos suponerlo. Llegará un tiempo de lucha, de la necesidad más amarga, un tiempo de peligro. En tanto tenga el poder, estoy decidido a comprometer el Thule en esta lucha. Nuestra Orden es una Orden Alemana, la lealtad también es germánica. Nuestro dios es Walvater, su runa es la Ar. Y en la trinidad: Wotan, Wili, We es la unidad de la trinidad. La runa Ar significa "ario", fuego original, sol y águila. Y el águila es el símbolo de los "arios". Con el fin de representar la capacidad del águila para la autoinmolación por el fuego, tiene color rojo. A partir de ahora nuestro nuevo símbolo es el águila roja, que nos advierte que debemos morir con el fin de vivir. Pelearemos hasta que la swástica se eleva victoriosa de la helada oscuridad.*

La Iniciación de Adolfo Hitler

El once de noviembre de 1918, Alemania logró el armisticio con los Aliados y cesaron las hostilidades. Adolfo Hitler se enteró de la rendición y de la revolución socialista desde su cama del hospital del ejército en Pomerania. Estaba furioso. Fue en ese momento y lugar que recuerda haberse dedicado a una vida política:

> *Entre más trataba de deducir alguna información definitiva de los terribles eventos que han sucedido, más se enciende mi cabeza con ira y vergüenza. ¿Qué es todo el dolor que sentí en mis ojos comparado con esta tragedia?... Fue terrible soportar los días siguientes y las noches eran incluso peores. Depender de la misericordia del enemigo era un precepto que sólo tontos o mentirosos criminales recomendarían.*
>
> *Durante esas noches aumentó mi odio... odio por los originadores de este cobarde crimen... Por mi parte, entonces decidí que me dedicaría al trabajo político.*

Las listas de las Logias de la Sangre estaban llenas de altos puestos militares. Las logias en sí servían como estructura política informal para el mando militar, que de nuevo tenía una relación que aparecía y desaparecía con la autoridad civil. Los regimientos del Ejército Alemán se convirtieron en regimientos de las Logias, al igual que hicieron sus instituciones. Una de estas instituciones era el hospital militar de Pasewalk en Pomerania.

El doctor Karl Kroner supervisó la recuperación de Hitler. De acuerdo a entrevistas del OSS, el doctor Kroner diagnosticó la ceguera de Hitler como sólo psicosomática... no había nada mal en el aspecto físico de sus ojos. Kroner estaba consciente de algún trabajo experimental que llevaba a cabo el doctor psicólogo Edmund Forster, y envió a Hitler con él. De acuerdo a un artículo reciente en Pravda, Forster pudo haber sido el responsable del complejo de mesías de Hitler:

> *El doctor Forster comprendió el problema del paciente y decidió curarlo con hipnosis. Le dijo a Hitler que en verdad se había quedado ciego, pero que Dios lo había hecho una persona excepcional. Podía lograr la visión de nuevo con su fuerza de voluntad. El profesor pudo lograr que el paciente creyera en él mismo y Hitler recuperó la visión.*

Forster estaba llevando a cabo una de las primeras pruebas médicas de la hipnoterapia y decidió incluir a Hitler en el estudio. Forster conservó los registros de sus sesiones con Hitler.

El doctor investigador David Lewis ha profundizado en la historia de hipnosis de Hitler. Después de la caída de Alemania del Este, y la subsecuente reunificación, el doctor Lewis pudo ver los papeles de Forster de primera mano. Informa que el doctor Forster recordó encontrarse con Hitler en una habitación oscurecida por completo. Entonces el psicólogo aseguró falsamente a Hitler que en verdad estaba ciego, debido a un daño irreparable a los ojos que resultó del ataque químico. (Recuerda que Hitler no sufrió un verdadero mal físico.) Después de que pasaba algún tiempo, Forster sugirió a Hitler, bajo hipnosis, que era posible un rayo de esperanza:

> *Tal vez tú tengas el raro poder, que ocurre una vez cada milenio, de llevar a cabo un milagro. Jesús lo hizo, Mahoma y los santos... Con tus síntomas una persona normal estaría ciega de por vida. Pero para una persona con voluntad y energía mental excepcionales no existen límites, el conocimiento científico no se aplica a esa persona. Necesitas creer en ti mismo por completo, entonces dejarás de estar ciego... Sabes que Alemania necesita personas que tengan energía y fe ciega en ellas. Para ti, ¡todo es posible!*

Forster entonces encendió una vela y continuó con un proceso inquietantemente similar a las Iniciaciones de Iluminación de la Logia de Sangre. Durante el ritual, conforme la programación alimentaba el ego fallido del soldado de primera clase, su visión volvió poco a poco, hasta que Adolfo exclamó: "¡Puedo ver! ¡Puedo ver!". Forster más adelante lamentaría haber tratado a Adolfo Hitler. Sintió que su técnica era un error y a diferencia de muchos otros que alardeando tomarían el reconocimiento por convertir a Adolfo en el Führer, Forster lo aceptó con arrepentimiento como una responsabilidad personal.

Cuando el Führer llegó al poder a mitad de la década de 1930, Forster deseaba expiar su culpa escribiendo una *revelación*. Forster no pudo encontrar un editor en la Alemania nazi, así que se puso en contacto con miembros de un grupo judío de resistencia en París, Francia. Les entregó en persona un manuscrito desorganizado y copias de sus notas en una reunión en el Café Royale (¡que al momento de publicar esto todavía está activo!).

Al volver de París, los nazis intentaron enjuiciar a Edmund Forster por traición. Retiraron al doctor de su puesto como profesor de universidad y presentaron acusaciones. Sus colegas se negaron a testificar en su contra. El once de septiembre de 1933, encontraron a Edmundo Forster muerto en su casa, resultado de un solo disparo en la cabeza. Amigos y familiares nunca creyeron que el incidente fue suicidio, ya que Forster no poseía el arma que se empleó en su muerte.

Freikorps de Thule

Después de su alta del hospital militar, Adolfo Hitler se presentó para trabajo como guardia de prisión para un campo de prisioneros de guerra en Traunstein.

Mientras tanto, un joven piloto alemán nacido egipcio de nombre Rudolf Hess encontró empleo de postguerra haciendo encargos para Rudolf Sebottendorff. Hess, moreno y de piel oscura, tenía gran interés en la astrología que se remontaba a su juventud. En la Gran Guerra mereció una Cruz de Hierro.

Sebottendorff y el círculo interno de Thule enfrentaron un creciente movimiento comunista estableciendo un partido político y alineándolo con un grupo paramilitar, conocido como Freikorps. Sebottendorff instruyó a Karl Harrer, un compañero periodista, para fundar un partido político anticomunista. Junto con el cerrajero Anton Drexler, Harrer formó el Partido de los Trabajadores Alemanes.

Miembros del Gessellschaft, muchos de ellos empresarios que trataban a todas costas de desviar a Múnich de cualquier redistribución de la poca riqueza que quedaba, fundaron el Freikorps. Después de un levantamiento comunista en Múnich, el Thule empezó a almacenar armas para el Freikorps.

Rudolf Hess, como Hitler, estaba muy amargado después del armisticio. Combatió a los comunistas en las calles de Múnich junto con otros exsoldados que eran parte del Freikorps. El oficial comandante, Franz Von Epp, le presentó al profesor Karl Haushofer. Hess se inscribió en la universidad local y empezó a estudiar con el profesor. Presentándose a menudo a clase sangrado y vendado, pronto fue el estudiante favorito de Haushofer.

Karl Haushofer fue un agregado militar ante Japón antes de la Primera Guerra Mundial. Mientras estaba en el puesto en Tokio, viajó extensamente por el este de Asia. Afirmaba ser miembro de la secreta Sociedad del Dragón Verde de Japón, un grupo ocultista oriental supersecreto. Haushofer más adelante sería clave al negociar la alianza japonesa-germánica para los Poderes del Eje en la Segunda Guerra Mundial. Conoció a George Gudjieff en Tíbet, y al mismo tiempo que se hizo estudiante de Gudjieff se convirtió en Iniciado Tibetano.

Sebottendorff dio la bienvenida a la Sociedad Thule al profesor Haushofer y a su hijo, Albrecht, ambos prominentes miembros de la Orden Hermética del Dorado Amanecer. Haushofer y Sebottendorff prepararon al joven Hess y patrocinaron su afiliación en Gessellschaft.

Con la firma del Tratado de Versalles, se declaró ilegal oficialmente al ejército alemán. La última orden de Hitler fue inscribirse en la universidad Baviera de Múnich. Gottfried Feder, miembro de Thule, enseñó economía a Hitler. Como muchos otros soldados que se convirtieron en estudiantes, Hitler luchó como voluntario en el Freikorps a las órdenes del general von Epp.

Misteriosamente, la historia nos dice que Franz von Epp, a las órdenes del general Ludendorff mismo, envió a Hitler a las reuniones del Partido Alemán de los Trabajadores como espía. Además, que Hitler asistió a su primera reunión del Partido Alemán de los Trabajadores, mediante Gottfried Feder, para impartir un discurso sobre economía pangermánica. En todos los caminos, Hitler era conducido por la mano de Thule.

Rudolf Hess, a instancias del thulista Dietrich Eckart, asistió a la reunión del Partido Alemán de los Trabajadores en que Hitler estaba hablando. La enardecedora retórica de Hitler tuvo un enorme efecto emocional en él. Dietrich Eckart presentó a Hess con Hitler después de esa reunión. Desde ese punto, Hess se convirtió en un leal devoto de Hitler.

El partido creció rápidamente, ya que apelaba tanto a los nacionalistas con tendencias de izquierda como de derecha. El partido cambió su nombre a Partido Nacionalsocialista Obrero Alemán y sus miembros llegaron a ser conocidos entre sus detractores como nazis. Los discursos vehementes de Hitler lo impulsaron a lo alto del liderazgo, donde al final eclipsó al fundador Anton Dexler. Hitler se declaró la cabeza del partido en 1921. Adoptó en forma oficial como su emblema una swástica en sentido contrario a las manecillas del reloj.

Aumentó la afiliación al partido, junto con las filas del Freikorps. Juntos, evitaron numerosos levantamientos comunistas. Después de que los comunistas tomaron el control de Múnich, los Freikorps cercaron la ciudad, facilitando que el gobierno bávaro oficial reasumiera el control.

En un caso, los comunistas secuestraron y ejecutaron a siete miembros de Thule. La acción obligó a Sebottendorff a renunciar al puesto de Gran Maestro. El envejecido mago negro siguió adelante para convertirse en el editor de la revista *Revisión astrológica*. Su misión en el IAB estaba completa.

Putsch de Múnich

Para 1923 había aumentado la popularidad de Hitler. El general Ludendorff lo había apoyado públicamente a él y a su grupo ante una multitud de 100 000 personas que lo vitoreaban en Núremberg. Houston Chamberlain había escrito a Hitler una carta personal proclamándolo como un "Mesías". Cansado de esperar el visto bueno de Thule para derrocar al gobierno, Hitler tomó la revolución en sus propias manos.

El 8 de noviembre, Hitler y su guardia de asalto nazi entraron a una reunión de 3 000 funcionarios de gobierno de Baviera. Adolfo Hitler saltó a una mesa y disparó dos rondas de su pistola al aire. Declaró el Putsch de Múnich.

Hitler se presentó como el nuevo líder del gobierno bávaro y a punta de pistola empezó a ofrecer diversas posiciones de autoridad en su nuevo gobierno. Más tarde ese día, el general Ludendorff llegó y estuvo de acuerdo en encabezar el ala militar del nuevo gobierno. Mientras Hitler estaba en la cervecería, Hess estaba ocupado haciendo una redada de ciudadanos judíos poderosos y activistas del ala izquierda. En todas partes, los nazis habían tomado por sorpresa el Ministerio de Guerra. Planeaban marchar a Berlín la siguiente mañana.

Como suele suceder, los soldados del Putsch no consideraron la capacidad existente de radiotransmisión de los gobiernos. Berlín se enteró del golpe y ordenó que lo aplastaran de inmediato. Una lluvia de balas de la policía de Múnich recibió a los nazis que marchaban. Hitler huyó del lugar y muchos lo siguieron, a pesar de que superaban con mucho a las fuerzas de la policía. Varios días después, la policía localizó a Hitler, oculto en la casa de un amigo.

Despierta el mesías alemán

Mientras Hitler esperaba el juicio en Satelheim, su mentor esotérico, Dietrich Eckart completó su iniciación. Eckart estaba cerca de la muerte y apresuró al joven Adolfo en un curso intensivo de las artes negras secretas. El mago que se debilitaba rápidamente había reconocido mucho antes los talentos en bruto del joven fanático. ¡Le enseñó a Hitler cómo dominar las mismas técnicas que se emplearon para su propia programación!

En su sesión final, Eckart llevó a Hitler a través de una sesión de espiritismo. Llevaron a cabo un ritual para convocar al demonio torturador *Ahrimán*. En presencia de este demonio, Adolfo Hitler se encontraba desnudo y con los ojos vendados como una ofrenda. Después de que los que asistieron abusaron sexualmente de su iniciado, Hitler recibió el bautismo de sangre.

Dietrich Eckart murió a finales de diciembre de 1923, todavía encarcelado por su papel en el Putsch. Antes de su muerte, escribió estas últimas palabras: "¡Sigan a Hitler! Él bailará, ¡pero seré yo quien haya decidido la música! No me lloren: He influido en la historia más que cualquier otro alemán".

Adolfo Hitler siempre lloraba con la mención del nombre de Eckart. Dedicó el segundo volumen de *Mein Kampf* en su honor.

El primero de abril del siguiente año, Hitler fue juzgado y condenado. Recibió una sentencia de cinco años, el mínimo permitido, que debía pasar en la prisión de Landsberg. El tribunal también sentenció a Hess, que se había entregado a las autoridades como acto de solidaridad, a un periodo en la misma prisión. Hitler sólo estaría nueve meses de su sentencia antes de que lo liberaran. Hess estuvo dieciocho, mientras que absolvieron al general Ludendorff de todas las acusaciones. Los nazis tenían amigos en puestos elevados.

Durante su breve estancia, Karl Haushofer visitó a Hitler y a Hess ocho veces. El profesor asumió el papel de mentor... vacío por la muerte de Eckart. Una vez liberado, Hitler trabajó con Haushofer para eliminar a los enemigos: políticos y mágicos.

Prepararon sus lugares para eliminar la Antroposofía y en particular a su patrocinador, Rudolf Steiner. El poco reservado Steiner sobreviviría a varios intentos de asesinato antes de escapar a Suiza.

Recuerda que Steiner fue estudiante de Blavatsky. Se convirtió en un crítico franco del antisemitismo y del movimiento nazi. Steiner propagó un germanismo benévolo, y se plantó en oposición directa a Hitler. A diferencia de tantos de sus conciudadanos, el padre de la Antroposofía tenía dudas de Hitler. Steiner tenía una buena razón, ya que salió de la misma mezcolanza de cultos y órdenes que los maestros de Thule. ¡Sabía bien qué buscaban!

Antes de fundar el Germanenorden en 1912, Guido von Liszt y el dueño de la librería y ocultista de Viena, Ernst Pretzche, había participado en un sacrificio humano ritual diseñado para producir el *Niño de la Luna*... el salvador teutónico. Desde el principio, Hitler había estado bajo la mirada vigilante de las logias, la más extrema de las cuales estaba buscando producir el Mesías Germano. Todo el tiempo, Sebottendorff y Thule habían estado jalando los hilos de Hitler. Las Órdenes Mágicas llevaron a Hitler de su fascinación con la Lanza a sus experiencias psicodélicas con el misterioso botánico, Hans Lodz. Entretejieron al führer por bibliotecas, óperas, campos de batalla y hospitales psiquiátricos, después de lo cual los caciques lo depositaron en el escenario político. Pero se remonta más atrás, incluso mucho antes de que Pretzche buscara al Niño de la Luna.

En 1875, madame Blavatsky predijo la llegada del "Niño Horus". En 1904, Aleister Crowley recibió su mensaje del espíritu "Aiwass" que formó su obra *El libro de la ley*. Crowley, como su título adoptado de Maestro Therión, se ve como padre del Niño Horus. Crowley describe el nuevo eón, la Era de Horus, que estaba empezando con el cambio de siglo. De la Era afirma: "En todas partes su gobierno está enraizando". En *El libro de la ley* escribe:

> *Considera el afloramiento de dictaduras, sólo posible cuando el crecimiento moral está en sus primeras etapas y el predominio de cultos infantiles como Comunismo, Fascismo, Pacifismo, Modas de Salud, Ocultismo en casi todas sus formas, religiones llevadas por el sentimentalismo al punto de su extinción a efectos prácticos.*
>
> *Considera la popularidad de cine, radio, apuestas colectivas y competencias de adivinanzas, todos dispositivos para calmar niños irritados, sin tener semilla alguna de propósito.*
>
> *Cómo se desarrollará este Eón de Horus, cómo el Niño crecerá, ésos son el camino de la Ley de Thelema bajo la guía iluminada del Maestro Therión.*

Una narración interesante del investigador Peter Kapnistos, ubica a Aleister Crowley en el hospital militar de Pasewalk, durante el tratamiento de Adolfo. Según Kapnistos, Aleister estaba fotografiando soldados para su proyecto de "Perfil Astrológico". Crowley más adelante afirmaría que Hitler había sido su "hijo de la magia" y "conejillo de indias". En una entrevista de la prensa británica de 1933, el mago dijo que había nacido con cuatro cabellos que tenían la forma de una swástica sobre el corazón y que afirmó: "Antes de Hitler, estoy yo".

Aceptemos o no los escritos y afirmaciones de los ocultistas como ciertos, podemos ver el impacto de las influencias oscuras y paranormales que rodean el ascenso del Führer.

La simple creencia en algo le da a eso cierta existencia, un tipo de poder. Hemos visto que la estructura de creencias de Hitler, su punto de vista del mundo, fue construido con cuidado por otros para él... por ocultistas e hipnotistas, por sádicos y desviados sexuales, por un padre abusivo y figuras paternas frenéticas. ¡Es una maravilla que no pasara la mayor parte de su vida en un manicomio! Parecería que el aspirante a Amo del Mundo de ninguna manera era el amo de su propio destino.

Si los ocultistas de magia negra y las logias de sangre estaban jalando los hilos de Hitler, ¿quién era entonces el amo de títeres *de ellos*? La leyenda de la Lanza dice: "Cualquiera que posea esta Lanza Sagrada y comprenda los poderes a que sirve, tiene en su mano el destino del mundo para bien o para mal". ¿Podrían esos *poderes* ser el *hombre detrás de la cortina esmeralda* metafórica que manejaba a los Maestro de la Logia? ¿Podría ser que la Lanza tenía un espíritu, si no conciencia?

¿De alguna manera reverbera a las ondas de ira, odio y matanza obsesiva que habían bañado a Europa por casi dos milenios? ¿Podía Adolfo Hitler haber sido dirigido en un camino que le señalaba la Lanza? ¿Era su búsqueda de poder, de la redención de Alemania, y de dominio mundial, una búsqueda por la Lanza o la búsqueda *de* la Lanza? ¿Él lo deseaba o era la Lanza Sagrada que estaba anhelando estar en sus manos? ¿Pudo ser que la Lanza acercó más a Adolfo al infundirle su poder? ¿Era Hitler su Niño de la Luna, su Niño Horus, el mesías alemán ciego?

Adolfo Hitler, iniciado de las artes negras.

Capítulo 10

De Carlomagno a Adolfo Hitler

Se pone a prueba la lanza

En la actualidad, un visitante del Schatzkammer (Casa del Tesoro) del Museo Kunsthistorisches de Austria, en Viena, encontrará en la sala 11 un artefacto que se exhibe en un exhibidor de vidrio como artículo 155 con una tarjeta que dice (en austriaco):

Heilige Lanze, Karolingisch, 8 Jh.
Mit spateren Erganzungen
Stahl, Eisen, Messing, Silber, Gold, Leder
(Inv.nr. XIII 19)
[Traducción:
Lanza Sagrada, Carolingia, siglo VIII.
Con adiciones posteriores de
Acero, Hierro, Latón, Plata, Oro, Cuero]

El catálogo del museo da la descripción oficial para esta *Heilige Lanze* como:

La Lanza Sagrada es una lanza alada carolingia con trabajo de perforación con una cualidad sin paran-

gón: una abertura aguzada, oval, labrada del centro de la hoja con una insignia de hierro ornamental forjada insertada en ella. En el extremo inferior de la lanza están dos hojas que se añadieron después y que se extienden a las alas de la lanza y están unidas a ella con correas de cuero angostas.

La primera descripción conocida de la Lanza Sagrada se encuentra en la Historia de Liutprando de Cremona, que completó en 961. La descripción de Liutprando de la Lanza Sagrada es consistente con los datos actuales. La Lanza Sagrada en verdad tiene cruces incrustadas en bronce en los nudos de la insignia además de en las alas de la lanza. Pequeñas partículas relicario de los clavos de la Cruz pudieron ser forjados en la lanza con forma de cruz para identificación.

Liutprando no dice nada del carácter de relicario de la Lanza Sagrada, pero presenta una narración de su historia, de acuerdo a la cual en 921-22, el conde Samson y sus partidarios confiaron el dominio del regnum Italicum a Rodolfo, rey de Borgoña, junto con la Lanza Sagrada, rogándole que expulsara al emperador Berengario. Sin embargo, como la lanza relicario era un "tesoro con el que Dios une lo terrenal con lo celestial, el rey germano Enrique logró su posesión otorgando espléndidos regalos al rey borgoñés. Se debió desarrollar una tradición con el paso de los siglos, determinada como es obvio por la ilusión del dueño de la lanza en que las partículas de diversos clavos de la Cruz se convirtieron en el clavus domini que se creía era la insignia de hierro, como se mencionó en la inscripción sobre la banda de plata del emperador Enrique IV (que gobernó en 1084-1105). No está claro todavía porque la punta de la lanza se renombró San Mauricio en la inscripción en *que se habla expresamente de la Lanza Sagrada como una reliquia doble. Tampoco está claro si el arma sirvió como lanza de poder franca o langobarda después de la era carolingia.*

La Lanza Sagrada continuó siendo la insignia imperial más noble por largo tiempo, pero su aura se unió con la de la segunda reliquia imperial, la Partícula de la Cruz, durante la Era Salía. En años posteriores se tuvo la intención de aumentar la aureola de la Lanza Sagrada al reinterpretarla como la Lanza de Longinos. En el primer tercio del siglo XIII*, un documento papal menciona la Lanza Sagrada por primera vez como una reliquia doble de la Pasión, pero sólo en el siglo* XIV *se aceptó oficialmente su interpretación como una lanza de la Pasión. El emperador Carlos IV ordenó la inscripción nombrándola la Lanza y el Clavo del Señor en alrededor de 1354 con la funda de oro visible en la actualidad e introducida en la Fiesta de la Lanza Sagrada.*

El doctor Robert Feather, de Inglaterra, sometió a pruebas esta Lanza Sagrada en enero de 2003. El doctor Feather, metalurgista y escritor de ingeniería técnica, se ha vuelto famoso por su obra sobre historia de los judíos y el Medio Oriente y los Rollos del Mar Muerto. Su libro, *Decodificación del rollo de cobre* (1999) reafirmó que existía un vínculo innegable entre la comunidad del Mar Muerto responsable de los rollos y la religión del Egipto dinástico.

El doctor Feather recibió un permiso sin precedentes no sólo para examinar la Lanza en un entorno de laboratorio, sino que también se le permitió retirar las delicadas bandas de oro y plata que la mantienen unida. La banda de plata tiene la inscripción “Clavo de Nuestro Señor”. Se añadió a la Lanza Sagrada por orden de Enrique IV, el tercer Sacro Emperador Romano Germano, en 1084. Alrededor de 1350, el rey Carlos IV de Bohemia mandó poner una funda sobre la de plata, inscrita "Lanza y Clavo del Señor".

Se retiró la Heilige Lanze con cuidado de la Casa del Tesoro y se llevó una corta distancia a un laboratorio provisional. Ahí, el doctor Feather y su equipo condujo diversos procedimientos no invasivos en la Lanza, bajo la mirada vigilante del doctor Franz Kirchweger, curador del Kunsthistorisches Museum.

Entre sus pruebas estaba frotar con un hisopo biológico de algodón para buscar restos de material orgánico, como sangre. En forma decepcionante, no se descubrió material orgánico de ese tipo, acabando con las esperanzas de tal vez encontrar DNA de Jesús mismo. Un radiológrafo llevó a cabo pruebas de difracción de rayos X y de fluorescencia para revelar la estructura y composición de la lanza. Se llevaron a cabo otras pruebas en el Clavo y en los diversos alambres y hojas de oro y plata.

Los resultados de estas pruebas llevaron al doctor Feather a concluir que la lanza se hizo en algún momento de alrededor del siglo VII. Fecharon el alambre de plata en 600 d.C. Es probable que la funda de plata se haya ajustado en el siglo XI y la funda de oro se añadió 3 siglos después, lo que se explora más a fondo en este capítulo.

En *Rasgando una antigua historia: El misterio de una reliquia cristiana*, un informe en la edición europea de la revista *Time*, Maryann Bird escribió:

> *Un emblema de hierro, que por largo tiempo se ha afirmado es un clavo de la crucifixión, añadido a martillazos en la hoja y resaltado mediante pequeñas cruces de bronce, es "consistente" en longitud y forma con un clavo romano del siglo I, comentó Feather. Mientras que la ciencia no puede fechar los fragmentos de hierro a su alrededor, añadió, las cruces son significativas: alguien las empleó para mar-*

> *car un área que se cree contiene partes de un clavo empleado en la Cruz Verdadera. "Estamos en el campo de la especulación", aceptó, "pero no podemos descartarlo. Algunas personas tienen fe en esto y la fe es algo maravilloso". Este misterio bien podría ser eterno.*

Si estas conclusiones son ciertas, ¿cómo podemos conciliarlas con la leyenda de la Lanza? Si en verdad el cuerpo de la Lanza es medieval, fechado en el siglo VII lo más antiguo, entonces no es posible que existiera en el tiempo de Cristo. Como la señora Bird lo expresó en su artículo de *Time*:

> *Carlomagno bien pudo poseer la Lanza en 800, y los nazis de Hitler la tomaron de Viena en 1938, pero Constantino el Grande no pudo haber invocado los supuestos poderes de un arma que no existía para ayudarse a volver al cristianismo al Imperio Romano en el siglo IV.*

En un momento pasaremos a Carlomagno y su uso de la Lanza. Las conclusiones del doctor Feather sugerirían que Carlomagno hizo construir una Lanza falsa. Esto sería consistente con la política de su tiempo. Sin embargo, al considerar los sucesos que han rodeado a la Lanza y sus portadores en los mil doscientos años desde Carlomagno, los autores creen que el terrible Espíritu encarnado en la Lanza es real, no el simple producto de una falsa "fe". De ser así, ¿cómo puede la Lanza en la Casa del Tesoro sólo ser del siglo VII? Fácil, es un engaño *moderno*, como Howard Buechner afirmó en su libro, *Adolfo Hitler y la Lanza Sagrada*. Más adelante revelaremos cómo se logró esto y quién era responsable del magistral engaño.

Sacro emperador romano Carlomagno

Carlomagno (o en español, Carlos el Grande) fue rey de los francos, emperador de Occidente y uno de los grandes gobernantes de la historia.

Los francos, tal vez recuerdes, eran una tribu bárbara (o una confederación de tribus de este tipo) cuyos descendientes fundaron las modernas naciones de Francia y Alemania. Historiadores romanos mencionaron por primera vez su nombre en relación con una batalla que se liberó contra ellos en el año 241. En el siglo III algunos cruzaron el Rin y se establecieron en la Galia Belga (Bélgica). Constancio Cloro empezó su reinado como César sometiéndolos. Sus descendientes continuaron la lucha. Aunque Juliano el Apóstata les infringió una grave derrota en 359, no tuvo éxito en liberar por completo al imperio de ellos. Por el contrario, Roma al final quedó satisfecha con convertirlos en aliados más o menos fieles. Para el final del siglo V, la disolución del Imperio Romano Occidental dejó a las provincias belgas bajo el control total de los francos.

Los francos en la parte norte de la Galia Belga estaban bajo el dominio de una familia de reyes que se distinguían por su cabello largo, que permitían que volara sobre sus hombros, mientras que otros guerreros francos tenían rapada la parte posterior de la cabeza. Su familia real era conocida como los merovingios, por el nombre de uno de sus miembros, al que la tradición nacional había atribuido un dios del mar como ancestro.

Los merovingios tienen un papel importante en muchas historias de sociedades secretas y conspiraciones misteriosas, no sólo ahora, sino por más de mil años. La trilogía de películas de *Matrix* tiene un personaje llamado el Merovingio como aceptación de esto.

Obras como *Santa Sangre, Santo Grial*, de Michael Baigent, Richard Leigh y Henry Lincoln, y *El Código da Vinci*, de Dan Brown, presentaron al público los merovingios y el misterioso *Priorato de Sión.*

Algunos escritores creen que el Priorato de Sión es real; otros creen que es un elaborado engaño. En *Platillos de los Illuminati,* Kin Keith ofreció evidencia de que a pesar de que el Priorato de Sión pudo haber sido una estratagema astuta, tenía la intención de revelar la estructura central de creencias de una conspiración de la elite. Creía que este secreto sólo era compartido en los niveles más altos de la "orden" y sólo entre unos cuantos elegidos.

De acuerdo a Jim, los miembros de esta conspiración, a la que llamó *Los Illuminati,* creen que Jesús se casó con María Magdalena. Además, que ella estaba embarazada con su semilla en el momento de la Crucifixión. Esto significa que el Santo Grial, del que se confió a los Caballeros Templarios su protección, no era la copa de vino de la Última Cena ni el tazón empleado por José de Arimatea para reunir la sangre de Jesús mientras colgaba en la cruz. Más bien, el "Santo Grial" era una metáfora (o tal vez un código del grupo que lo sabía) para la misma línea de sangre de Jesús.

Keith escribió que los Caballeros Templarios no fueron destruidos por los ejércitos del Papa al terminar las Cruzadas, sino que se volvieron un grupo clandestino, tal vez formando la Masonería del Rito Escocés en Escocia. La línea de sangre de Jesús se ha mezclado desde entonces con las casas reales de Europa, en particular los merovingios, y ha sobrevivido hasta la actualidad. Jim Keith, haciendo eco a las afirmaciones que hizo el Priorato de Sión a Michael Baigent, afirma que existe un pretendiente vivo al trono de este mundo, un heredero directo de Jesús que está bien vivo y listo para ascender a ese trono.

El lugar de nacimiento de Carlos y el capitolio imperial, la ciudad de Aachen, se encuentra en un valle de Prusia rodeado por cerros boscosos, a ambos lados de un tributario del río Roer en lo que es en la actualidad Alemania. Nació ahí en 742 d.C., hijo del rey franco Pepino el Corto.

Por muchas generaciones antes de su nacimiento había estado creciendo la división entre el rey y sus nobles. El jefe de la aristocracia era el mayor del palacio, posición que en la actualidad llamaríamos primer ministro. Para el tiempo de Pepino, el mayor del palacio era el poder real y el rey una simple marioneta. Pepino, después de conseguir la aprobación del Papa, retiró al último rey merovingio y se puso él mismo en el trono. Después de la muerte de Pepino en 768, Carlos heredó la parte norte del reino mientras que su hermano menor, Carloma, reinaba en el resto. Sin embargo, menos de tres años después, Carloma murió y Carlos tomó posesión de todo el reino.

El día de Navidad, en 800 d.C., el Papa León III lo coronó *Carolus Augustus*, emperador de los romanos, lo que lo convirtió en el primer Sacro Emperador Romano y fundador del Primer Reich.

Carlomagno reemplazó al Imperio Merovingio con el suyo. Los merovingios solían usar como símbolo una "Lanza Tribal" que transmitía al portador el poder de la vida y la muerte sobre el pueblo franco. Carlomagno reemplazó esta "Lanza Tribal" con su Lanza Cristiana, la Lanza Sagrada, que le daba el "derecho divino" de gobernar a los francos.

Eginhard fue un historiador franco que se convirtió en un gran favorito en la corte de Carlomagno. Escribió la biografía definitiva, *Vida de Carlomagno*. Ahí informó que su emperador "fundó su dinastía sobre la posesión de la Lanza Sagrada y su poder para controlar el destino".

De acuerdo a Eginhard, Carlomagno llevó la Lanza consigo en cada una de sus 47 campañas para asegurar la victoria. Informó que Carlomagno creía que ésta aumentaba sus poderes de clarividencia. Eginhard describió cómo la Lanza condujo a Carlos a descubrir el lugar de entierro de San Jacobo en España y con ella a anticipar sucesos futuros. Con la ayuda de la Lanza pudo ver batallas antes de que tuvieran lugar y así sabía cómo ganarlas. Aquí tenemos de nuevo evidencia documentada de que la Lanza daba visiones. ¿Un simple poder de creencia o una conexión real con lo sobrenatural?

A pesar de sus muchas batallas sangrientas, Carlos se ganó el apodo de El Grande, convirtiéndose así en Carlomagno, gracias a la sabiduría que mostró al gobernar su reino que mejoró las vidas de sus súbditos. Cientos de autores han escrito sobre eso en los últimos 1200 años, así que no es muy necesario revisarlo ahora. Excepto para sacar un paralelismo entre el gobierno de Carlomagno, con la Lanza, al principio del Primer Reich, y el de Adolfo al inicio (y al final) del Tercero.

Al final de la Primera Guerra Mundial, Alemania era casi el país más pobre en Europa. Se necesitaban carretillas completas de papel moneda para comprar una sola barra de pan. En toda Alemania y Austria la gente no tenía hogar y moría de hambre. Sin embargo, el genio de la eficiencia alemana y tal vez los murmullos místicos de la Lanza Sagrada, invirtió por completo esa situación. Sólo nueve años después de que los nazis tomaran el gobierno, Alemania era una superpotencia mundial bien desarrollada. También Carlomagno, con la Lanza en la mano, tomó sólo uno más de los reinos europeos, uno de cientos, y lo convirtió en el Sacro Imperio Romano, el superpoder dominante de su tiempo. ¿Coincidencia o Destino?

Se ha hablado mucho de otro lado de la leyenda de la Lanza... piérdela y mueres. Es el lado de la leyenda de la Lanza al que volveremos una y otra vez en este libro. Así sucedió con Carlomagno. En este caso con sucesos sobrenaturales particularmente extraños... Eginhard nos cuenta:

Durante toda la vida, el emperador vivió y durmió al alcance de su amado talismán. Sólo cuando la dejó caer de sus manos por accidente, mientras volvía de su campaña victoriosa final, sus súbditos correctamente lo vieron como un augurio de tragedia y su inminente muerte.

Eginhard dice que mientras volvía de Sajonia, de repente brilló un cometa cruzando el cielo. Por esto, el caballo del emperador respingó y lo tiró al suelo. La Lanza Sagrada, que había estado sosteniendo en su mano izquierda, salió de su mano y se alejó 6 metros. "Al mismo tiempo", continúa Eginhard, "sin que lo supiera Carlomagno, se produjeron temblores de tierra en el palacio real, en Aachen. La palabra Princeps misteriosamente se desvaneció de la inscripción de ocre rojo en lo alto de un poste central en que antes se leía: "Karolus Princeps". Carlomagno murió en Aachen poco después.

Los herederos de Carlomagno parecían tener poco interés en el poder de la Lanza, como el hijo del emperador Teodosio que la dejó caer en manos de Atila el Huno. De acuerdo a la leyenda, al final la intercambiaron, dejando que pasara en forma directa o indirecta al rey Athelstan. En total, se calcula que la Lanza pudo ser propiedad de 45 reyes y emperadores después de Carlomagno, antes de que la reclamara Adolfo Hitler.

Rey Athelstan

Winston Churchill dijo que los ingleses debían su existencia misma como nación a sólo tres batallas en la historia, la primera de las cuales la liberó en Brunanburgh el rey Athelstan, quien ganó con la ayuda de la Lanza Sagrada.

William de Malmesbury, el famoso cronista inglés, afirmó en su *Gesta Regum Anglorum* (1128) que Hugo Capet, el fundador de la tercera dinastía franca, le dio la Lanza Sagrada al rey Athelstan. Sin embargo, esto es improbable ya que Capet era sólo un niño en 937. La sugerencia era que la Lanza cruzó el canal de la Mancha a su nuevo hogar ese año.

Thomas Carlyle, el historiador victoriano, en el ensayo, *Primeros reyes de Noruega*, presentó la teoría de que la Lanza fue un presente del rey noruego, en pago por una "magnífica espada, con empuñadura de oro y elegantes adornos" que envió Athelstan, como señal de respeto.

Alec Maclellan, en su libro de 2004, *El secreto de la Lanza*, también descarta la hipótesis de Capet, pensando que era más probable que la Lanza llegara a Athelstan del germano Enrique I; aunque no explica su razonamiento.

Athelstan portó la Lanza, resplandeciente en sus colores, a la batalla de Brunanburgh, que estableció las fronteras de Inglaterra, las cuales han cambiado poco hasta la actualidad. La Lanza había estado a su lado durante toda la batalla. Historias de sus poderes sobrenaturales recorrieron todo el campo en la estela de su victoria. Athelstan puso la Lanza en exhibición como símbolo de su poder, primero en su cuartel del norte, en York, luego en Kingston-upon-Thames.

Athelstan nunca se casó, así que no tuvo hijos. Tenía varias hermanastras, a las que casó para formar alianzas con otros gobernantes europeos. Poco después de su muerte en Gloucester el 27 de octubre de 939, concertó el matrimonio de su hermanastra Edith con el rey germano Otón I, más tarde apodado "Otón el Grande". La dote de Edith incluía la Lanza del Destino. Para Otón, hubo un precio extra: tuvo que declarar sus pueblos de guarnición ciudades mercantes y permitir a los mercaderes británicos acceso a ellas. Se acordaron los términos y la lanza fue enviada a Mainz por una tropa de los soldados más leales de Athelstan, donde la entregaron a Otón. En su país, esto aseguró a Athelstan el apoyo de la clase mercante, mientras que a Otón se le llegó a conocer como el "Fundador del Pueblo" y ayudó a la economía a surgir de la Edad Media Baja.

Emperador Otón I (El Grande)

Otón fue el segundo de los Sacros Emperadores Romanos. De acuerdo al historiador Liutprando, Otón creía que la Lanza del Destino "representaba la esencia de su poder".

Con ella pudo mantener el control en todos los una vez problemáticos estados de Alemania e Italia, además de establecer el cristianismo en Escandinavia y en tierras eslavas. De la misma manera, simbolizaba su propia autoridad suprema y se le mantenía bajo guardia constante en un podio de la opulenta catedral que construyó en Magdeburg en 968. Su familia lo enterró ahí después de su muerte en 973.

Emperador Enrique IV

Enrique IV fue el tercer Sacro Emperador Romano Germano. Fue hijo del rey Enrique III, el cual murió cuando Enrique IV tenía sólo 6 años de edad. Su madre, la emperadora Inés gobernó en su lugar hasta 1070 cuando ascendió al trono.

La primera campaña de Enrique fue tratar de romper el poder de los nobles sajones, pero sus métodos de manos ensangrentadas condujeron a un levantamiento que aplastó a sus fuerzas en 1074. De acuerdo a un estudio de la vida de Enrique escrito por el historiador Friedrich Floto (en 1855), Enrique se armó con "la Lanza de Cristo" y derrotó a sus enemigos en Hohenburg.

En 1075 estaba de vuelta en la lucha cuando empezó la *Controversia de la Investidura* al insistir en que tenía el derecho a nombrar a miembros del clero, en particular a los obispos. Esto tuvo como resultado la excomunión por parte del Papa Gregorio VII en febrero de 1076. Logró hacer que el Papa rescindiera la sentencia, pero sólo después de que el Papa lo forzara a caminar descalzo de su corte en Canossa a Roma. Por desgracia para Enrique, ese acto de contrición sólo lo lleno del deseo de venganza... de lo que se enteró pronto el Papa y de nuevo lo excomulgaron. En 1084, dirigió un ejército grande sobre los Alpes y puso sitio a Roma. Después de que cayó la ciudad, se declaró Emperador.

Como parte de las preparaciones para la coronación, Enrique ordenó que fuera llevada la Lanza Sagrada a Roma. De acuerdo a Floto, convocó al más fino joyero en Italia y le dio instrucciones para hacer dos adiciones a la reliquia. La primera fue integrar un "clavo sagrado" a la hoja. Se decía que éste procedía de la cruz en que habían crucificado a Cristo. La segunda fue rodearla con una banda de plata que tenía la inscripción: *Clavus Dominicos*: "Clavo de Nuestro Señor".

La presencia de la Lanza, con la adición del clavo, en la coronación de Enrique, causó sensación. La noticia de que con esto se había duplicado el poder de la Lanza se extendió por Europa. Sin embargo, nunca se presentó una reivindicación de la autenticidad del clavo y si el resto del gobierno de Enrique es algún tipo de señal, el poder de la Lanza no aumentó con la adición... de hecho, pudo haber disminuido.

Mientras Enrique estaba en Roma, tres rivales competían por su trono en Alemania. Pudo suprimirlos, pero entonces uno de sus propios hijos, Conrado, desafió su autoridad. A Conrado pronto lo siguió otro de los hijos de Enrique, también llamado Enrique, quien tomó prisionero a su padre y lo obligó a abdicar. El Enrique de más edad escapó por poco con vida, huyendo a Lieja, donde murió, muy desalentado, el 7 de agosto de 1106.

Princesa Inés

Enrique dio la Lanza, en su lecho de muerte, a su amada hija Inés, que fue la única en mantenerse leal a él. De ella la Lanza pasó a la muy influyente familia Hohenstaufen, donde se casó con su mayor vástago, Federico I, llamado *Barbarossa*, o "Barba Roja" en honor a su larga e impresionante barba castaña rojiza.

Federico Barbarossa

Federico fue el cuarto Sacro Emperador Romano. Federico I fue tan amado por su pueblo que se decía: "Alemania y Federico Barbarossa son uno de los corazones de los germanos".

Surgió una leyenda después de su muerte de que no había muerto, sino que se encontraba dormido, con un cuadro de sus caballeros en la montaña Kyffhauser, en Sajonia, esperando a que lo convocaran: "Cuando los cuervos dejen de volar alrededor de la montaña, Barabarossa se despertará y restaurará a Alemania su antigua grandeza". Algunas versiones de la leyenda afirman que la Lanza Sagrada todavía está sujeta en su mano derecha, mientras otros dicen que es su gran espada para dos manos.

La vida, y la muerte, de Barbarossa iban a tener un efecto que cambiaría el mundo en todas las generaciones de alemanes desde su tiempo. Entre los afectados estaba Adolfo Hitler, quien idolatraba a Barbarossa. Hitler llamó a su escondite en las montañas Ober Salzburg "Barbarossa" y dio el nombre código "Operación Barbarossa" a su invasión a Rusia en 1941.

Federico nació en 1125, hijo de Federico de Hohenstaufen, duque de Suabia, y su esposa, Judith de Baviera, de la dinastía rival Guelph. Fue la ascendencia de Federico de dos de las más poderosas familias en toda Europa lo que lo hizo una elección aceptable como heredero al trono. A los 25 años de edad, heredó el título de su padre. Apenas cinco años después, dejó de lado a su tío, Conrado III, como Sacro Emperador Romano el 4 de marzo de 1152. La adulación de Hitler a Barbarossa se ve de nuevo en el nombre que puso a su posesión antártica, *Neuschwabenland* (Nueva Suabia) en su honor.

La vida y el reinado de Federico iban a resultar una larga lucha interminable con problemas en el interior, inquietud cívica en Lombardía y disputas con el Papa en Roma. En 1177 reconoció el papado de Alejandro III con una ceremonia en la que se exhibió la Lanza Sagrada ante las masas. De acuerdo a un documento contemporáneo: "En Venecia, Federico Barba Roja se arrodilló con la Lanza en las manos y besó los pies del Papa que una vez había derrotado".

En 1187, los musulmanes bajo las órdenes de Saladino habían vuelto a tomar Jerusalén después de que había estado en manos cristianas por casi 90 años. Al enterarse de la noticia, Federico formó la Tercera Cruzada, dirigiendo a más de 150 000 hombres del Imperio Germano, acompañados por otros dos grandes reyes cristianos, Felipe Augusto de Francia y Ricardo I de Inglaterra. Estos cruzados enfrentaron y derrotaron a las fuerzas infieles en dos grandes batallas en Philomelium e Iconium. Poco después de estas batallas, le sobrevino la muerte a Federico por una desgracia.

Mientras su ejército estaba cruzando un pequeño puente sobre el río Saleph en Cilicia (sur de Turquía), se impacientó y galopó con su caballo directo al agua. La corriente era más fuerte de lo que esperaba y caballo y jinete fueron arrastrados al instante. Su pesada armadura lo dejó imposibilitado y se ahogó antes de que la ayuda pudiera llegar a él.

Un informe contemporáneo del accidente declaraba: "Cuando estaba cruzando la corriente, la Lanza Sagrada cayó de sus manos en el momento mismo de su muerte. Su cuerpo fue recuperado y enterrado en San Pedro, en Antioquía".

Nunca se registró lo que sucedió a la lanza. No reapareció de nuevo por otros 200 años y para entonces era sólo una lanza.

Los Caballeros Templarios y la Lanza Sagrada

Como leíste en el capítulo anterior, Adolfo Hitler y su círculo eran miembros de varios cultos y sociedades secretas de los siglos XIX y XX. Muchos de ellos eran ramas de asociaciones más antiguas, que a su vez pudieron haber sido de fraternidades más antiguas. Un tema central en cualquier discusión de las sociedades secretas modernas, de la Lanza del Destino o de la búsqueda del Santo Grial, es el de los Caballeros Templarios.

Originalmente publicado en *Piratas y la flota perdida de los Templarios*, el autor y editor David Hatcher Childress contribuyó gentilmente lo siguiente a nuestra investigación:

El origen de los Caballeros Templarios

La búsqueda de los Caballeros Templarios es una narración tan fascinante como nos puede proporcionar la historia. Se ha asociado a los Caballeros Templarios con todo tipo de actividades sorprendentes, entre las que está el Arca de la Alianza, el Santo Grial, una flota secreta que navegaba los océanos y una confianza en ellos mismos y un valor imponentes que hacían que sus enemigos les temieran.

A pesar de su reputación aterradora y endurecida por las batallas, los Caballeros Templarios eran hombres educados, dedicados a proteger viajeros y peregrinos de todas las religiones, no sólo cristianos. Fueron grandes estadistas, comerciantes expertos en política y al parecer estuvieron aliados con la gran fraternidad de navegantes que creó un imperio comercial de todo el mundo en tiempos de los fenicios.

A pesar de enorme publicidad negativa contra los templarios en el momento de su supresión, todavía se les conoce en la actualidad como conservadores de conocimiento y objetos sagrados. Mientras que se dice que el origen de los Caballeros Templarios se remonta a la construcción del Templo del Rey Salomón por parte de canteros fenicios de Tiro, o incluso a la Gran Pirámide y Atlántida, encontramos su inicio en la historia moderna en el periodo de las Cruzadas en la Edad Media.

En su libro, Los Misterios de la catedral de Chartres, el arquitecto francés Louis Charpentier afirma que los Caballeros Templarios construyeron Chartres como depósito de la sabiduría antigua, un almacén que es igual a Stonehenge, el Templo de Salomón o la Gran Pirámide de Egipto. También afirma que el conocimiento especial respecto al Templo en Jerusalén fue obtenido por el grupo fundador de nueve caballeros durante su residencia en el Templo de Salomón empezando en 1118 d.C. En ese año se registró históricamente que nueve caballeros "franceses" se presentaron ante el rey Balduino II de Jerusalén, rey cristiano, y explicaron que planeaban formar una compañía con un plan para proteger a los peregrinos de ladrones y asesinos en las vías públicas que conducían a Jerusalén. El rey Balduino II había sido prisionero de los sarracenos y conocía su desunión. Facciones como la de los asesinos también estaban activas en la política musulmana.

Los caballeros pidieron que se les albergara en cierta ala del palacio, ala que resultó estar contigua a la mezquita del Domo de la Roca que se había construido en el sitio del Templo de Salomón. El rey les concedió su petición y nació la orden de los Pobres Soldados de Cristo del Templo de Salomón (o Caballeros Templarios). Diez años después los caballeros se presentaron ante el Papa, quien dio su aprobación oficial a los Caballeros Templarios.

Aunque habían sido sólo nueve caballeros misteriosos, un décimo se les unió, el cual era el conde de Champaña, un importante noble francés. De hecho, ninguno de los caballeros "pobres" parecía ser pobre, ni eran todos franceses.

Varios procedían de importantes familias francesas y flamencas. De los diez caballeros originales, no se ha identificado por completo a cuatro, aunque se saben sus nombres.

Las filas de los Caballeros Templarios crecieron con rapidez. Cuando un noble se unía a sus filas, entregaba su castillo y propiedades a los Caballeros, que empleaban los ingresos producidos por la propiedad para comprar armas, caballos de guerra, armadura y otros suministros militares. Otros nobles y reyes que no eran miembros a menudo les daban presentes de dinero y tierras. El rey Esteban de Inglaterra contribuyó su valiosa casa solariega inglesa de Cressing en Essex. También hizo arreglos para que miembros de alto nivel de los Caballeros visitaran a nobles de Inglaterra y Escocia. Para 1133, el rey Alonso de Aragón y Navarra (norte de España), que había combatido a los moros invasores en 29 batallas, dejó en testamento su reino a los templarios. Sin embargo, los templarios no pudieron reclamar el reino por la victoria mora en España.

El Papa Eugenio decretó que los Caballeros Templarios y sólo los Caballeros Templarios usarían una cruz roja especial con brazos romos y de forma de cuña (llamada la cruz patada) en el pecho izquierdo de sus mantos, de manera que los cristianos y otros templarios pudieran reconocerlos con facilidad en cualquier momento en el campo de batalla. Los mantos blancos con cruces rojas se convirtieron en su vestidura requerida. Los caballeros guerreros combatieron con valor en Medio Oriente y eran muy respetados por sus contrapartes musulmanas por su estrategia y valor. De hecho, muchos templarios habían nacido en Palestina, hablaban un árabe perfecto y estaban familiarizados con toda secta, culto y doctrina mágica religiosos. Por ejemplo, el gran maestro Philippe de Nablús (1167 d.C.) era sirio.

Con la ayuda del brillante abate francés Bernardo de Claraval, los caballeros, dirigidos por el conde Champaña, llegaron a establecerse adecuadamente. Los templarios demostraron ser un grupo muy exitoso, distinguiéndose en el campo de batalla y al amasar una gran fortuna. Pero, ¿cuál era en realidad su finalidad? Charpentier compara la misión de la banda original de Caballeros Templarios con un asalto de comando en el antiguo Templo de Salomón con el propósito de descubrir sus secretos de ingeniería, y tal vez recuperar un tesoro perdido, como el Arca de la Alianza, que pudo haber estado oculta en la profundidad, en un extraño sistema de cavernas bajo el templo. De hecho, con el dinero que acumularon, los templarios construyeron la magnífica y misteriosa catedral en Chartres. Más adelante, se construyeron otras iglesias en toda Europa y se volvieron comunes las inscripciones de los "Maestros Cantoneros".

Incorporados en la catedral de Chartres se encuentran unas hermosas ventanas de vitral, en las que muchos de los colores son difíciles o imposibles de duplicar en la actualidad. Ocultos en la catedral se encuentran varios "codos" de medición antiguos, además de dispositivos esotéricos como el famoso Laberinto de Chartres y otras herramientas visuales como la geometría sagrada, para transformación personal... un tipo de alquimia personal del alma. Incluida en las imágenes estaba la búsqueda del Santo Grial. ¿Los templarios estaban dedicados a una búsqueda así? Parece poco probable que los Caballeros del Templo de Salomón se hubieran formado para proteger a los peregrinos en el camino a Jerusalén, porque ya existía una orden de Caballeros así. Eran los Caballeros Hospitalarios de San Juan, que más adelante se convertirían en los Caballeros de Malta.

Los Caballeros Hospitalarios de San Juan

Los Caballeros Hospitalarios de San Juan de Jerusalén (por lo general conocidos como Caballeros de San Juan), fueron fundados en Amalfi, Italia, en el siglo XI. Fueron a Jerusa-

lén para proteger y cuidar a los peregrinos cristianos, pero pronto extendieron su misión a atender a los enfermos y los pobres en toda Tierra Santa.

Conforme pasaban los años, los Caballeros de San Juan se volvieron cada vez más militantes y, hablando en general, combatieron junto a los místicos Caballeros Templarios y la orden germánica de los Caballeros Teutónicos de Santa María.

Con la caída de Jerusalén en 1187, los Caballeros de San Juan retrocedieron a Acre. Después de la caída de Acre, los Caballeros se mudaron en 1309, primero a Chipre y luego a Rodas. Como la base principal para los cruzados en su lucha con el Imperio Otomano, Rodas era fortaleza, prisión y base de suministros para los barcos y los ejércitos en su camino a Palestina y Asia Menor.

En 1481, cuando el sultán otomano Mehmed Fatih no aclaró la cuestión de la sucesión del Imperio Otomano y su reciente poder, se produjo una batalla entre sus dos herederos en Bursa y Cem fue derrotado por su hermano Beyazid. Cem huyó a Egipto pero le negaron el asilo los mamelucos que controlaban ese país para los otomanos.

Cem dio el paso irreversible de huir a Rodas donde se entregó a los archienemigos de los otomanos, los Caballeros de San Juan. Con su hermano ahora en manos del ejército cruzado, Beyazid sabía que estaba en problemas y el Imperio Otomano tuvo que responder con rapidez.

Beyazid astutamente se puso en contacto con los Caballeros de San Juan y negociaron un contrato para pagar 45 000 ducados de oro anuales, una enorme suma en ese tiempo, en pago por mantener prisionero a su hermano en Rodas y más adelante en la Torre Inglesa del castillo de Bodrum, en tierra firme turca. Al final, los caballeros entregaron su valioso prisionero al Vaticano, donde se hizo una interesante oferta a Cem: dirigir un ejército de cruzados para volver a apoderarse de Estambul (Constantinopla).

Para detener esta amenaza final de su caprichoso hermano, Beyazid no reparó en gastos, pagando al Vaticano 120 000 ducados de oro y diversas reliquias sagradas de Jerusalén, incluyendo la famosa "Lanza del Destino". Según informes, la Lanza del Destino era la Lanza del centurión romano Longinos que se empleó para atravesar el costado de Jesús mientras estaba en la cruz. Otro artefacto que ofreció fue la "esponja del último refresco". Era la esponja que se empleó para humedecer los labios de Jesús.

Según leyendas el poseedor de la Lanza del Destino tenía el poder para gobernar al mundo. Adolfo Hitler lo creía y retiró la Lanza del museo de Viena cuando los nazis se apoderaron de Austria.

Con este considerable pago, el Papa abandonó a Cem y los planes para que condujera un ejército contra Estambul. Cem murió solo en la prisión de Terracina en 1495. Corrieron rumores de que fue envenenado. En la actualidad, Cem es apenas una nota a pie de página en la historia, una víctima de las maniobras diplomáticas que llevaron la Lanza del Destino a Occidente.

Los Caballeros se quedaron en Rodas por 213 años, transformando la ciudad en una poderosa fortaleza con muros de 12 metros de espesor. Resistieron dos ofensivas musulmanas en 1444 y 1480, pero en 1522 el sultán Solimán el Magnífico organizó un ataque masivo con 200 000 soldados.

Apenas 600 caballeros con 1 000 mercenarios y 6 000 habitantes de Rodas al final se rindieron después de un prolongado sitio, cuando se les garantizó paso seguro fuera de la ciudadela. Por un breve periodo, los Caballeros de San Juan estuvieron sin una base importante hasta 1529 cuando Carlos V, nieto de Fernando e Isabel de España, les ofrecieron Malta como base permanente. En ese año, los Caballeros de Malta, como se llamaron poco después, empezaron a construir fortificaciones alrededor del Gran Puer-

to de La Valeta, el mayor puerto de Malta. En 1565, la flota otomana llegó a Malta y de inmediato atacó las fortificaciones.

Con 181 barcos que transportaban una dotación de más de 30 000 hombres, la flota bombardeó la fortaleza con más de 7 000 disparos de municiones todos los días por más de un mes y al final se apoderaron de San Elmo. Pero los marineros turcos habían sufrido muchas bajas y no pudieron tomar los otros fuertes muy defendidos que estaban alrededor de la bahía y en el interior de la isla. La noticia de que llegaban refuerzos de la Sicilia causó que los turcos retrocedieran de la isla y terminó el Gran Sitio.

Los Caballeros de San Juan cambiaron su nombre al de Caballeros de Malta y se dice que eran fanáticamente leales al Vaticano y al parecer, el Papa los empleaba como sus cruzados y soldados personales. Otras órdenes, como los Caballeros Templarios y los Caballeros Teutónicos, eran mucho más independientes. Incluso se dice a veces que los Caballeros de San Juan en Malta eran una sociedad secreta para el Vaticano.

Fue Napoleón quien al final terminó con el gobierno de los Caballeros en Malta. Los Caballeros habían enviado dinero a Luis XVI y cuando fue ejecutado el rey francés, Napoleón negó cualquier ingreso francés a los Caballeros de San Juan en Malta.

Los Caballeros de Malta recurrieron entonces al zar ruso Pablo I, quien ofreció fundar una Liga Ortodoxa de los Caballeros de San Jacobo. Este trato con el zar ruso hizo enojar en particular a Napoleón.

Napoleón navegó a Malta y ancló apenas a las afueras del Gran Puerto en junio de 1798. Cuando los caballeros le negaron la entrada, empezó a bombardear la fortaleza. Después de dos días de bombardeos, los franceses desembarcaron y dieron a los caballeros cuatro días para marcharse, terminando así con su presencia de 268 años en la isla.

El Papa restauró el cargo de Gran Maestro en 1879 y a los Caballeros de Malta, aunque nunca volvieron a Malta. Esta vez, tenían oficinas en Roma y otras ciudades de Europa (por ejemplo, Praga y Viena). Incluso aunque no tenían territorios reales, todavía los reconocen como estado separado 40 o más países de todo el mundo, de la misma manera que los reconoce el Vaticano.

El tesoro de los Caballeros Templarios

Es importante no confundir a los Caballeros Templarios con los Caballeros de Malta, como hacen muchos lectores y algunos historiadores. Los Caballeros Templarios son muy diferentes a otros cruzados y se decía que incluso a veces peleaban contra los otros, incluso en Tierra Santa.

Charles Addison, abogado de Londres que escribió sobre los templarios en su libro de 1842, La Historia de los Caballeros Templarios, menciona en las primeras páginas cómo era común la creencia de que los templarios estaban enfrentados al Vaticano y a su brazo militar, los Caballeros de San Juan. Addisson niega las acusaciones pero demuestra que los rumores existieron.

No es demasiado exagerado creer que los Caballeros Templarios se opusieron en secreto a la Iglesia desde su inicio. Como preguntamos antes, ¿cuál era su misión real? Si en verdad deseaban proteger a los peregrinos en Tierra Santa, ¿por qué no sólo se unieron a la orden de San Juan, que ya existía?

Como se mencionó arriba, algunas personas creen que los Caballeros Templarios eran la versión de la Edad Media de una sociedad que tuvo su inicio mucho antes. ¿Era el propósito de esta sociedad ocultar y conservar artículos, documentos y conocimientos en verdad valiosos, de los tejemanejes de los cambiantes poderes temporales? Si fuera así, sería lógico suponer que los caballeros seguían su propia agenda... que podría variar mucho de la de la Iglesia

Católica Romana en esa era, lo que parecería haber sido establecer su hegemonía, acumular tanto dinero como fuera posible y causar temor a la gente.

Por cientos de años se han producido rumores de que los Caballeros Templarios no eran sólo defensores de la verdadera fe, sino que también eran los guardianes del Santo Grial. Se decía que el Santo Grial era el más sagrado de los artefactos religiosos. Existen muchas versiones de la leyenda, y existen dos interpretaciones claramente diferentes respecto a lo que era el Santo Grial. Algunos dicen que es el cáliz empleado por Cristo en la Última Cena. Otros dicen que Jesús y María Magdalena estaban casados y tuvieron descendientes. El Santo Grial (o Sangreal) protegido por los templarios era el linaje genético de sangre de Jesús, portado por sus herederos. Una versión del cáliz del Santo Grial dice que San José de Arimatea llevó la copa, que se había empleado para reunir la sangre que salió de las heridas de Cristo, a Inglaterra. Una versión galesa de la historia del Grial dice que dejó la reliquia sagrada en Glastonbury, de donde llegó al rey Arturo y los Caballeros de la Mesa Redonda. Las historias de la Sangreal-Santa Sangre describen la huida de la sagrada familia, después de la crucifixión, en el norte de Francia, donde la línea de sangre continuó a través de los reyes merovingios. E incluía reyes merovingios tan famosos como Dagoberto y Childerico.

Lo que sea que se crea sobre la verdadera misión de los Caballeros Templarios, el hecho histórico de su persecución sique siendo lo mismo, y se puede explicar como algo que surge de la simple codicia.

Durante los 180 años de las Cruzadas, la riqueza de los templarios creció hasta ser una enorme fortuna. Poseían más de nueve mil casas solariegas y castillos en toda Europa, todos los cuales estaban libres de impuestos. Cada propiedad era cultivada y producía ingresos que se empleaban para apoyar el mayor sistema bancario de Europa, que ellos establecieron. La riqueza y el poder de los templarios causaron sospechas y celos en algunos miembros de la nobleza europea. Se esparcieron rumores difamadores de rituales secretos y veneración del diablo.

Después de la derrota de los cruzados en el este del Mediterráneo, los templarios se cambiaron de Jerusalén a los Pirineos con su cuartel en París. Su principal base naval fue La Rochelle, un puerto francés cerca de los Pirineos. Los Caballeros Templarios actuaban en muchos países europeos e islas del Mediterráneo con fuertes vínculos con Portugal, Francia, Holanda, Inglaterra y Escocia.

Su principal base de operaciones era el sur de Francia y Catalunya, el área de los cátaros y los reyes merovingios. Barcelona, la capital de Catalunya, fue originalmente un puerto fenicio y esta área en la frontera de España y Francia se ha considerado por largo tiempo como un estado, pueblo y cultura separados del resto de España. La población habla su propio idioma, el catalán, lenguaje que pudo haberse originado en el antiguo fenicio.

Fuera de Barcelona está la montaña llamada Montserrat, sitio de peregrinaje religioso por largo tiempo, tal vez remontándose a un periodo incluso anterior a la era cristiana. Se eleva a 1236 metros sobre la planicie costera y al final se convirtió en el emplazamiento de un célebre monasterio benedictino. Fue en Montserrat que San Ignacio de Loyola hizo votos de dedicarse a una vida religiosa.

De acuerdo a la Enciclopedia Multimedia Grolier (1997), en la Edad Media se pensaba que Montserrat había sido el sitio del Santo Grial. La enciclopedia dice: "el monasterio contiene la Ermita de Nuestra Señora de Montserrat (La Moreneta), una estatua de madera que se dice fue tallada por San Lucas. Durante la Edad Media, el monasterio fue el hogar del Santo Grial".

De hecho, existe cierto misterio que rodea a Montserrat. El monasterio hace un licor de almendra llamado Aromes del Montserrat que emplea como logotipo el pico de una montaña escarpada con una caja y una cruz en la cumbre.

Cuando visité el monasterio con un grupo de turistas, me preguntaba si la caja en la cima de la montaña era la legendaria Arca de la Alianza, una caja de madera y metal que contenía las sagradas reliquias del Templo en Jerusalén. ¿Fue llevada el Arca de la Alianza y, más adelante, el Santo Grial, a un complejo de cavernas secreto en las montañas de Montserrat? La leyenda dice que una Hermandad secreta de Esenios se dirigió a Catalunya y Montserrat en los primeros siglos después de Cristo. Esta hermandad secreta construyó una red de cavernas subterráneas, castillos y monasterios en las montañas de los Pirineos en la frontera del sur de Francia y España. ¿Los templarios se dirigieron a esta área con el fin de proteger estas reliquias?

La persecución de los Caballeros Templarios

Lo que es cierto es que el rey Felipe IV de Francia mostraba cada vez mayor envidia por la popularidad y riqueza de los templarios, y era responsable por muchos de los rumores difamatorios que se esparcieron sobre ellos. Felipe IV se había refugiado una vez de una multitud iracunda en París en el cuartel templario de ahí. Los templarios dieron refugio a Felipe IV de la muchedumbre, pero se dice que el rey vio la magnificencia del tesoro templario y la deseo para él. Su nación estaba en bancarrota, era un rey débil que era impopular con el pueblo y sabía que los templarios eran más poderosos y ricos de lo que él era.

El rey Felipe IV fue a Roma en 1307 para convencer al Papa Clemente V que los Caballeros Templarios no eran defensores santos de la fe católica, sino que buscaban destruirla. El 13 de octubre de 1307, el rey Felipe ordenó ataques simultáneos en todos los prioratos templarios en su país. En los siguientes días y semanas, fueron capturados cientos de caballeros, incluyendo al Gran Maestre de la Orden, Jaques de Molay.

Empezaron a arrestar a los templarios de toda Europa y a atormentarlos para arrancarles confesiones de herejía. Torturaron a todos los templarios que fueron capturados, a veces por meses y años continuamente, con el fin de hacer que divulgaran el secreto del Santo Grial y su paradero. El Gran Maestre, Jaques de Molay, recibió atención especial y sufrió años de agonía. Pero se dice que ninguno de los templarios reveló la información deseada.

En 1312, Felipe presionó al Papa Clemente V para disolver la Orden en toda Europa a pesar de que ya la había aplastado con efectividad en Francia. Al final se emitió una bula papal suprimiendo la Orden.

Para ese momento, los hombres del rey fueron a los castillos templarios y encontraron muchos abandonados. Los que fueron arrestados fueron enjuiciados y encontrados culpables de pecados contra Dios. En 1314, Jaques de Molay que había sufrido en los calabozos de Felipe por siete años (lo habían cegado con hierros al rojo vivo que le clavaron en los ojos, habían hervido en aceite sus genitales y los habían arrancado con cordones, habían roto o dislocado la mayor parte de sus huesos en el potro) enfrentó su último tormento: lo asaron vivo a fuego lento por orden del rey y del Papa. Nunca fue olvidada esta destrucción bárbara de un ser humano y en la actualidad el nombre de de Molay sigue vivo, 700 años después, como el título de un grupo juvenil masónico.

Las otras "lanzas sagradas"

La Lanza del Destino a que David Hatcher Childress hace referencia en lo anterior no puede ser la misma Lanza venerada por Hitler.

De acuerdo a *La Enciclopedia Católica:*

En el Evangelio de San Juan leemos que, después de la muerte de Nuestro Salvador, "uno de los soldados le abrió el costado con una lanza, y luego salió sangre y agua". Nada se sabe de esta arma santificada hasta la descripción que hizo San Antonino de Piancenza (570 d.C.) de los santos lugares de Jerusalén, donde nos dice que en la Basílica del Monte Sión vio "la corona de espinas con la que Nuestro Señor fue coronado y la Lanza con la que fue herido en el costado".

En el año 615, Jerusalén fue tomada por un teniente del rey persa Chosroes. Las sagradas reliquias de la Pasión cayeron en manos de los paganos y, según el "Chronicon Paschale", la punta de la Lanza, que estaba partida, fue donada el mismo año a Nicetas, quien la llevó a Constantinopla y la depositó en la iglesia de Santa Sofía. Esta punta de la Lanza, colocada en una "yeona" o icono, fue regalada siglos después (en 1244) por Baldwin a San Luis, quien la engarzó con la Corona de Espinas (q.v.) en la Sainte Chapelle. Durante la Revolución Francesa estas reliquias fueron trasladadas a la Biblioteca Nacional de París y, aunque la corona se ha preservado hasta nuestros días, la otra reliquia ha desaparecido.

En cuanto a la segunda y parte más grande de la Lanza, Arculpus, alrededor del año 670, la vio en Jerusalén, donde debió haber sido restituida por Heraclius, pero entonces era venerada en la iglesia del Santo Sepulcro. Después de esta fecha, no oiremos hablar de ella a ningún peregrino de Tierra Santa. Por ejemplo, San Willibald, quien llegó a Jerusalén en 715, no la menciona. En consecuencia, hay razones para creer que la reliquia mayor así como la punta habían sido llevadas a Constantinopla antes del siglo X, posiblemente al mismo tiempo que la Corona de Espinas. De todos modos, su presencia en Constantinopla parece ser atestiguada claramente por varios peregrinos, especialmente rusos, y aunque en lo sucesivo fue depositada en varias iglesias, es posible seguir su rastro y distinguirla de la reliquia de la punta. Fuese la que fuese, la reliquia de Constantinopla cayó en manos de los turcos y en 1492, bajo circunstancias minuciosamente descritas en "Historia de los Papas", de Pastor, el Sultán Bajazet la envió a Inocencio VIII para ganarse sus favores en el asunto de su hermano Zizim, prisionero del papa. Desde entonces, esta reliquia nunca abandonó Roma, donde se conserva bajo la cúpula de San Pedro.

Tampoco es la única lanza, cabeza de lanza u objeto similar que se afirme sea *la* Lanza del Destino.

En Etschmiadzin, en Armenia, los sacerdotes protegen celosamente su Lanza Sagrada, que en ningún sentido estricto fue una lanza, sino más bien la punta de un estandarte (un asta). El cruzado Peter Bartholomew la descubrió en circunstancias muy cuestionables. Afirmó que en un sueño San Andrés le dijo que excavara para sacar la reliquia. Es curioso que Alec Maclellan en su libro de 2004, *El secreto de la Lanza*, favorezca ésta como la *verdadera*, posición que rechazamos.

En Cracovia, Polonia, existe otra Lanza más, aunque se reconoce como una copia de la llamada *Lanza de San Mauricio* que Hitler reclamó en 1938.

Y, como mostraremos, la lanza sometida a pruebas por el doctor Feather no es la verdadera *Lanza de San Mauricio*, sino una falsificación brillante.

Rey Carlos IV de Bohemia

Carlos fue hijo de Juan de Luxemburgo, el extraordinario rey ciego de Bohemia. A pesar de perder la vista a los cuarenta y tantos años, Juan dirigió una campaña de conquista en Austria e Italia. Al final cayó en la batalla de Crécy el 26 de agosto de 1346, mientras combatía junto con los franceses contra el rey inglés Eduardo III. Hicieron a Carlos rey de Bohemia con la muerte de su padre.

Menos de un año después de ascender al trono tenía a toda Alemania bajo su control. Luego se lanzó a cumplir una ambición extraordinariamente iluminada: crear el mejor centro de arte y literatura en Europa. Envió a una multitud de cortesanos por toda Europa para buscar artefactos preciosos y documentos raros para añadir a su colección.

De acuerdo a una monografía de su vida por parte de sir W. Stirling-Maxwell, la Lanza Sagrada llegó a su poder cuando:

> *En un monasterio cisterciense en las montañas de Tirol, sus hombres descubrieron una Lanza antigua. Bajo amenaza, los monjes admitieron que era la misma arma con que el centurión en el Calvario había atravesado el costado de Cristo en el momento de su muerte. Los hombres se apresuraron a volver con su botín para el encantado rey.*

No está registrado cómo terminó la Lanza en el Tirol. Carlos, al ver el clavo de la crucifixión y la banda de plata añadida por Enrique IV, lo aceptó como el artículo genuino. No contento con sólo poseer la Lanza, decidió fortalecer la reliquia, que para entonces estaba muy delicada. Hizo que pusieran una nueva funda de oro sobre la antigua y empañada de plata. Dio instrucciones para que en esa funda se escribiera una nueva leyenda; "Lanza y Clavo del Señor". Luego hizo que la pusieran en exhibición en su capitolio en Praga.

De acuerdo a sir W. Stirling-Maxwell, Carlos:

> *...envió emisarios ante el Papa respecto a su descubrimiento. Pidió al pontífice que declarara una Fiesta de Longinos anual y que comisionara una nueva liturgia y misa para conmemorar el día. El Papa dio su consentimiento y la lanza de nuevo se convirtió en la pieza central de una corte real.*

La Lanza se puso en exhibición y se mantuvo así la mayor parte de los siguientes 500 años. Pretendientes al trono llegaron y pasaron pero la Lanza se mantuvo a la vista, en un lugar u otro, hasta que se envió a esconder para evitar que Napoleón Bonaparte la reclamara en 1796. La Lanza se quedó en Praga hasta 1424, cuando el Sacro Emperador Romano Segismundo la hizo trasladar a Núremberg.

Sacro emperador romano Segismundo

En 1411 hicieron sacro emperador romano a Segismundo, descendiente de Carlos IV. En ese tiempo convenció al Papa Juan XXIII de convocar el Concilio de Constanza. El Concilio fue convocado aparentemente para terminar con el cisma del reformador bohemio John Huss. Por desgracia para Huss, el rey descuidó asegurar la protección del reformista en el Concilio. Huss fue secuestrado por asesinos que lo quemaron vivo. Segismundo temía represalias de los seguidores de Huss y también temió por la seguridad de la Lanza. En 1424 anunció: "Es la Voluntad de Dios que la Corona, el Orbe, el Cetro, las Cruces, la Espada y la Lanza imperiales del Sacro Imperio Romano nunca abandonarán el suelo de la Patria". Esta declaración tendría repercusiones en el siglo XX y tal vez en el XXI. A esta colección de reliquias se le conoce en conjunto como *Reichkleinodien* o Atributos de la Realeza.

Se mudaron de Praga a Núremberg con un subterfugio maravilloso... los ocultaron bajo una pila de pescados en una carreta simple acompañada por sólo cuatro hombres. Una vez en Núremberg los llevaron al Hospital del Espíritu Santo. Ahí se hizo una vitrina de madera con relieves de plata para la Lanza. Se colgó de las vigas de la iglesia para mantenerla segura de dedos avariciosos. Ahí se mantuvo la Lanza para que todos la vieran, aunque de cierta altura.

Una vez al año se bajaba y exhibía en el altar para beneficio de los peregrinos. Con los siglos se acumuló un verdadero museo de Ripley de reliquias sagradas, incluyendo un diente de Juan el Bautista, un hueso del brazo de Santa Ana y lo que se afirmó era un pedazo de madera del pesebre en que el bebé Jesús durmió.

También creció el número y celebridad de los peregrinos que iban a ver las reliquias sagradas. Entre ellas estaba la reina Isabel de España, que envió a un emisario con un pedazo de muselina que deseaba que cortara la punta de la Lanza con la esperanza de hacer una reliquia sagrada por derecho propio. El conde Fernando de Austria también envió a uno de sus cortesanos con un barril de su vino, con la esperanza de que un presente apropiadamente generoso conseguiría el permiso de hacer que se metiera la Lanza en el barril... estaba convencido que al beber de este vino con infusión mágica conseguiría parte de los poderes de invencibilidad de la Lanza.

Napoleón Bonaparte

La Lanza continuó colgando en la iglesia hasta que el ejército de Napoleón Bonaparte se aproximó a Núremberg en la primavera de 1796. Muchos estaban aterrados de que Napoleón se apoderara de la Lanza y la reclamara. Quienes creían en su poder estaban seguros que con la Lanza del Destino en sus manos, nada podría detener a Napoleón... que en verdad gobernaría al mundo.

Los concejales de la ciudad decidieron transferir el *Reichkleinodie* a Viena para protegerlo. Se confió la colección de reliquias al barón von Hugel, un enviado imperial de Regensberg. Prometió devolver los objetos en cuanto se restaurara la paz y se garantizara su seguridad. No perdió tiempo en llevar los preciados artefactos al otro lado de la frontera, a Austria. Logró mantenerlos seguros, de todos, al desaparecer.

El Sacro Imperio Romano se disolvió oficialmente en 1806, terminado así el Primer Reich. El barón von Hugel aprovechó la confusión respecto a quién era el propietario legal del *Reichkleinodie* y vendió la colección completa, incluyendo la Lanza, a los Habsburgo. Eran la familia imperial austriaca y habían gobernado sin interrupción desde 1440.

La perfidia del barón von Hugel no salió a la luz hasta después de la derrota de Napoleón en Waterloo. Cuando los concejales de la ciudad de Núremberg pidieron que se devolvieran sus tesoros, la respuesta de las autoridades austriacas fue un seco rechazo. Y ahí permanecieron hasta el *Anschluss*, cuando la primera persona que no era de la realeza en mil quinientos años reclamó como propia la Lanza del Destino.

Capítulo 11

Anschluss, Austria y Antártica

Desde el interior de la Casa del Tesoro de Habsburgo los sonidos de la caravana de vehículos del Führer que pasaba por la plaza Kohlmarkt apenas se podía escuchar a través de los gruesos muros de piedra. El personal del museo restante, fiel hasta el final, se agrupaba en la oficina atestada del curador cuando entraron los nazis.

Las aclamaciones crecientes conforme se aproximaba el auto de Hitler se transformaron en un coro de orgullo bávaro cuando el Mesías de origen austriaco del "Volk" germano pasaba enfrente.

El coronel Buch y sus soldados registraron la Casa del Tesoro y de inmediato encontraron al personal. Los nazis los condujeron al ala Secular mientras las aclamaciones se reducían en la distancia.

Buch exigió que se abriera el exhibidor que contenía la Lanza. El curador, un hombre de edad avanzada con un aire del siglo XIX dio un paso al frente. Sus protestas contra esta vejación de los artefactos a su cuidado fueron detenidas a media oración cuando el coronel sacó su Luger, apuntando el frío cañón de acero azulado al corazón del curador.

El curador de inmediato obedeció, insertando una pequeña llave en el mecanismo del exhibidor de roble y vidrio. ¡Click!, se abrió el candado.

El oficial de las SS empujó a un lado al curador, aprisa, casi con avidez. El coronel Buch abrió el exhibidor y levantó la antigua cabeza de lanza de su desteñido estrado de terciopelo rojo.

Sus dedos se tensaron alrededor del extraño y legendario objeto. Estaba lleno de una sensación repentina de poder y fuerza. Lo sentía, ¡sí, casi podía ver las próximas victorias del Reich de mil años! Con algún sentido que no era audición podía escuchar los gritos de los enemigos de Alemania mientras caían en gloriosas batallas que estaban por venir. Su frente estaba sudando de repente y su corazón latía con rapidez.

Con considerable dificultad, su mente volvió a la misión en que estaba... ¡entregar la Lanza del Destino a su Führer!

Hitler llega al poder

En 1933, después de meses de hacer cambios, dar pasos equivocados y engaños, los nazis tomaron el poder del Reichstag, el Parlamento Alemán. Adolfo Hitler fue investido en sus cámaras, como canciller, el 30 de enero de 1933, frente a una gran multitud que lo alababa.

Era enorme su popularidad entre los agrarios y los veteranos de guerra germanos, pero los nazis apenas empezaban a abrir caminos en la clase trabajadora urbana. Ese débil apoyo creció hasta ser enorme el siguiente mes cuando se incendió el Reichstag hasta los cimientos el 22 de febrero.

Hitler declaró que el fuego fue una conspiración comunista y la máquina de propaganda nazi fustigó a los alemanes a un frenesí de indignación y miedo. De inmediato se otorgaron poderes policiacos especiales a la policía prusiana controlada por los nazis. Seis días después, el presidente alemán Hidenburg suspendió los derechos constitucionales como resultado del incendio. Se otorgaron poderes de emergencia para restaurar la ley y el orden al canciller Hitler... poderes que nunca fueron revocados.

Muchos años después se descubrió que las SS habían preparado a un anarquista tonto para encender el fuego en el Reichstag. Mientras el anarquista estaba haciendo tonterías, creando un pequeño fuego, las SS hicieron uno mucho mayor en la parte de atrás. El suceso se planeó y llevó a cabo con cuidado para que tuviera como resultado que se otorgaran poderes dictatoriales a Hitler y empezar a hacer redadas de los enemigos del Partido.

Exactamente un mes después del incendio del Reichstag, el 22 de marzo, los nazis inauguraron Dachau, el primero de muchos campos de concentración. Comunistas y otros acusados falsamente del golpe para incendiar el Reichstag, se convertirían en sus primeros ocupantes.

Al día siguiente el Parlamento Alemán aprobó *La Ley Habilitante*, dando a Adolfo Hitler poderes dictatoriales por cuatro años. Cuatro años después el acto se renovó unánimemente por otros cuatro años. El Tercer Reich no sobrevivió para hacerlo una tercera vez.

Muchos teóricos de la conspiración ven un paralelismo entre la destrucción posterior de la Constitución de la República de Wiemer después del Incendio del Reichstag y las acciones del gobierno de Estados Unidos luego de la bomba en el edificio federal Murrah en la ciudad de Oklahoma el 19 de abril de 1995 (en el segundo aniversario del incendio hasta los cimientos del complejo de la Rama Davidiana en Waco, Texas, por parte de la Oficina de Alcohol, Armas y Tabaco). Después de la tragedia del edificio Murrah, se presentó un proyecto de ley en el Congreso que tenía muchas de las mismas disposiciones del Acta Habilitante, pero falló.

Más adelante, luego de los sucesos espantosos del 11 de septiembre de 2001, el acta revivió como el *Acta de 2000 para Unir y Fortalecer a Estados Unidos al Proporcionar las Herramientas Necesarias para Interceptar y Obstruir el Terrorismo* (USA PATRIOT por sus siglas en inglés). Se aprobó, y con su aprobación, se eliminaron muchas protecciones constitucionales, aunque en el momento de escribir esto todavía se tenía que valorar por completo al daño a la república estadounidense.

Ahora muchas personas en todo el mundo creen que al menos algunos elementos de los niveles más altos del gobierno estadounidense permitieron que sucediera el ataque del 11 de septiembre de manera que se pudiera hacer pasar en un impulso súbito y general por un Congreso asustado y desconcertado.

¿Imposible? En la actualidad es un hecho establecido que después de la fallida invasión a Cuba de la Bahía de Cochinos, los oficiales de más alto rango del ejército de Estados Unidos planearon ataques terroristas falsos a ciudadanos de Estados Unidos para crear el apoyo para una guerra contra Cuba. Como está documentado por James Bamford en su libro: *Conjunto de secretos*:

> *Aunque nadie en el Congreso pudo haberlo sabido en ese tiempo, el [presidente] Lemnitzer y los jefes del Estado Mayor habían ido muy lejos.*
>
> *De acuerdo a documentos secretos y ocultos por largo tiempo que se obtuvieron para* Conjunto de secretos, *los Jefes del Estado Mayor trazaron y aprobaron planes para lo que podría ser el plan más corrupto que haya creado jamás el gobierno de Estados Unidos. En nombre del anticomunismo propusieron lanzar una guerra secreta y sangrienta de terrorismo*

> *contra su propio país con el fin de engañar al público estadounidense a apoyar una guerra mal planeada que planeaban lanzar contra Cuba.*
>
> *Con el nombre código de Operación Northwoods, el plan, que tenía la aprobación escrita de cada miembro de los Jefes del Estado Mayor y de su Presidente, pedía que se matara a personas inocentes en calles de Estados Unidos, que se hundiera en mar abierto botes que llevaran refugiados que huían de Cuba, que se lanzara una ola de terrorismo violento en Washington, D. C., Miami y otras partes. Se tendería trampas a personas por ataques con bombas que no cometerían, se secuestrarían aviones. Empleando evidencias falsas, todas las cuales culparían a Castro, dando así a Lemitzer y su conciliábulo la excusa, además del respaldo del público e internacional, que necesitaban para lanzar su guerra.*

Con el Acta Habilitadora, los únicos asuntos que el Reichstag podía considerar eran los que sometiera Hitler mismo. La lealtad jurada del ejército al dictador era algo sin precedentes. El poder de Hitler era supremo.

Anschluss Austria

La anexión de Austria por parte de Alemania fue una de las máximas prioridades de Hitler. *Anschluss* es el nombre que se da a este suceso y se traduce más o menos como "anexión" pero también sugiere "conexión" y "unión". La fusión, prohibida específicamente por el Tratado de Versalles, fue desbordantemente popular en ambos países.

Desde la década de 1920, Austria había sido gobernada por una extensión de la autoridad religiosa en forma del partido socialista cristiano. En 1933, se disolvió el Parlamento Austriaco y se desarrolló un estado fascista, fusionado a los socialistas cristianos con el Heimwehr paramilitar (Guardia Nacional). Es curioso que el partido Heimwehr también haya estado reduciéndose poco a poco por algún tiempo. Después del intento de golpe de estado fallido del Heimwehr en 1931, muchos de sus miembros habían desertado al partido nazi austriaco. En 1934, el canciller Englebert Dollfuss fue asesinado en otro intento de golpe de estado... esta vez de los nazis. Los socialistas cristianos se las arreglaron para aferrarse al poder, pero estaba creciendo la petición de unión con Alemania.

El sucesor del fallecido Dullfuss, Kurt von Schuschnigg, recurrió a Mussolini por apoyo. Esta alianza aseguró la independencia austriaca mientras ganaban popularidad los nazis; sin embargo, el apoyo de Mussolini era veleidoso y lo retiró cuando necesitó el apoyo alemán para su campaña en Etiopía.

En 1938, Schuschnigg y Hitler tuvieron reuniones directas, con el Führer negociando el poder en nombre de los nazis austriacos. Schuschnigg se vio obligado a aceptar nazis en su gabinete, y con la amenaza de guerra, consintió en formar parte de la Alemania Federal. En su discurso de dimisión hizo notar que sólo estuvo de acuerdo con el Anschluss con el fin de impedir el derramamiento de sangre.

El 12 de marzo de 1938, las tropas SS marcharon a la frontera con Austria. Hitler las siguió al día siguiente. Sin embargo, no entró de inmediato en el capitolio austriaco. En lugar de eso, fue a la ciudad de su niñez, Linz, donde pasó dos noches y un día. Pasó gran parte del día después del Anschluss visitando la tumba de su madre. Algunos dicen que pasó el resto del día visitando lugares favoritos que no había visto en décadas. Otros dicen que pasó el tiempo resolviendo viejas cuentas.

En la mañana del cuarto día, su caravana de vehículos se dirigió a Viena. Ahí cientos de miles de admiradores lo recibieron. Una leyenda dice que se conservaron como recuerdo los terrones de lodo desprendidos del camino por el auto de Hitler.

En el evento, Hitler comentó:

> *Ahí me recibió una corriente de amor como nunca había experimentado. No llegamos como tiranos, sino como liberadores.*

Mientras Viena celebraba su liberación, los matones de los nazis reunían y detenían a prominentes judíos y oponentes políticos. En los siguientes años, fue un modelo que se repitió a menudo mientras las ambiciones de Hitler, y el ejército de Alemania, recorrían Europa.

Reclamación del talismán

Hitler se apoderó de la Lanza de Longinos esa noche, o tal vez la noche siguiente; y se narran dos historias muy distintas.

De acuerdo a una versión, la caravana de vehículos de Hitler llega ante el museo Kunsthistorisches. Ahí se reúnc con Himmler, que acompañó al Führer al Schatzkammer. Juntos abren el exhibidor y Hitler retira la Lanza, luego ordena a Himmler que lo deje solo por una hora. Himmler vuelve a la caravana de autos a esperar. Más adelante Hitler dice que la experiencia lo "glorificó".

La otra versión de la historia afirma que Hitler fue festejado con una gran recepción y banquete que tuvo lugar en el Palacio Real. Fue ahí que el coronel Walter Buch entregó la Lanza del Destino a Adolfo Hitler.

Los nazis estaban brindando por su éxito cuando Buch entró al palacio. En forma dramática, él y sus hombres se acomodaron con las espaldas hacia un muro en el lado opuesto a la habitación de Adolfo. Se hizo el silencio en la habitación cuando Buch anunció: "Die Heilige Lanze, Mein

Führer!". Sus talones chocaron como el disparo de una pistola. Los guardias de inmediato abrieron el espacio entre Hitler y su talismán.

Hitler estaba lleno de emoción. El coronel Buch sujetó la Lanza, y con sus subordinados, encabezó una procesión hacia el abrumado dictador. Al aproximarse Buch, Hitler se hincó en una rodilla, de acuerdo a la tradición real entre los Habsburgo. Buch hizo caballero a Hitler con la Lanza mediante tocar su hombro. La atmósfera estaba muy cargada. El espectáculo deslumbró a algunos mientras otros estaban desconcertados.

En esta versión, Hitler también pidió que lo dejaran solo con la Lanza. Ambas narraciones dicen que pasó una hora, sin que lo molestaran, con el tesoro que al fin era suyo.

En ese momento Hitler y la Lanza se habían convertido en uno para compartir un destino común. Pero, ¿quién era el amo? ¿La Lanza del Destino por fin había caído en las manos de un mesías fascista que la utilizaría para poner su tacón en el cuello de la humanidad? ¿O podía ser todo lo contrario? ¿Ahora estaba el Führer por fin totalmente bajo el control del Poder que le llegaba a través de la Lanza?

También se discute lo que Hitler hizo con la Lanza una vez que estuvo en su poder. Algunos afirman que de inmediato la devolvió al museo (o nunca lo dejó) y que se le mantuvo con el resto del *Reichkleinodie*. Pronto, todo el Tesoro del Reich se puso en un tren blindado especial y se llevó a Núremberg, donde los nazis lo exhibieron en la Catedral de Santa Catarina hasta que el bombardeo de los aliados los obligó a ocultar el Tesoro en una bóveda que se construyó especialmente. Otros dicen que Hitler mantuvo la Lanza en su posesión personal por muchos meses después. Acariciándola, pasando sus dedos por la hoja, mientras veía a sus ejércitos triunfar en una conquista tras otra: Polonia, Checoslovaquia, Francia y norte de África...

Anschluss Antártica

En la actualidad, se ha cartografiado por completo la Antártica, se ha explorado en su mayor parte y está habitada todo el tiempo, aunque por poca gente. No era así en 1938.

En el presente, la Antártica está ubicada en el Polo Sur Geográfico, aunque no ha sido así en toda la historia de la Tierra, debido a la deriva continental. En realidad, existen varios Polos Sur. El Polo Sur Geográfico es el punto donde el eje de rotación de la Tierra se cruza con la superficie. Es el punto que por lo general se quiere decir cuando se menciona el "polo sur" sin especificar.

En el Polo Sur Geográfico encontrarás el "Poste Ceremonial Sur". Es un tubo metálico con bandas a su alrededor como un poste de barbero con una bola grande y brillante en la punta, rodeado por una colección de banderas de los signatarios del Tratado de la Antártica. La capa de hielo polar y la Estación del Polo Sur sobre ella están en movimiento constante en relación con el Polo Sur Geográfico real. Se estableció la Estación del Polo Sur Amundsen-Scott durante el Año Geofísico Internacional en 1958 y en la actualidad tiene personal permanente de investigación y apoyo. También está el Polo Sur Magnético, que el punto más cercano al Polo Sur Geográfico donde las líneas de campo del campo magnético de la Tierra apuntan directamente a la Tierra. El Polo Magnético Sur se encuentra en el Océano del Sur, el océano que rodea la Antártica, a alguna distancia de la masa de tierra de la Antártica.

Y después está el Polo de Inaccesibilidad. Es el punto en el continente antártico que está más lejos, en todas direcciones, de los mares a su alrededor. Está ubicado a unos cientos de kilómetros del Polo Sur Geográfico. Cuando los estadounidenses reclamaron el Polo Geográfico Sur durante el Año Geofísico Internacional, los rusos, en desavenencia, pusieron un campamento en el "cercano" Polo de Inaccesibilidad.

Mientras entramos al siglo XXI, 26 naciones, todas signatarias del Tratado de la Antártica, operan estaciones de investigación en forma estacional o el año completo en el continente antártico y los océanos a su alrededor. El número de personas que hacen ciencia y que dan soporte en el continente y sus islas cercanas al sur de los 60 grados de latitud sur (la región cubierta por el Tratado de la Antártica de 1959) varía de más de 4 000 en verano a menos de 1 000 en invierno. Sólo en 2004 casi 15 000 turistas visitaron la Antártica. El continuo aumento de turistas ha llevado al gobierno argentino a empezar la construcción de un centro turístico del tipo de Las Vegas, completo con hotel, casino y centro comercial, en una isla antártica.

En la actualidad la base de Estados Unidos en el estrecho de McMurdo, llamada la Estación McMurdo, es la comunidad permanente más grande de la Antártica... que nosotros sepamos. Está construida en la roca volcánica desnuda de la península de Punta Hut, en la isla de Ross, el terreno sólido más al sur que es accesible por barco. Establecida en 1956, ha crecido de un puesto de avanzada con unas cuantas construcciones a una compleja instalación de preparación logística de más de 100 estructuras entre las que están un puerto y un aeropuerto externo (campo Williams) con pistas de aterrizaje en el hielo del océano y en el hielo de la plataforma continental, y una plataforma para helicópteros.

La estación McMurdo se parece a un centro urbano por la diversidad de su población y su vertiginoso modo de vida. Como muchas ciudades importantes, McMurdo sirve como centro internacional donde se reúnen personas de diferentes antecedentes e intercambian ideas. McMurdo, la Estación del Polo Sur Amundsen-Scott y las muchas otras instalaciones activas todo el año en el continente y los océanos a su alrededor demuestran que los humanos pueden vivir y trabajar en la Antártica.

Con alrededor de 14 millones de kilómetros cuadrados de tierra, de los cuales alrededor de 280 kilómetros cuadrados están libres de hielo, la Antártica es el quinto continente más grande, después de Asia, África, Norteamérica y Sudamérica, pero es más grande que Australia y el subcontinente de Europa. Es un poco menos de 1.5 veces el tamaño de Estados Unidos, con 98% cubierto de hielo y alrededor de 2% de roca desnuda.

En 1938 era una vasta blancura desconocida. Poco de la línea costera se había visto, mucho menos cartografiado. Sólo un puñado de expediciones se había aventurado de la plataforma de hielo que rodea gran parte del continente hasta el polo. Muchos de los que habían pasado el invierno en la Antártica lo hicieron porque sus barcos habían sido capturados y aplastados en los bancos de nieve. Y sin embargo, Hitler y otros líderes nazis estaban muy interesados en establecer una base en la Antártica.

Entonces la Antártica no era estable en el aspecto político, como sucede en la estructura de tratados internacionales que están activos en la actualidad. La única forma en que se podía reclamar cualquier territorio en la Antártica sería mediante la ocupación real. Pero, ¿era posible la habitación todo el año? Hasta el momento, las expediciones antárticas habían llevado de vuelta sólo historias de hielo, montañas y más hielo. Pocas personas se habían aventurado al último continente y menos aún habían pasado un invierno ahí. Sin embargo, los alemanes pensaron que la Junta de Propaganda podría utilizar una colonia permanente como demostración adicional de la próxima "Superpotencia Alemana".

Sin embargo, había mucho más en la idea de una base permanente en la Antártica que sólo su valor de propaganda. La siempre creciente maquinaria industrial alemana necesitaba materias primas... petróleo, minerales y demás. ¿Qué riquezas sin aprovechar estaban esperando bajo el hielo? Y además, el punto de vista nazi del mundo, producido por las tendencias ocultistas de muchos de sus líderes y fundadores, casi clamaba por una colonia alemana ahí.

Agharta, Shambhala y Atlántida

A pesar de lo ridículo que suena en la actualidad, ¡el punto de vista alemán incluía una creencia en una Tierra hueca!

Emisarios del Tíbet habían informado a la Sociedad de Thule que la Tierra era hueca y estaba habitada por otra raza de seres sensibles que crecían con la energía de su *Sol Negro*. Algunos ocultistas nazis, en particular el Reichsführer-SS Heinrich Himmler, estaban convencidos y empezaron una búsqueda seria de entradas a *Agharta*, esta Tierra mágica interna. Durante todo el transcurso del reinado de poder nazi se mantuvo buscando a los spelunkers (exploradores de cuevas).

Un área que atrajo la atención de Himmler fue la región montañosa en la frontera entre Polonia y las diversas repúblicas eslovacas de la actualidad. De acuerdo a la leyenda local, existe una entrada al mundo subterráneo en la ladera sudoccidental del monte Babia Góra (elevación de 1 725 metros), justo cruzando la frontera de Polonia a Eslovaquia. Se enviaron varias docenas de expediciones espeleológicas a las montañas Tatra y a las montañas Beskidy, además de otras montañas eslovacas, checas y húngaras. Himmler estaba interesado en particular en la cueva Domica-Baradla en la frontera eslovaca-húngara. Esperaba encontrar ahí la entrada a *Shambhala*.

Aunque por lo general se considera a Shambhala como un mito o como algún lugar mágico y místico con el que sólo se puede entrar en contacto mediante la meditación espiritual, algunos creen que Shambhala es un lugar real, físico... en donde humanos y animales viven juntos en paz y armonía, compartiendo sabiduría, en forma muy similar a los libros y la serie de televisión de Dinotopía.

Tradicionalmente se dice que Shambhala está oculto detrás de distantes montañas cubiertas de nieve al norte de los Himalayas, no lejos del desierto de Gobi. Sus habitantes gozan de larga vida y casi perfección física bajo el gobierno de una línea de reyes iluminados que protegen la sabiduría más elevada que la humanidad ha obtenido. Por desgracia para nosotros, los habitantes de la superficie, se ha ocultado a Shambhala de nosotros porque somos muy malvados. Pero, cuando la humanidad esté lista, un gran rey saldrá del santuario de la tierra interna para derrotar a las fuerzas del mal y establecer una nueva era de oro.

Quienes están familiarizados con el Dalai Lama encontrarán extraña la inclusión del Tíbet en la historia nazi. ¿Cómo los budistas amantes de la paz se involucraron con los nazis que se dedicaban al odio? Dos figuras clave ya mencionadas tenían vínculos con el Tíbet: Karl Haushofer y la madre de la Teosofía, madame Blavatsky. A Haushofer se le puede acreditar el establecer vínculos diplomáticos, mientras que Blavatsky, recordarás de un capítulo anterior, tuvo su iniciación con el maestro tibetano Kut Humi.

Se puede identificar un vínculo que conecta el misticismo tibetano con la concentración nazi en la Antártica al examinar el desarrollo de la teosofía a finales de la década de 1920. Durante este periodo, el escritor y teosofista estadounidense, Nicholas Roerich publicó una narración de sus viajes por el Tíbet titulada apropiadamente *Shambhala*. En su búsqueda del paraíso, encontró leyendas de habitantes del interior de la tierra y vio de primera mano la obra de los cultos del fuego, malignos y prebudistas... que por coincidencia empleaban la swástica con brazos en contra del sentido de las manecillas del reloj para marcar su territorio. Las experiencias de Roerich precipitaron un renacimiento del romance tibetano de la Teosofía.

En el mismo periodo se estaba desarrollando una "ciencia" nazi de las ideas del teosofista solitario Hans Horbiger. El semimítico ingeniero Horbiger amplió la cosmología de madame Blavatsky con su colección de teorías conocidas como *Welteislehre*: "Las Enseñanzas del Mundo de Hielo". La premisa básica de Horbiger desechaba la física newtoniana y los puntos de vista indeseables de otros científicos alemanes (en su mayor parte judíos) prominentes (como Einstein) y encuadró la física en el contexto de una fuerza cósmica que era resultado de la energía del conflicto de opuestos. Horbiger describió su epifanía científica:

> *Como ingeniero joven un día estaba observando que vertían algo de acero derretido en el suelo húmedo cubierto de nieve: el suelo explotó después de algún retraso y con gran violencia.*

Por supuesto, las mentes de la actualidad desechan las extrañas teorías de Horbiger como ciencia estrafalaria. Sin embargo, disfrutó de la adulación de muchos alemanes en su tiempo. Su mezcla de misticismo y ciencia encontró refuerzos en la mitología islándica que, como las runas nórdicas, eran en extremo populares entonces. Horbiger murió en 1931, pero sus obras y teorías continuaron acumulando cientos de miles de seguidores en Europa y Estados Unidos hasta avanzada la década de 1950. Un pasaje de una publicación de cosmología horbigeriana dice:

> *Nuestros ancestros nórdicos se fortalecieron en medio de hielo y nieve, y es por eso que una creencia en un mundo de hielo es la herencia natural de los nórdicos. Fue el austriaco, Hitler, quien expulsó a los políticos judíos, y otro austriaco, Horbiger, (el cual) expulsará a los científicos judíos. Por su propio ejem-*

> *plo, Hitler ha mostrado que (este científico amateur) nos presenta una comprensión completa del Universo.*

Horbiger tuvo una enorme influencia en la política nazi. Esto se debió a su afirmación de que los antiguos dioses arios se encontraban hibernando, congelados en las profundas cavernas de Shambhala. Esa afirmación condujo al envío de varias misiones a Tíbet. Una de las que se enviaron fue la del escalador de montañas austriaco y oficial de las SS Heinrich Harrer. Las memorias de Harrer fueron la base para *Siete años en el Tíbet*, un documental de 1956 protagonizado por Herr Harrer como él mismo y la película de 1997 dirigida por Jean-Jacques Annaud protagonizada por Brad Pitt.

Estas misiones de las SS abrieron los conductos políticos más elevados, al grado que el Regente de Reting (custodio que gobernaba entre los reinos de los lamas) se comunicaba con regularidad con Adolfo Hitler. Ésta pudo ser una relación de conveniencia, ya que el Tíbet estaba receloso de la vecina China... y con razón, como lo demostró la historia.

También en la Cosmología de Horbiger estaba una narración del perdido continente de Atlántida. El horbigerismo proponía que la Tierra giraba alrededor del sol en una espiral descendente interna. En el camino, la Tierra ha tomado cierto número de planetas más pequeños, que se convirtieron en nuestras lunas. Según esta teoría, nuestra luna actual se consiguió hace unos 14 000 años. Surgió una idea en los círculos teosóficos de que el evento de asunción de la luna fue tan catastrófico que causó que la Tierra girara de su posición axial original. El nuevo posicionamiento polar resultó en que el continente de Atlántida se perdiera bajo el hielo en la región ahora conocida como Antártica.

Hitler era un creyente de las ideas de Horbiger. Tanto que de hecho basó el momento de la invasión rusa en las predicciones del clima horbigerianas, lo que demostró ser desastroso. No es inconcebible que su interés en la Antártica incluyera una búsqueda de la Atlántida.

Las obras de Horbiger, Blavatsky, Von Liszt y otros ocultistas y pensadores populares contribuyeron con la fascinación del mundo de hielo que era común en la primera mitad del siglo XX. Por cierto, el nombre *Thule* se deriva de la mitología del mundo de hielo y se remota al tiempo de los griegos.

Expedición antártica alemana

Fue con este encantamiento general por el hielo y el sentimiento de moda que el Tercer Reich llevó a cabo la investigación del Polo Sur.

Sin embargo, fue una consideración del Alto Mando Alemán que se debían evitar mayores provocaciones a los Aliados. La unificación forzada de Alemania con Austria, el apoyo alemán para la invasión de Etiopía por Mussolini y otros actos, habían presionado hasta el límite las relaciones entre Alemania y los Aliados anglofranceses. Tanto como deseaba Hitler tierras en la Antártica, no estaba preparado para ir a la guerra por ellas.

Así se hizo realidad la idea de una expedición pacífica semicivil en cooperación con la corporación Lufthansa.

El comando de la expedición se dio al capitán Alfred Ritscher, quien ya había dirigido algunas expediciones al Polo Norte y había demostrado ser valiente y habilidoso en situaciones peligrosas.

El barco de la expedición era el *Schwabenland*, un carguero equipado especialmente capaz de transportar y lanzar naves aéreas. Había estado en uso desde 1934 para el servicio postal transatlántico, actuando como parada a mitad del Atlántico para volver a cargar combustible. El avión que transportaría hasta el fondo del mundo sería el famoso Dornier de 10 toneladas, *Wal* (Ballena). Estos aviones se montaban en catapultas de vapor en la cubierta del barco, y así se arrancaban y se reabastecían de combustible a bordo del barco.

Se preparó al *Schwabenland* para la expedición en los astilleros de Hamburgo, a un costo de 1 millón de reichsmarks, casi la tercera parte del presupuesto total de la expedición. Mientras tanto, la Sociedad Alemana de Investigación Polar reunió y entrenó a una tripulación.

En un extraño giro del destino, la sociedad también invitó a Richard E. Byrd, el más famoso explorador antártico de Estados Unidos, a unirse a la expedición. Byrd viajó a Hamburgo en noviembre de 1938. Se le dio un resumen de los preparativos de la expedición y se reunió con la tripulación.

Por razones que todavía no son claras, Byrd declinó y volvió a Estados Unidos. Con el inicio de la Segunda Guerra Mundial, lo elevaron al rango de Almirante en la Naval de Estados Unidos. Pasó la guerra viajando a muchas áreas de conflicto, aconsejando a la naval sobre equipo, aprovisionamiento y demás. Irónicamente, sería Byrd quien poco después del fin de la guerra tendría la tarea secreta de descubrir si había una base nazi oculta en la Antártica, y de ser así de destruirla, como veremos en un capítulo próximo.

El *Schwabenland* dejó Hamburgo el 17 de diciembre de 1938. Llegó al banco de hielo en la costa atlántica de la Antártica el 19 de enero de 1939, a 4° 15' O y 69° 10' S. En las siguientes semanas, tuvieron lugar 15 vuelos del *Wal*, sobrevolando y fotografiando alrededor de 600 000 km cuadrados, tomando más de 11 000 fotos. Al hacerlo, se observó y cartografió casi la quinta parte de la Antártica.

Además de fotografiarlas y cartografiarlas, las tierras bajo las alas del *Wal* fueron al mismo tiempo reclamadas como territorio alemán. La nave dejó caer varios miles de pequeñas banderas nazis, además de postes de metal especiales con la insignia de la expedición y la swástica. Todo el territorio fue renombrado *Neuschwabenland* (Nueva Schwabenland).

Fue durante esta expedición que se descubrieron varias zonas sin hielo; algunas estaban punteadas por lagos e incluso mostraban señales de vegetación. Los geólogos de la expedición concluyeron que esto se debía a fuentes de calor en el suelo. Estos científicos se dieron cuenta que las temperaturas extremas de la Antártica podían mitigarse en forma natural en cavernas más profundas debido a esta actividad geotérmica.

A mediados de febrero de 1939, el *Schwabenland* dejó la Antártica. Le tomó dos meses volver a Hamburgo. El capitán Ritscher empleó este tiempo en organizar los resultados, mapas y fotos. También estaba tan sorprendido por los resultados de los vuelos que de inmediato planeó una segunda expedición, totalmente civil. La siguiente vez tenía pensado emplear aeroplanos más ligeros equipados con esquíes.

Sin embargo, estos planes se cancelaron con el inicio de la Segunda Guerra Mundial. Pero como tantos otros descubrimientos hechos por científicos civiles, las posibilidades militares de los descubrimientos del capitán Ritscher no se perdieron en el Alto Mando.

Estación 211

Dirigidos por el genio de Albert Speer, pronto se formaron diseños para establecer una fortaleza bajo tierra en Neuschwabenland. Para 1940, la construcción ahí, en un sitio con nombre código "Estación 211" ya estaba bastante avanzada.

El nombre código "Estación 211" atrajo a uno de los autores, justo cuando terminábamos el trabajo en este libro. George comentó que continuábamos llamándola estación "dos once" en nuestras discusiones mientras la investigábamos. Señaló que desde el punto de vista de la numerología 2 + 11 = 13. En la estación 13 de la cruz, los católicos meditan en la Muerte de Cristo, y el acto de Longinos y su lanza que demuestra esa muerte. Además, 13 = 1+3 = 4. La cuarta estación es la estación donde María se acerca a Jesús mientras carga la cruz. Simón dice a María: "Tu corazón será atravesado con una espada (la hoja)". A menudo se representa a María con siete espadas en el corazón. Se les llama las siete penas. Hitler siempre afirmó ser un católico devoto, al igual que hicieron algunos miembros de su círculo íntimo. ¿Existía un significado oculto en el nombre "Estación 211"?

A la mano derecha de Hitler, Rudolf Hess, se le confió la tarea de coordinar la campaña para construirla. Los historiadores a menudo han descartado a Hess como un títere nazi, con un puesto elevado por su total sumisión al Führer, pero tal vez sea porque su verdadero papel estaba muy bien escondido.

Hess consiguió la ayuda del Reichsführer-SS Heinrich Himmler. Himmler compartía las creencias místicas del hielo y el fuego. Era partidario de otro ocultista alemán, el doctor Friedrich Wichtl, fundador y director de la primera escuela de leyes privada de Austria, en Viena. El doctor Wichtl se especializó en las tradiciones masónicas y las teorías de "conspiraciones mundiales". Después del colapso del imperio austro-húngaro en 1918 al terminar la Primera Guerra Mundial, el doctor Wichtl escribió un libro de altas ventas titulado *Weltfreimaurerei, Weltrevolution, Weltrepublik* ["Masonería Mundial, Revolución Mundial, República Mundial"]. Himmler se vio atraído hacia lo oculto después de leer el libro del doctor Wichtl en 1919, mientras era un cadete militar que convalecía después de una grave enfermedad estomacal.

Himmler al final se convirtió en un creyente del concepto hindú de eras del mundo o yugas. Creía que la era actual, o Kali Yuga, terminaría en una catástrofe global, con lo que se daría a luz una nueva era mundial llamada Satya Yuga. Al enviar a una colonia nazi a la Antártica, Himmler creía que estaba asegurando que un resto de la "raza aria pura" sobreviviría a la próxima catástrofe con su sociedad y cultura intactas. Creía que estos sobrevivientes entonces tomarían posesión de la Antártica después de que la catástrofe derritiera la capa de hielo del polo sur.

Uno de los departamentos de Himmler era una oficina poco conocida de las SS llamada Rasse und Seidlungshuptamt (Oficina de Raza y Asentamientos) o RuSHA. Nada más en Ucrania, RuSHA reclutó 500 000 mujeres para trabajos forzados en las fábricas de municiones de la Alemania nazi. Corren rumores de que RuSHA también eligió mujeres para servicio en la Antártica.

Durante toda la guerra, la flota de U-boot transportaba herramientas, equipos, materias primas y mano de obra esclava (muchos de los llamados *desaparecidos* en realidad eran trabajadores esclavos que participaban en la construcción). La evidencia sugiere que el tráfico de U-boots a Neuschwabenland continuó después de la rendición de Alemania en 1945.

Durante la guerra, en ocasiones también los barcos de superficie participaron en este enorme esfuerzo. Pero, mientras la marea de la guerra se volvía contra los alemanes, la mayor parte del trabajo de transporte pasó a los U-boots y sus tripulaciones. Se puede tener alguna idea de cuánta actividad tuvo lugar de y hacia la Antártica con el hecho de que entre octubre de 1942 y septiembre de 1944 se hundieron 16 U-boots alemanes en el Atlántico Sur.

Parece que se puso a varios barcos de superficie a hacer trabajo de "perros guardianes", reabasteciendo los submarinos y manteniendo los barcos aliados lejos. Por ejemplo, el barco corsario *Atlantis*, bajo el mando del capitán Bernhard Rogge, realizó un viaje extenso en los océanos Atlántico Sur, Índico y Pacífico Sur, de 1939 a 1941, visitando las Islas Kerguelen entre diciembre de 1940 y enero de 1941 (enterrando a un marino en Bassin de la Gazelle). El barco entonces adoptó un nuevo disfraz como el *Támesis* antes de que lo hundiera el *HMS Devonshire* cerca de la isla Ascensión, el 22 de noviembre de 1941 (el *Atlantis* también era conocido como *Hilfskreuzer 16* y, en diversas ocasiones, se ocultaba como *Kasii-Maru* o *Abbekerk*).

Otro barco corsario fue el *Pinguin*, bajo el mando del capitán Ernst-Felix Kruder. Actuaba principalmente en el océano Índico. En enero de 1941, capturó una flotilla ballenera noruega (barcos factoría *Ole Wegger* y *Pelagos*, el barco de abastecimiento *Solglimt* y once barcos balleneros) en alrededor de 59º S 02º 30 O. Uno de estos barcos balleneros se renombró *Adjutant*. Se mantuvo en el océano Índico como transbordador mientras que los demás barcos noruegos se enviaron a la Francia ocupada. En 8 de mayo de 1941, el *HMS Cornwall* hundió el *Pinguin* a las afueras del golfo Persa, después de que había capturado 136 550 toneladas de barcos británicos y aliados. También se le conocía como *Hilfskreuzer 33* y en ocasiones se disfrazaba como *Tamerlan, Ptschura, Kassos* y *Trafalgar*.

Otro corsario fue el *Komet*, dirigido por el capitán Robert Eyssen. Trabajaba en los océanos Pacífico e Índico, incluyendo un viaje por la costa antártica desde cabo Adare hasta la Plataforma de Hielo Shakleton, para buscar barcos balleneros durante febrero de 1941. Ahí se reunió con el *Pinguin* y los barcos de abastecimiento *Alstertor* y *Adjutant*. El *Komet* también era conocido como *Hilfskreuzer 45* y se hundió a las afueras de Cherbourg en 1942.

Se puede encontrar evidencia de este proyecto de construcción en la historia del submarino U-859. El 4 de abril de 1944 a las 04:40 horas, dejó el puerto en una misión que transportaba 67 hombres y 33 toneladas de mercurio sellados en botellas de vidrio en cajas de estaño selladas. Más adelante lo hundió el submarino británico *HMS Trenchant* en el estrecho de las Molucas el 23 de septiembre. Aunque murieron 47 miembros de la tripulación, 20 sobrevivieron. Unos 30 años después uno de esos sobrevivientes habló abiertamente sobre la carga y buzos confirmaron después la historia al redescubrir el mercurio. El significado era que el mercurio se puede emplear como fuente de combustible para ciertos tipos de propulsión aeroespacial, como comentaremos en breve. ¿Por qué un submarino alemán transportaría una carga así tan lejos de su país? Sospechamos que estaba en ruta a la Estación 211 con "combustible" para cierto tipo especializado de nave aérea.

Otras evidencias de que existía la Estación 211 y seguía habitada después del final de la guerra, se pueden ver en diversas narraciones de actividad naval alemana después de la caída de Berlín. Por ejemplo, el 10 de julio de 1945, más de dos meses después del cese de las hostilidades conocidas, el submarino alemán U-530 se rindió a las autoridades argentinas en el puerto de Mar de la Plata, uno de los puertos argentinos más cercano a la Antártica. De la misma manera, el U-977 llegó a Mar de la Plata, Argentina, el 17 de agosto. Eran sólo dos de los navíos que se cree formaban el convoy del "Ejército Final del Führer".

Siguieron presentándose historias de actividad alemana durante un considerable periodo después de la guerra. La *Agence France Press* de Francia declaró el 25 de septiembre de 1946: "los rumores continuos sobre actividad de U-boots alemanes en la región de Tierra de Fuego entre la punta más al sur de Latinoamérica y el continente de la Antártica se basan en sucesos verdaderos".

Luego, el periódico francés: *France Soir*, presentó la siguiente narración de un encuentro con uno de esos U-boots alemanes:

> *Casi año y medio después del cese de hostilidades en Europa, el ballenero Juliana de Islandia fue detenido por un U-boot alemán grande. El Juliana estaba en la región antártica cercana a las islas Malvinas [las Falklands] cuando un submarino alemán salió a la superficie y elevó la Bandera de Duelo alemana oficial: roja con el borde negro.*
>
> *El comandante del submarino envió un grupo de abordaje, que se aproximó al Juliana en un bote de hule y al abordar el ballenero exigió al capitán Hekla parte de sus suministros de alimentos frescos. La solicitud se hizo en el claro tono de una orden para el que la resistencia hubiera sido algo desacertado.*
>
> *El oficial alemán hablaba un inglés correcto y pagó por sus provisiones en dólares estadounidenses, dando al capitán una bonificación de 10 dólares para cada miembro de la tripulación del Juliana. Mientras se transportaban los alimentos al submarino, el comandante del submarino informó al capitán Hekla de la ubicación exacta de un gran grupo de ballenas. Más adelante, el Juliana encontró el grupo de ballenas donde se señaló.*

¿Podría ser posible que otros U-boots además del U-530 y el U-977 continuaran actuando en el área después de la guerra? No existen registros formales de tal actividad, sin embargo se sabe que 54 U-boots alemanes "desaparecieron" durante la guerra, de los que sólo es probable que 11 hubieran sido destruidos por la colisión con minas.

Una vez que estuvieron completas las primeras fases de la construcción de la Estación 211, gran cantidad de programas de investigación y desarrollo de armas experimentales se reubicaron en la fortaleza.

Ovnis de los nazis

Para finales de 1944, las SS de Himmler habían tomado el control completo del diseño de todas las armas avanzadas y de la mayor parte de su manufactura. Esto incluye los llamados proyectos de superarmas (como los cohetes V-2 y los aviones a reacción de combate), y las numerosas instalaciones subterráneas en Alemania y en otras partes, y los campos de trabajo de esclavos asociados que eran necesarios para construirlos.

El escéptico en este punto debería notar que hemos mostrado que la ideología nazi no estaba limitada a las ciencias establecidas y convencionales como se enseñan en las escuelas estadounidenses. Está claro que los programas tecnológicos nazis gozaban de una libertad similar. Estos programas eran la fusión de la locura nazi y la movilización de los al parecer interminables recursos de producción y conceptos radicales de Alemania.

Uno de estos programas, dirigido por el tecnólogo de implosiones, Viktor Schauberger, desarrolló platillos voladores y discos de levitación. Varios grupos ocultistas nazis estaban detrás del programa de platillos voladores. Entre ellos estaba la Orden del Sol Negro de las SS, y la Sociedad Vril. No fue hasta que la Antártica estuvo lista para recibirlos que los nazis consolidaron los numerosos esfuerzos en marcha en una empresa.

Los aliados encontraron evidencia del programa de platillos después de la guerra. En el sitio de cohetes de Peenemünde, dirigido por el futuro jefe de la NASA, Wernher Von Braun, los aliados descubrieron varias fotografías de los platillos. Vieron imágenes del *Flugkriesel* que usaba mercurio como combustible y las luminiscentes esferas misteriosas clasificadas por los pilotos aliados como Foo-Fighters (Distracciones). Un artículo en el número de mayo de 1980 de *Neue Presse* detalla el recuerdo de un ingeniero alemán del sitio de Peenemünde que trabajaba en el proyecto para desarrollar un platillo volador capaz de volar con tripulación y armamentos a 3 000 kilómetros por hora. Al desertar a Estados Unidos después de la guerra, el ingeniero hizo una solicitud de patente para un platillo volador de su propio diseño.

De 1947 al 17 de diciembre de 1969, la Fuerza Aérea de Estados Unidos investigó informes y avistamientos de objetos voladores no identificados (ovnis) en un programa llamado Proyecto Libro Azul. El proyecto tenía su cuartel en la base de la Fuerza Aérea Wright-Patterson. Después de terminar el Proyecto Libro Azul, la Fuerza Aérea de Estados Unidos no ha reconocido en público algún interés en los avistamientos de ovnis. El hombre encargado del Proyecto Libro Azul, el capitán Edward Ruppert, comentó en 1956:

> *Cuando terminó la Segunda Guerra Mundial, los alemanes tuvieron varios tipos radicales de naves aéreas y misiles guiados que estaban en desarrollo. La mayoría estaba en las etapas más preliminares, pero eran las únicas naves conocidas que siquiera podían acercarse al desempeño de los objetos informados por los observadores de ovnis.*

Los Aliados se sintieron afortunados por la oportuna derrota alemana después de examinar la evidencia de sus programas de armas experimentales. Sir Roy Feddon, a quien confiaron los ingleses la misión de investigar la producción de aviones nazis comentó:

> *He visto suficiente de sus diseños y planes de producción para darme cuenta que si hubieran podido*

prolongar la guerra unos meses más, nos hubiéramos enfrentado a un conjunto de armas totalmente nuevas y mortales en la guerra aérea.

Uno de los primeros platillos, la nave de reconocimiento de largo alcance llamada Vril-ya RFZ-2, fue fotografiado acompañando al *Atlantis* en el océano Atlántico. Es probable que algunos de estos platillos voladores de más largo alcance se emplearan para ayudar en las misiones posteriores de los U-boots. Antes de la producción del *Elektroboat*, un submarino de energía eléctrica, se necesitaba que los U-boots se reaprovisionaran de combustible. Los puertos amigos de los submarinos alemanes en ruta al Polo Sur se encontraban en Tierra del Fuego y cerca del Cabo de Buena Esperanza, Sudáfrica. Desde el inicio del desarrollo de Neuschwabenland, fueron abundantes los avistamientos de ovnis en todos estos puertos y las áreas cercanas.

Balleneros y pescadores informaron de encuentros con U-boots en la región antártica. Después de viajar por varios días, los submarinos se veían obligados a salir a la superficie para permitir que su *Schnorkel* expulsara gases mortales y renovara el suministro de aire. A menudo salían a la superficie para encontrar compañía. Algunos comandantes de U-boots recurrieron a la piratería de barcos comerciales con el fin de reabastecer su nave... las autoridades portuarias del país de las víctimas registraban estas historias.

Hess causa problemas bajo el agua

A pesar de la inusual actividad de platillos voladores (siempre desechable como locura o histeria de masas), y el ocasional avistamiento de U-boots, el mundo no supo nada de la base secreta que estaban construyendo los nazis. La administración de Rudolf Hess había sido espléndida, y la mano derecha de Hitler había mantenido el secreto del proyecto con su amenaza de una muerte dolorosa y humillante. Sin embargo, la amenaza rara vez era necesaria ya que los subordinados de Hess le mostraban la misma ciega lealtad que él exhibía para el Führer.

La inquebrantable lealtad de Hess por veinte años es la razón de que los sucesos del 10 de mayo de 1941 fueran tan escandalosos e inesperados.

Esa tarde, Rudolf Hess salía en un Messerschmitt del campo aéreo de Augsburgo con un escolta dirigiéndose hacia el Mar del Norte. Después de dar el "Saludo Valkiria" a su escolta, alteró su curso y se dirigió solo a Escocia.

Hess se lanzó en paracaídas de su avión, bajando en el campo de un granjero. Su avión chocó a cierta distancia de la granja. Hess exigió que el labrador local lo llevara con el duque de Hamilton.

Antes de su partida, Hess había escrito tres cartas y ordenado a su secretario que las entregara. Su carta a Hitler decía: "Mein Führer, si no has estado de acuerdo con lo que he hecho, simplemente llámame demente".

Hess voló a Inglaterra para mediar una paz y una nueva alianza con el Reino Unido para oponerse a la agresión soviética. El anglófilo Karl Haushofer, mediante sus conexiones del Dorado Amanecer, hizo arreglos para su reunión con el duque. ¡El astrólogo personal de Hess escogió el día de llegada!

El Ejército Británico arrestó a Hess y lo detuvo como prisionero de guerra. El agente secreto Ian Fleming, autor de la popular serie de ficción de James Bond, recomendó a Winston Churchill que se empleara a Aleister Crowley para interrogar al segundo al mando de Hitler. Churchill lo prohibió.

En 1987, los guardias de la prisión de Spandau descubrieron su cuerpo colgado del cuello. A la edad de 93 años, como el último criminal de guerra nazi en cautividad, había cometido suicidio.

La estratagema de Churchill

En general, el Asunto Hess nunca ha sido bastante explicado. Hay grandes recelos en todo el tema. De acuerdo al biógrafo de Hess, Leonard Ingrams, el MI-6 atrajo a Hess a Inglaterra. Ingrams cree que la captura de Hess fue parte de la *Operación Muérdago* en que se traicionó a pacifistas ingleses para explotar el sentimiento proalemán que bullía en silencio en ciertos centros de poder del Reino Unido. Si Leonard Ingrams tiene razón en su afirmación, Winston Churchill dirigió de manera inmejorable a los simpatizantes de los nazis con esta maniobra.

Los vínculos entre la realeza británica y el partido nazi eran delicados. La reina Victoria se casó con un duque alemán en 1840, matrimonio que creó la casa de Saxe-Coburg-Gotha. En 1917, su nieto el rey Eduardo V, mariscal de campo alemán honorario, renunció al nombre alemán y la Casa se llegó a conocer como Windsor. Se citó a la esposa de Eduardo diciendo de la Primera Guerra Mundial que Inglaterra "había respaldado el caballo equivocado".

El hijo de Eduardo V, el rey Eduardo VIII, informó: "No hay gota de sangre en mis venas que no sea alemana". Por curioso que parezca, la línea real inglesa tiene diversos vínculos genealógicos con la Casa de Habsburgo. En 1937, el duque y la duquesa de Windsor se reunieron cara a cara con Adolfo Hitler. Al momento de escribir esto, imágenes del príncipe Enrique con uniforme nazi en una fiesta de disfraces cubren todos los periódicos de escándalos.

Gran cantidad de cartas personales pertenecientes a Churchill, el rey Eduardo VIII y la esposa nacida en Estados Unidos del rey, Wallis Simpson, revelan un profundo rencor entre ellos respecto al tema del apaciguamiento alemán. Eduardo VIII, quien había abdicado al trono para casarse con Simpson, era considerado por los nazis como un posible jefe de estado para una Inglaterra subyugada. ¡Es fácil ver por qué Churchill sentía que debía dormir con un ojo abierto!

Para evitar avergonzar a la reina madre, las cartas en sí cambiarán de nivel de seguridad hasta el año 2011; sin embargo, se ha permitido un acceso limitado a los académicos.

La Operación Muérdago empezó en 1940, cuando la Inteligencia Británica interceptó una carta escrita por Albrecht Haushofer, hijo de Karl, con el duque de Hamilton. La carta, una invitación a reunirse en Lisboa, proponía una discusión de paz con términos que prohibían específicamente la participación del primer ministro. MI-6 mantuvo activos estos conductos que al final condujeron a la llegada de Hess y su arresto.

Cuando el Führer recibió la carta de despedida de Hess, estaba enfurecido. Hitler hizo que se detuviera a Albrecht Haushofer y su grupo de astrólogos. Al final se liberó a Haushofer, pero durante el resto de la guerra, las SS mantuvieron una vigilancia estrecha.

El doctor Walter Stein, que en 1933 escapó al Reino Unido después de darse cuenta que la Oficina Nazi de lo Oculto tenía la mirada en reclutarlo, estaba en posición de aconsejar a Winston Churchill respecto a asuntos de lo oculto. Stein propuso que formara un grupo contra lo oculto para combatir las campañas de magia negra de los nazis. Fue parte importante en que Churchill negara la petición del agente Fleming respecto a Aleister Crowley; Stein estaba bien consciente de qué intentaba hacer *la Bestia*.

Por consejo de Stein, Churchill pensó que la selección de la operación proporcionaría un excelente servicio de inteligencia sobre la máquina de guerra alemana. Las divagaciones de Hess parecían delirantes; lo descartaron como demente. ¿Pudo Hess haber revelado los secretos de la Base Antártica al MI-6, sólo para que se le considerara lunático?

Hitler retiró a Hess de la afiliación al partido nazi y ascendió al almirante Doenitz para asumir el papel de Hess de dirigir el proyecto antártico. Mientras daba un discurso de graduación para cadetes navales en 1944, el almirante se jactó ominosamente:

> *La Naval Alemana todavía tiene un gran papel por desempeñar en el futuro. La Naval Alemana conoce todos los lugares ocultos a los cuales llevar al Führer, si surge la necesidad. Ahí, puede completar sus últimas medidas, en completa tranquilidad.*

Mapa del coronel Howard A. Buechner del supuesto viaje de U-boot del capitán Wilhelm Bernhart de Argentina a Antártica en mayo de 1979 para recuperar el tesoro secreto de Hitler.

Representación artística de los U-boots y los ovnis.

Después de la Segunda Guerra Mundial la inteligencia aliada recuperó gran cantidad de extrañas naves aéreas nazis.

Representación en historieta de Hitler y la Lanza del Destino.

Capítulo 12

Heinrich Himmler, Lance Doppelganger

Doce oficiales de las SS, en ropaje negro completo, se sientan en silencio alrededor de la mesa en el mitreo del castillo. Su concentración está fija en su Gran Maestre, sentado en su "Gran Silla". En el trono adornado, las iniciales HH están rodeadas por tallas de runas. El símbolo de la Victoria se encuentra sobre la runa Hagel... lo que significa "¡Yo destruyo!". En la parte de abajo, la runa de la Vida del Hombre, con los brazos hacia abajo para significar la muerte.

El Gran Maestre sujeta su cetro de poder, una réplica de la Heilige Lanze, mientras aborda con calma el "Problema Judío".

"Quiero mencionar también un tema muy difícil... ante ustedes, con completa franqueza. Lo debemos discutir entre nosotros, sin embargo, nunca hablaremos al respecto en público..."

Los rasgos como de rana del Gran Maestre dejan pasar la sangre de su temperamento cuando su piel blanca pálida se abrillanta de rojo.

"Estoy hablando de la evacuación de los judíos, el exterminio del pueblo judío. Es de esos temas que se dicen con facilidad. 'Se está exterminando al pueblo judío', te dirá todo miembro del partido, 'es del todo claro, es parte de nuestros planes, estamos eliminando a los judíos,

exterminándolos, algo sin importancia'. La mayor parte de ustedes sabrá lo que significa cuando 100 cuerpos estén tirados juntos, cuando haya ahí 500 o cuando haya 1 000. Y haber visto que se haga esto, con la excepción de la debilidad humana, habernos mantenido decentes, nos ha hecho duros y es una página de gloria que nunca se menciona y que nunca se mencionará".

Hace una pausa, saca un pañuelo del bolsillo de su pecho y se seca el sudor de la frente. Se quita los lentes y después de una sonrisa breve, con los labios apretados, termina con calma su discurso.

"Vamos a llevar a cabo esta tarea de lo más difícil por amor a nuestro Volk".

Heinrich Himmler, papa pagano

Otra fuerza detrás de la elevación al poder de los nazis fue el horrible Henrich Himmler, el jefe de las SS Gestapo de Hitler. Como Hitler, Himmler también tenía una fascinación obsesiva con la Lanza, y como Hitler, su paganismo pervertido racionalizaba, si no facilitaba, un odio a los judíos que le hacía nudos el estómago.

El Führer le confió la responsabilidad de llevar a cabo la "Solución Final" que ahora sabemos tuvo como resultado la muerte de millones.

Himmler primero ordenó un censo para identificar a los judíos que vivían en territorios alemanes. Luego, mediante los consejos administrativos judíos, los nazis los privaron de sus medios de vida y los llevaron como ganado a los ghettos. La *Solución Final* de los nazis destinaba a los judíos a una vida de trabajo como esclavos o una muerte en masa por asfixia en las cámaras de gas cianuro.

La asociación de Himmler empezó desde los primeros días de Thule y el partido nazi. Himmler fue un seguidor devoto de Hitler y hablaba de él como el Mesías. Las SS (el

Schutzstaffeln) sirvieron originalmente como el ejército de guardaespaldas personales de Hitler. En 1929, Himmler se convirtió en el jefe de las SS, entonces sólo con unos cuantos cientos de soldados. Para el momento del ascenso nazi al poder en 1933, las SS tenían 52 000 hombres. En 1940, fundó las *Waffen SS* (Schutztaffeln blindadas), un ejército de elite responsable de llevar a cabo el trabajo sucio del Führer fuera de Alemania. Las Waffen SS crecieron a 150 000 miembros.

Himmler se aseguró de llenar cada puesto clave de la jerarquía nazi con un miembro de sus SS. Además de blandir un enorme poder, Himmler también blandió la Lanza del Destino... o al menos una réplica de ella muy buena.

Himmler compartía la fascinación de Hitler con la Lanza del Destino y había estudiado en forma minuciosa y obsesiva textos antiguos para buscar más información sobre la infame reliquia. Como testamento a la gloria del objeto con que estaba tan extasiado, comisionó que se hiciera una réplica en 1935... tres años antes de que Hitler adoptara la Heilige Lanze real. La lanza era el orgullo de la colección personal de Himmler, la cual creció con los botines alemanes.

Himmler era un aficionado de las leyendas de los Caballeros Teutónicos y de las leyendas del rey Arturo. Veía a sus tropas de las SS como reencarnaciones de los caballeros e incluso llegó al grado de crear su propio Camelot y Mesa Redonda en el castillo de Wewelsburg. Wewelsburg es una fortaleza gótica del siglo XVII de forma triangular con muros de piedra que conectan las tres torres.

La tradición antigua afirmaba que el castillo se convertiría a la larga en el lugar de descanso final del Santo Grial. Himmler no reparó en gastos para reconstruir y decorar el castillo. Incluso hizo establecer un campamento de trabajos forzados cerca para que no tuviera escasez de trabajadores y sirvientes.

Muchas de las habitaciones recibieron nombre en honor a líderes ilustres que alguna vez poseyeron la Lanza del Destino: Otón el Grande, Felipe de Suabia, Conrado IV y muchos otros. Estas habitaciones estaban equipadas con piezas de los periodos respectivos del líder... a menudo con objetos que en verdad eran propiedad de ese poseedor previo de la Lanza. Varias de las habitaciones privadas de Himmler en el castillo recibían el nombre en honor a Heinrich I, Enrique el Pajarero, del que Himmler creía que era una reencarnación.

Himmler fundó una orden, conocida como el "Gran Consejo de Caballeros", que constaba de 13 hombres, de los que era el Gran Maestre.

Bajo la torre norte del castillo de Wewelsburg se encuentra una cripta empleada por el Gran Consejo de Caballeros como un tipo de mitreo, las cámaras subterráneas en que se veneraba a Mitra, el Dios Sol, en tiempos precristianos. Según informes, Himmler hizo caballeros a oficiales de las SS con su réplica de la Lanza Sagrada en esta sala subterránea.

De todos los comandantes nazis del tiempo de guerra, Himmler tal vez fuera el campeón más abierto del Paganismo alemán. Supervisó las cacerías de tesoros "sagrados" del Führer. Himmler fue el oficial comandante responsable por la misión tibetana de Heinrich Harrer y la búsqueda del Arca de la Alianza en Egipto... el material fuente para la popular película de 1981 de Steven Spielberg, *Indiana Jones y la búsqueda del arca perdida* con Harrison Ford. El Gran Consejo de Caballeros creó una red que se extendía a los rincones más lejanos de la ocupación nazi, mediante la cual contrabandeaban reliquias religiosas al castillo de Himmler.

El jefe de las SS empleaba a un asesor llamado Karl Maria Wiligut. Wiligut, quien afirmaba ser el último descendiente del Alto Sacerdocio Ario conocido como *Ueiskuning*, sugirió por primera vez el uso de Wewelsburg a Himmler. A Wiligut se le ha llamado "El Rasputín de Himmler" y "El Señor de las Runas". Su participación con el elemento ocultista nazi se remonta a la década de 1920, cuando empezó a consultar a los seguidores de Lanz von Liebnfels y a los thulistas sobre sus extrañas creencias.

Wiligut predicaba el irminismo, uno de cuyos principios es que el cristianismo es una bastardización del dios germánico "Krist". La figura del "Krist" en el irminismo se considera evidencia que apoya la ascendencia aria de Jesús. En su intento por reconciliar su antisemitismo con su herencia cristiana, muchos nazis recurrieron al paganismo germánico. El irminismo ofrecía un buen compromiso. Himmler adoraba el Krist ariocéntrico de Wiligut y le otorgó a Wiligut el rango de general de brigada honorario, nombrándolo jefe del departamento de prehistoria. Wiligut sirvió hasta 1939, cuando se vio obligado a renunciar después de que se reveló que había pasado tiempo en un manicomio a finales de la década de 1920.

Algunos escépticos señalan a Himmler como la fuente para las teorías de conspiración respecto a las conexiones ocultistas nazis. De acuerdo al investigador Liam Rogers, de su informe *El mundo mágico de Heinrich Himmler*, el liderazgo nazi se burlaba en secreto de Himmler por volver místicas a las SS. Por un lado, Himmler buscaba liberar a la patria de las garras del cristianismo, y por el otro estaba tratando de impulsar un renacimiento de costumbres paganas primitivas.

Albert Speer, el maestro de ingeniería y arquitectura nazi, criticaba a Himmler. En su libro: *Dentro del Tercer Reich*, cita a Hitler recriminando al jefe de las SS:

> *¡Qué tontería! Aquí hemos al fin alcanzado una era que ha dejado detrás al misticismo y ahora él desea comenzar todo de nuevo. Igual pudimos quedarnos*

con la iglesia... ¡Pensar que algún día me podría convertir en un santo de las SS! Me retorcería en la tumba.

La traición de Himmler

Es posible que Speer tuviera una queja con Himmler. Mientras Speer se ofrecía en público como chivo expiatorio para la conciencia alemana y sobreviviría a los Juicios de Núremberg con la etiqueta "El Nazi Bueno", tenía un resentimiento de largo tiempo con Himmler respecto a los eventos que ocurrieron al final de la guerra.

Los historiadores están de acuerdo en que la ingeniería de construcción de Speer de la máquina de guerra alemana prolongó la guerra al menos un año más, resultando en la muerte de millones. Speer era amigo cercano de Adolfo Hitler y Himmler traicionó a Hitler al tratar de negociar en secreto la rendición de Alemania con agentes de inteligencia de Estados Unidos.

En la propuesta de Himmler, que fue rechazada en los niveles más altos de los Aliados, *él* sería el jefe de estado en una Alemania de postguerra. Speer nunca perdonó a Himmler por su traición. Combinada con la búsqueda de la redención personal, la desestimación de Speer de la influencia de lo oculto en el partido nazi justifica las sospechas. Los escépticos citarán a Speer cuando tratan de desacreditar las conexiones ocultistas nazis, pero al hacerlo tratan de correr el velo sobre hechos y evidencias aplastantes empleando las racionalizaciones de un hombre muy culpable.

Operación sujetapapeles

Aunque la Operación Sujetapapeles no empezó oficialmente hasta la autorización de 1946 del presidente Harry S. Truman, el director de la OSS, Allen Dulles, había iniciado el proyecto mucho antes. Mientras los Aliados entraban en Alemania, la OSS (la agencia de inteligencia en el extranjero de Estados Unidos que precedió a la creación de la CIA) empezó a establecer "Líneas de Ratas" en Alemania para facilitar la comunicación y la deserción discretas con los nazis. La meta básica de la Operación Sujetapapeles era capturar el Genio Nazi arreglando la inmigración de científicos y oficiales de inteligencia alemanes y, lo más importante, para que Estados Unidos los consiguiera antes de que lo hicieran los rusos.

En Estados Unidos se tenía que superar un obstáculo legal, ya que la ley de ese país prohibía la inmigración de miembros del partido nazi a Estados Unidos. Para superar este problema, Truman insistió en que los departamentos de Estado y de Justicia revisaran los expedientes de cada Sujetapapeles. El presidente ordenó que Estados Unidos sólo admitiera sujetos con participación "nominal" en el Partido Nazi.

La primera serie de expedientes fue rechazada por todos, ya que cada uno mostraba en forma clara que los sujetos eran participantes nazis activos. Los planificadores de Sujetapapeles estaban furiosos y encontraron una solución: reenviar los informes de Sujetapapeles a los niveles más altos de OSS para verificación y edición previos a su presentación para aprobación final. Por comunicados de prensa del Acta de Libertad de Información, ahora sabemos que los expedientes fueron "limpiados" por oficiales de alto nivel antes de que se les sometiera a los departamentos de Justicia y de Estado.

El expediente sobre Werner von Braun, el científico de cohetes alemán que más adelante dirigiría la NASA, contenía originalmente la declaración: "El gobernador militar considera al sujeto como una potencial amenaza a la seguridad". Un agente de OSS cambió esto para que dijera: "No está disponible información negativa sobre el sujeto... Es opinión del gobernador militar que no podría representar una amenaza a la seguridad de los Estados Unidos".

Von Braun fue una estrella de Sujetapapeles. Mientras trabajaba con los nazis bajo el capitán Dornberger en Peenemünde, dirigió el desarrollo del cohete V2. El cohete fue tristemente célebre por causar temor y muerte desde los cielos sobre Gran Bretaña. Von Braun llegó a Estados Unidos en 1945 y fue clave en el desarrollo de sistemas de misiles, el programa espacial e incluso de ser la estrella en una serie de televisión de Disney sobre la exploración del espacio. La fábrica de cohetes de Peenemünde tenía en su mayor parte personal esclavo y las ejecuciones eran rutina. Los trabajadores sospechosos de sabotaje eran colgados y dejaban sus cuerpos pendiendo sobre las puertas de entrada para servir como ejemplo para otros esclavos.

Gran cantidad de las personalidades que surgieron en la escena política mundial surgieron del Proyecto Sujetapapeles. Henry Kissinger, el futuro secretario de Estado con el presidente Richard Nixon, ayudó en los trabajos para negociar una transferencia segura a Estados Unidos y Sudamérica para los espías nazis en intercambio por informes de inteligencia clave. James Angleton, mano derecha de Allen Dulles, responsable de dirigir Sujetapapeles, más adelante se convirtió en el jefe de Inteligencia de la CIA.

En 1980, cuando el anterior jefe de Inteligencia y futuro vicepresidente George Bush padre voló a París para hacer arreglos para la "Sorpresa de Octubre", lo acompañaba el nazi del Sujetapapeles Heinrich Rupp. Rupp, que trabajaba como contratista de la CIA después de entrar a Estados Unidos con el Proyecto Sujetapapeles, testificó esta información ante un Gran Jurado Federal. Los tribunales sentenciaron a Rupp a 40 años en prisión por su participación en el escándalo de los Ahorros y Préstamos.

El padre del presidente Bush padre, Prescott Bush, era parte de la junta del Union Bank Corporation (UBC). Establecido por el Harriman Trust, los bienes del Union Bank Corporation fueron confiscados después de la Segunda Guerra Mundial de acuerdo al *Acta de Comerciar con el Enemigo*. En una serie de artículos que aparecieron en *The New Hampshire Gazette*, los reporteros John Buchanan y Stacey Michael citaron hace poco documentos que dejaron de ser secretos de los Archivos Nacionales de Estados Unidos que indican que Prescott Bush "no se separó de más de una docena de relaciones de 'enemigos nacionales' que continuaron hasta fechas tan posteriores como 1951".

Los documentos también muestran que Bush llevó a cabo negocios después del fin de la Segunda Guerra Mundial de trasladar activos a refugios nazis de Argentina, Panamá y Brasil. El servicio de Bush en la comunidad de inteligencia, unido a la posible especulación de guerra, brinda una luz interesante al Proyecto Sujetapapeles.

En total, se sabe que más de 7000 ex-nazis inmigraron en forma clandestina a Norteamérica (una cantidad importante también se marchó a Canadá y México). Muchos de estos hombres eran criminales de guerra a los que se perdonó el destino de los juicios de Núremberg porque se consideraba que su conocimiento era parte integral para mantener una ventaja estratégica y tecnológica. Además, muchos miembros de familia llegaban con sus parientes nazis de más alto nivel, como el hermano de Von Braun.

Por desgracia para nosotros, su influencia llevó a la construcción de un gobierno secreto que abarca todo el globo sin consideración por la santidad de la vida humana o los ideales democráticos. Mientras surgía este *Cuarto Reich*, Estados Unidos, mediante crímenes encubiertos como los experimentos de control mental y guerra química empleando sujetos humanos sin su conocimiento, bajaron por esa pendiente tan discutida hacia el totalitarismo.

De acuerdo a Linda Hunt, autora de *Agenda secreta: El gobierno de Estados Unidos, científicos nazis y proyecto Sujetapapeles, 1945-1990*:

> *Se dice que el legado de Sujetapapeles son los cohetes a la luna, los aviones a reacción y otros logros científicos que eran producto de la investigación de postguerra en este país. Es cierto... en lo que a eso se refiere. Lo que los defensores del proyecto no mencionan es que su legado también incluye horribles experimentos psicoquímicos llevados a cabo en soldados estadounidenses...*

En su disposición para superar a los soviéticos, Estados Unidos estaba dispuesto a disculpar las atrocidades nazis. Reportes de inteligencia defectuosos suministrados por contactos de Sujetapapeles y metidas de pata diplomáticas de OSS pueden haber precipitado las tensiones entre los soviéticos y los estadounidenses, para beneficio de los antiguos nazis. Mientras que algunos sugieren que ésta era la dura realidad de la Guerra Fría, existe evidencia para proponer que la Guerra Fría, si no de hecho resultado de Sujetapapeles, se había inflado fuera de toda proporción por los participantes del proyecto tratando de proteger y luego de enaltecer su posición.

Un ejemplo de esto se ve en el destino notablemente agradable del general alemán Reinhard Gehlen. Como el superior de la inteligencia nazi para todos los países al este de Berlín, supervisó el encarcelamiento e interrogatorio en tiempo de guerra de alrededor de cuatro millones de soldados soviéticos. Para 1944, tenía un conocimiento extenso de la maquinaria de guerra soviética. Allen Dulles se dio cuenta de los conocimientos de inteligencia de Gehlen y empezó a negociar. En intercambio por la información de Gehlen, OSS le otorgó una "paz separada". Gehlen mudó todo su personal y sus archivos de Berlín a un castillo en Austria y esperó a que se le "liberara". Una vez en Estados Unidos, era "garganta profunda" de OSS, estando él y su equipo en la nómina de OSS.

Además, se llevaron a cabo operaciones encubiertas para transportar en secreto criminales de guerra nazis, demasiado atroces incluso para Sujetapapeles, a destinos en Sudamérica.

Los críticos afirman que Gehlen exageró el poder militar soviético y las metas soviéticas de dominio europeo como medio para asegurar fondos adicionales y que continuara Sujetapapeles. Cuando enfrentaba información conflictiva, OSS por conveniencia recurría a Gehlen.

Después de la creación de la CIA en 1947, Gehlen se mantuvo en la nómina, el verdadero poder detrás del "trono" del director. Su equipo de antiguos nazis se incorporó de la misma manera a la CIA. Con muchos de sus ex-nazis del personal original, la CIA "nació mala" como la mansión encantada de Shirley Jackson en su libro: *La maldición de Hill House* (convertida en *La casa encantada*, una gran película en blanco y negro de 1963 y una verdadera basura la nueva versión de 1999).

La pista de Sujetapapeles tiene muchos giros y vueltas, algunos cruzándose con la historia de la Lanza del Destino. Parecería que Gehlen en realidad fuera un encargado del Cuarto Reich, dirigiendo un grupo de nazis dedicados a cumplir la petición de Hitler de Supremacía Aria mediante infiltración directa en el gobierno de Estados Unidos.

Otro supuesto guía del Cuarto Reich fue Otto Skorzeny, el comando favorito de Hitler. De acuerdo a una entrevista publicada en, *Secreto y suprimido: Ideas prohibidas e historia oculta*, editado por Jim Keith, la muerte de Skorzeny fue fingida y desde su casa en Madrid, España, dirigió una red de "negocios" internacional, parecida a la mafia, llamada Nazi Internacional, compuesta por antiguos nazis que vivían en todo el mundo.

El destino de Himmler

Al parecer, el fin llegó para Heinrich Himmler el 23 de mayo de 1945. Después de su traición, Himmler era un bruto sin país. Había sido condenado a muerte por Adolfo Hitler por el acto de traición de tratar de negociar la rendición de Alemania con los aliados.

Soldados británicos en Luneburgo aprehendieron a Himmler junto con dos de sus guardaespaldas. Es probable que sus captores nunca hubieran conocido su identidad si no lo hubiera anunciado él mismo. Heinrich informó al oficial del arresto que tenía una carta para el general Bernard Montgomery.

El general que iba a recibir la carta del jefe de las SS era el muy exitoso líder militar británico que derrotó por completo a Rommel, el "Zorro del Desierto", en el norte de África y que condujo a las fuerzas británicas durante la Invasión a Normandía.

Montgomery tenía un doppelganger, el actor teatral Clifton James, reclutado por MI-6. La agencia reclutó a James para representar a Montgomery para la Operación Copperhead. En 1944, Clifton aparentó ser el general ante la prensa y se le vio disfrutar de su retiro en Gibraltar y Argelia. Mientras tanto, el verdadero Montgomery se estaba preparando para invadir Normandía, donde los alemanes estaban tranquilos... creyendo que los Aliados no podían estar preparados para un ataque así tan poco tiempo después del retiro del general.

De acuerdo al oficial de las SS capturado, Otto Ohlendorf, la carta que Himmler llevaba contenía conocimientos de inteligencia condenatorios respecto a las intenciones soviéticas para la conquista de Europa. La carta fue un último intento de dividir la alianza anglosoviética, y una petición para ser "el hombre de confianza de los Aliados en Europa".

Detuvieron a Himmler para interrogarlo. Sus captores encontraron una ampolla que sospechaban era de cianuro. Preocupados de que Himmler pudiera tratar de cometer suicidio, lo transportaron con un médico que lo desnudó para registrarlo. Durante la búsqueda, el médico notó una cápsula negra en la parte posterior de la boca de Himmler. Mientras el médico trataba de retirar el dispositivo de suicidio, Himmler atrapó los dedos del médico cerrando la boca, rompiendo la cápsula para ingerirla. Un soldado se lanzó a los tobillos de Himmler, derribándolo y haciéndolo ponerse con el vientre hacia abajo para intentar evitar que tragara el cianuro. Era demasiado tarde.

En los siguientes quince minutos, mientras el cuerpo de Himmler se sacudía por las convulsiones, el médico clavó una aguja en su lengua y trató de extraer el veneno en una bola de algodón.

Se liberaron del cuerpo de Himmler en una tumba sin marcar a las afueras de Luneburgo. Los detalles de la autopsia y la ubicación exacta de la tumba fueron protegidos como secretos por MI-6 hasta el año 2045. Los investigadores persistentes han estado desenterrando alguna documentación interesante respecto a Himmler.

El informe escrito a mano del oficial del ejército británico que narra los eventos de la rendición y muerte de Himmler contiene alteraciones inexplicables. Las páginas uno y tres del informe están escritas por una mano diferente y la fecha es tres días después que el resto del documento.

Especulaciones más extravagantes proponen que la muerte de Himmler fue fingida para encubrir su reubicación patrocinada por los Aliados.

Una escandalosa anotación de diario del almirante británico sir A. B. Cuningham comenta que Winston Churchill mismo había especulado con perdonar la vida de Himmler:

> *13 de abril de 1945*
>
> *Durante nuestra entrevista, el primer ministro mencionó que [Heinrich] Himmler parecía estar tratando de mostrar que no era tan malo como lo pintaban, y [el] primer ministro dijo que si pudiera evitar más pérdida de vidas, estaría preparado para perdonar incluso a Himmler. Sugerí que existían multitud de islas a las que se le podía enviar.*

¡Date cuenta que el almirante sugería ayudar a Himmler con el exilio!

Intrigas y confusión rodean la muerte de Himmler. Oficiales del mismo gobierno británico tenían sospechas de las circunstancias. Preocupados de que Himmler pudiera haber escapado, ordenaron que se desenterrara el cuerpo y que se llevara a cabo una segunda autopsia. Como con la autopsia previa, MI-6 protegió como secretos los resultados hasta el año 2045.

Y así, la cuestión de la muerte o supervivencia de Himmler sigue sin contestar hasta la actualidad. ¿Luchó con sus captores para terminar con su vida en un acto final de cobardía o pasó los días que le quedaban como tantos otros nazis hicieron después de la guerra… bebiendo Mai Tai en la playa de un paraíso tropical?

Heinrich Himmler con su hija.

Himmler, Reichsführer SS y Papa pagano.

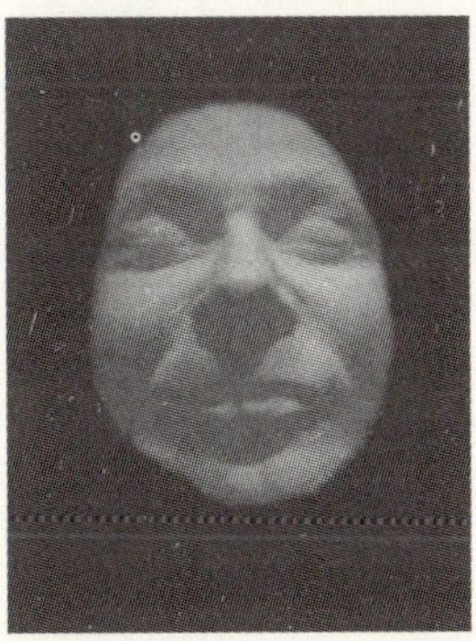

Máscara de muerte de Himmler.

Rudolf Hess, mano derecha de Hitler, elegido para establecer una base en la Antártica alemana.

Capítulo 13

El final del Führer y el Destino de la Lanza

A las 9:30 del 1 de mayo de 1945, un locutor de Radio Hamburgo exclamó: "¡El inalámbrico alemán transmite noticias graves e importantes para el pueblo alemán!"

Se tocaron tres redobles.

"Se informa desde el cuartel de Der Fuehrer que nuestro Führer Adolfo Hitler, peleando hasta su último aliento contra el bolchevismo, cayó por Alemania esta tarde en su cuartel de operaciones en la cancillería del Reich. El 30 de abril Der Fuehrer nombró su sucesor al gran almirante Doenitz".

La red de radio entonces transmitió selecciones del Parsifal de Wagner.

"¡El gran almirante y sucesor de Der Fuehrer ahora habla al pueblo alemán!"

Y entonces el gran almirante habló: "Hombres y mujeres alemanes, soldados de las fuerzas armadas: Nuestro Führer, Adolfo Hitler, ha caído. Con el mayor pesar y respeto se inclina el pueblo alemán. En una fecha temprana había reconocido el aterrador peligro del bolchevismo y dedicó su vida a esta lucha. Al final de su lucha, de su camino recto y constante en la vida, se encuentra su muerte de héroe en la capital del Reich alemán. Su vida ha sido un solo servicio por Alemania. Su actividad

> *en la lucha contra el ataque en avalancha de los bolcheviques importaba no sólo a Europa sino a todo el mundo civilizado. El Führer me ha nombrado para ser su sucesor".*

La "historia oficial"

El almirante Karl Doenitz informó al mundo que Adolfo Hitler había muerto heroicamente en batalla. Muchos aceptaron la historia. La siguiente mañana, el *London Times* presentó un obituario basado en el informe. Pero en los años siguientes, el mundo se formaría otra opinión de la muerte de Hitler.

En septiembre de 1945, el gobierno británico lanzó una investigación oficial de la muerte de Hitler. Se dio el visto bueno al mayor Hugh Trevor-Roper para encabezar la empresa.

Trevor-Roper pasó los primeros dos meses tratando de localizar testigos oculares de la muerte de Hitler. Esto demostró ser imposible. Quienes vivían y trabajaban con él en el búnker de la Cancillería del Reich estaban muertos o desaparecidos. Se las arregló para hablar con dos secretarios que no fueron testigos oculares, sino que afirmaron haber hablado con el ayuda de cámara y ayudante de campo personal, quien afirmaba haber sido testigo de todo el asunto.

Esta historia, que se convertiría en la historia oficial, se confirmó más tarde mediante documentos que se encontraron en un compartimiento secreto en una maleta escondida por el *Standartenfuhrer* Wilhelm Zander, durante la investigación en marcha de Hugh Trevor-Roper.

Gracias en gran parte a esta investigación, la historia nos cuenta ahora que la tarde del 30 de abril de 1945, Hitler se quitó la vida...

El 16 de abril, José Stalin ordenó 20 ejércitos junto con 6000 tanques y 8000 aviones para tomar Berlín. Dos semanas después, con su Reich en ruinas, Adolfo Hitler formuló su plan final.

Justo después de la medianoche, el 29 de abril, se casaron Hitler y su amante de largo tiempo, Eva Braun. En un momento poco común, se vio al Führer mostrando su afecto al besar a su nueva esposa. La pareja y el siempre menguante círculo de SS fieles disfrutaron de una recepción con emparedados y champaña. Fuera de la cancillería, estaban cayendo proyectiles y los soviéticos estaban combatiendo a las tropas restantes dispuestas a luchar... la mayor parte hombres muy viejos y niños de las Juventudes de Hitler que hicieron juramento como soldados cuando Alemania se estaba derrumbando.

Poco después, Hitler dictó su última voluntad y testamento.

La tarde del día siguiente, Hitler convocó a su secretario personal, Martin Bormann. La cancillería del Reich ahora estaba recibiendo tiros directos de la artillería soviética y de los bombarderos aliados. Hitler le dijo a Bormann que había llegado la hora fatídica: él y Eva planeaban cometer suicidio.

Hitler disfrutó de un almuerzo ligero con sus secretarias. Eva no estuvo presente. El encorvado dictador terminó el desayuno y se retiró a su habitación privada... cuatro pisos bajo el nivel de la superficie.

A las 3:30 pm, terminaron con sus vidas. Sentados en un sofá, con pistolas en las mesas ante ellos, Adolfo y Eva mordieron ampollas de vidrio con cianuro. Adolfo Hitler levantó su Walther 7.65, la puso contra su sien derecha y jaló el gatillo. Eva nunca tocó el arma.

Unos cuantos minutos después, el personal restante de la cancillería del Reich bajó a confirmar sus sospechas. Encontraron los cuerpos del señor y la señora Hitler desplomados, el dulce aroma a almendras del ácido prúsico en el aire, y el sofá empapado con la sangre del Führer.

Los cuerpos fueron envueltos en colchas y transportados arriba al jardín. Mientras la artillería soviética disparaba furiosamente, se remojó a los Hitler con gasolina y se les prendió fuego.

La cacería por la lanza

En 1945, el teniente Walter William Horn estaba apostado en Francia cuando recibió la orden. La conquista aliada de la nación estaba a punto de completarse; Alemania había sido derrotada. Recuperar la *Heilige Lanze* era una alta prioridad.

El teniente Horn empezó su investigación sabiendo muy poco de la historia reciente de la Lanza. Los agentes del servicio de Inteligencia de Estados Unidos registraron la documentación que sobrevivió a la política de *tierra quemada* de Hitler, pero encontraron poca información respecto a la Lanza y los Símbolos de Realeza de los Habsburgo. Walter Horn no tenía mucho para seguir adelante.

Se asignó a Horn a la Oficina de Monumentos, Bellas Artes y Archivos de la Oficina de Inteligencia del Ejército de los Estados Unidos. Nació en Alemania y en 1938 llegó a Estados Unidos para tomar un trabajo como profesor de Historia del Arte en la Universidad de California en Berkeley. El área de pericia del teniente era en el estudio de arquitectura religiosa. Se había unido originalmente a la campaña de guerra en 1943 y se convirtió en ciudadano de Estados Unidos en el proceso. Horn pasó el tiempo durante la guerra localizando y recuperando tesoros artísticos e históricos saqueados por los nazis. Le dio la orden urgente el general George S. Patton mismo, para localizar la Lanza del Destino... tan pronto como fuera posible.

Hemos llegado a aceptar como verdad que Hitler se aferraba a la Lanza Sagrada después del Anschluss. Nuestra mejor evidencia dice que en octubre de 1938, después de que Hitler había tenido unos siete meses de "tiempo a solas" con su talismán, decidió compartir su premio con otros miembros del partido. Entonces puso la Lanza en exhibición en Núremberg, en la catedral de Santa Catarina, bajo la vigilancia estricta del Gran Consejo de Caballeros de Himmler. Cientos de miles de fieles del partido nazi desfilaron frente a la reliquia, cada uno recibiendo un baño de mal karma mientras pasaban como ganado...

Cuando se intensificaron los bombardeos aliados en Núremberg en otoño de 1945, se trasladó la Lanza a un búnker bajo tierra. En túneles a unos 240 metros en la ladera bajo el castillo de Núremberg, los nazis supusieron que el *kunstbunker* sería el lugar seguro para la Lanza. Es irónico que las puertas externas que conducían al kunstbunker se abrieran por explosión durante el último bombardeo aéreo.

Núremberg se rindió el 20 de abril de 1945, después de que el mayor Lieble y el comandante Holz de las SS de la ciudad murieran en un pacto de suicidio. Adolfo Hitler estaba celebrando su cumpleaños cuarenta y seis cuando las fuerzas estadounidenses capturaron la ciudadela del paganismo alemán. La ciudad antes rica en arquitectura medieval estaba reducida a escombros. Los sobrevivientes buscaban albergue en los edificios bombardeados. Muchos murieron de hambre.

De acuerdo a Shaun Trevisick, el escritor y director de un reciente documental de la BBC y Discovery Chanel, *La Lanza de Cristo*, fue el oficial James C. Sattgast, del ejército de Estados Unidos, quien descubrió y aseguró el kunstbunker. Cierto capitán Thompson ordenó el primer inventario del búnker, informó Trevisick, el 23 de junio de 1945.

Es poco probable que Thompson o Sattgast comprendieran por completo lo que habían encontrado. De hecho, el teniente Horn continuó vagando por Alemania buscando la

Lanza por casi un mes después de que el ejército la tomó bajo custodia.

En julio de 1945, Walter Horn encontró a Felix Rosenthal... colega de él de la Universidad de California en Berkeley. Rosenthal era un prisionero escapado de los campos de concentración que había vuelto a Alemania para trabajar para la Inteligencia del ejército de Estados Unidos como traductor. Mientras interrogaba a prisioneros, Rosenthal empezó a notar que oficiales de las SS cautivos estaban conspirando para reagrupar el Reich. El ejército hizo que se pusieran micrófonos en todas las celdas y Rosenthal trabajó para grabar en secreto las conversaciones.

Felix Rosenthal informó al teniente Horn que había escuchado a oficiales de las SS organizar un plan para robar la Lanza del Kunstbunker... ¡bajo las narices de los estadounidenses! Horn fue a Núremberg el 19 de julio y recuperó la Lanza del Destino. A pesar de las objeciones de los oficiales de Núremberg y del general George S. Patton, supremo comandante aliado, Dwight D. Eisenhower ordenó que se devolviera la Lanza de Longinos a Austria. Con una celebración mínima, se devolvió la Lanza a la Casa del Tesoro de los Habsburgo el 4 de enero de 1946. Al momento de escribir esto un visitante a ese mismo museo austriaco encontrará ahí la misma lanza en la actualidad. Pero, como veremos pronto, ¡algunos no creen que sea la verdadera Lanza del Destino, sino una hábil falsificación!

Se dijo que Patton estaba furioso por la devolución de la Lanza. El general mismo era un creyente de su leyenda. Se informó que tenía fascinación por lo oculto, en particular por las vidas pasadas.

El chofer de Patton comentó una historia sobre una visión de vidas pasadas que tuvo el general. Esta escena apareció en el exitazo de taquilla, *Patton*, con el estelar de George C. Scott. Una vez que llegaba a la cima de una colina en su jeep, se dice que el general entró en trance. Patton admiró lleno de orgullo un campo de batalla en el valle de abajo... donde en realidad no existía ningún campo de batalla. Dio una explicación paso a paso de su visión, o recuerdo, de ejércitos enfrentados en combate mortal.

Se debate entre historiadores e investigadores si Patton sostuvo alguna vez la Lanza del Destino. Pero podemos encontrar evidencia de su obsesión con la reliquia en esta selección de un poema que escribió titulado: *A través de un cristal, a oscuras*:

No puedo nombrar mis batallas
ya que las visiones no son claras
sin embargo, veo las caras retorcidas
y siento la lanza entregándose.
Tal vez atravesé a nuestro Salvador
en su sagrado e indefenso costado.
Sin embargo, he llamado su nombre en bendición
cuando después del tiempo morí.

Nube de confusión

Como se mencionó antes, la leyenda de la Lanza dice que cuando el portador la pierde, poco después pierde la vida. Tal vez, en un esfuerzo por reconciliar el registro histórico con la leyenda, ha surgido un mito respecto a la toma de la Lanza por parte de Estados Unidos. El mito dice que Estados Unidos recuperó la Lanza el 30 de abril de 1945 y más o menos dos horas después Hitler cometió suicidio. En dos puntos, nuestros descubrimientos entran en conflicto con esta leyenda.

Fuentes que tal vez se originan con Ravenscroft, acreditan al teniente Horn el recuperar la Lanza el 30 de abril. Ahora sabemos que el ejército de Estados Unidos no inspeccionó el kunstbunker hasta junio de 1945. Mientras que es posible que el ejército pudiera haber controlado el kunstbunker en cualquier momento después del 20 de abril, el día en que cayó Núremberg, es seguro que Horn no encontró la Lanza hasta julio. Parece que Ravenscroft está equivocado.

El teniente Horn siguió adelante para convertirse en un historiador de arte muy prominente con la Universidad de California en Berkeley. Se ha sugerido que el embellecimiento de Ravenscroft podría no ser más que un apoyo a un compañero profesor.

Nuestro segundo punto de desacuerdo con el mito de Ravenscroft es que la evidencia de que Hitler en realidad cometió suicidio es poco concluyente... en el mejor de los casos.

La idea de que el suicidio de Hitler fue montado puede parecer absurdo en la actualidad, pero fue el pensamiento más común en Estados Unidos durante la postguerra. Encuestas de opinión que se llevaron a cabo en la década de 1950 mostraron que dos terceras partes de los estadounidenses creían que Hitler no murió al final de la guerra y que había escapado. En 1952, Dwight D. Eisenhower dijo: "No hemos sido capaces de desenterrar la más mínima evidencia tangible de la muerte de Hitler. Muchas personas creen que Hitler escapó de Berlín".

El mundo ahora acepta como un hecho y se enseña a los niños en las escuelas públicas, que Hitler encontró su fin en la cancillería del Reich en un horrendo suicidio, pero simplemente no vemos razón para creerlo. Ni estamos solos en esto...

El jefe del consejo de juicios de Estados Unidos en Núremberg, Thomas J. Dodd, comentó: "Nadie puede decir que está muerto".

El mayor general Floyd Parks, quien era general comandante del sector de Estados Unidos en Berlín, declaró para publicación que había estado presente cuando el mariscal

Zhukov describió su entrada a Berlín y Zhukov declaró que creía que Hitler pudo haber escapado.

El teniente general Bedell Smith, jefe del Estado Mayor del general Eisenhower en la invasión europea y posterior director de la CIA, afirmó en público el 12 de octubre de 1945: "Ningún ser humano puede decir en forma concluyente que Hitler está muerto".

El coronel W. J. Heimlich, antiguo jefe del servicio de inteligencia de Estados Unidos, en Berlín, declaró para publicación que estuvo encargado de determinar lo que había sucedido a Hitler y después de una investigación completa su informe era: "No hay evidencia aparte de los rumores para apoyar la teoría del suicidio de Hitler". También declaró: "Basados en la evidencia presente, ninguna compañía de seguros en Estados Unidos pagaría un seguro por Adolfo Hitler".

Los rusos se apoderaron de Berlín y con él del búnker del Führer. Pasaron ocho semanas antes de que se permitiera entrar a la ciudad a las fuerzas estadounidenses e inglesas. Para entonces, los alemanes estaban casi delirantes de gusto de verlos... esperando por fin algo de alimento y agua limpia. Para el momento en que llegaron los investigadores se había destruido toda la evidencia de lo que había sucedido en la cancillería o se había manipulado tanto que era inútil. Entonces los rusos presentaron a los Aliados y al mundo una serie de historias siempre cambiantes de lo que le sucedió a Adolfo Hitler después de que irrumpieron en Berlín.

De manera extraoficial, José Stalin insistió a Truman y Churchill, en persona, ¡que Hitler escapó! Esto fue corroborado por el anterior secretario de Estado Jimmy Byrnes en su libro: *Hablando con franqueza* (como se cita en el número de abril de 1948 de *La cruz y la bandera*): "Mientras estaba en Potsdam, en la Conferencia de los Cuatro Grandes, Stalin dejó su silla, se acercó y chocó su vaso de licor con el mío en una forma muy amistosa. Le dije: 'Mariscal Stalin, ¿cuál es su teoría de la muerte de Hitler?'. Stalin contestó: 'No está muerto. Escapó a España o a Argentina'".

En un punto, los soviéticos afirmaron que habían capturado vivo a Hitler y que lo tenían prisionero. Después, decidieron que, después de todo, Hitler había cometido suicidio y presentaron una autopsia que con claridad era falsa para demostrarlo.

Los rusos después presentaron un cuerpo exhumado y, por separado, un hueso de la mandíbula, que fue identificado positivamente por un dentista nazi. Sin embargo, el dentista estaba trabajando con dibujos de comparación, no rayos X, que hizo de memoria. El dentista nunca estuvo disponible para interrogatorio por parte de la prensa o de los Aliados. Es escalofriante que después de su testimonio, nunca se volviera a ver al dentista. En un museo de Moscú se puede ver un fragmento de cráneo que se afirma pertenecía a Hitler. De acuerdo a las notas de la exhibición, se ha identificado positivamente el fragmento empleando el DNA de los parientes vivos de Hitler. Hay mucho escepticismo.

La "historia oficial" que han propagado los historiadores de occidente surge de la investigación del mayor Hugh Trevor-Roper en 1945-1946. Por desgracia, el mayor no pudo encontrar un testigo ocular. Corroboró las historias de testigos secundarios empleando la Última Voluntad y Testamento de Hitler y el contrato matrimonial como evidencia para apoyar el suicidio de Hitler.

En una conferencia de prensa del 1 de noviembre de 1945, Trevor-Roper anunció sus hallazgos preliminares respecto al "suicidio de Hitler". También admitió que los soviéticos creían que Hitler había escapado. Se atestiguó que un oficial soviético presente estuvo de acuerdo con la declaración al asentir con la cabeza.

Viaje a la fortaleza inexpugnable

Para el final de la Segunda Guerra Mundial, los nazis habían finalizado su reubicación en el Hemisferio Sur. En una operación con nombre código "Odesa", los alemanes negociaron y financiaron rutas de escape para los oficiales de las SS.

Por órdenes de Hitler, Martin Bormann empezó a enviar toneladas de oro a Argentina ya desde 1943. De acuerdo al autor Ladislas Farago, en su libro de 1974, *Repercusiones: Martin Bormann y el Cuarto Reich*, los nazis hicieron un trato con la familia Perón para que les proporcionaran un lugar seguro. El oro se depositó en bancos a nombre de Eva Perón. Perón ordenó que su fuerza naval permitiera el paso seguro a los U-boots de y hacia el Mar de la Plata. Cuando en 1946 Evita se embarcó en su "Gira del Arco Iris" a Europa, depositó alrededor de 800 millones de dólares en cuentas de bancos suizos.

Decenas de miles de nazis y los miembros de su familia supuestamente establecieron una colonia en Argentina. Otros destinos sudamericanos también dieron refugio a criminales de guerra. Klaus Barbie, el "Carnicero de Lyons" se reubicó en Bolivia. Josef Mengele, el "Ángel de la Muerte" escapó a Brasil. En Chile encontró refugio Walter Rauff, responsable de la muerte de casi 100 000 judíos con los camiones de gas móviles. Pero quizá el más interesante y oscuro destino fue Neuschwabenland, Antártica.

Los capitanes Otto Wermoutt (o Wermuth) y Heinz Scheffer, comandantes de los U-530 y U-977 respectivamente, confesaron durante los interrogatorios posteriores a la guerra que sus submarinos hicieron descubrimientos en la Antártica. En una carta confiscada por las autoridades de Estados Unidos, con fecha del 1 de junio de 1983:

> *Querido Willy,*
> *Estaba pensando si es razonable publicar tu manuscrito respecto al U-530. Los tres submarinos que to-*

maron parte en esa operación (U-977, U-530 y U-465) en la actualidad se encuentran en el fondo del océano Pacífico. ¿No es mejor dejarlos ahí? Mi viejo amigo, ¡piénsalo! Piensa por favor cómo se vería entonces mi libro cuando publiques tus memorias. Todos hicimos un juramento de mantener el secreto; no hicimos nada malo, sólo obedecimos las órdenes y luchamos por nuestra amada Alemania y su supervivencia. Por favor, piensa de nuevo: ¿no es mejor retratar todo como una fábula? ¿Qué resultados planeas lograr con tus revelaciones? Piénsalo de nuevo, por favor.

Curiosamente, Heinz Scheffer se refiere a los U-boots como que reposan en el fondo del océano; sin embargo, documentos militares de Estados Unidos y los medios de comunicación muestran que el U-530 y el U-977 se rindieron a la neutral Argentina en el verano de 1945. ¿Pudieron los nazis crear submarinos de señuelo para ocultar las verdaderas misiones de los submarinos reales?

Es probable que los nazis sospecharan que los Aliados estaban siguiendo la pista del U-530. En 1944 el submarino tuvo un encuentro con un submarino japonés, el I-52, en el océano Atlántico. El U-530 intercambió equipo de detección con radar por dos toneladas de oro y dos y media toneladas de opio que llevó a bordo del I-52. Los Aliados habían seguido la pista al I-52 de Singapur y después de decodificar los mensajes "Ultra", esperaron a que saliera a la superficie. Las fuerzas de Estados Unidos hundieron el submarino japonés y mataron a todos a bordo. Se dejó escapar al U-530.

El coronel Howard Buechner fue coautor de dos libros en 1988-89, *Adolfo Hitler y los secretos de la Lanza Sagrada* y *Cenizas de Hitler y semillas de un Nuevo Reich*, el cual describe las misiones finales del U-530 y del U-977. Se afirmaba que su compañero de escritura había sido uno de los

nes juradas, fotografías y planos que tienen la finalidad de dirigir al lector a sitios que albergaron a Hitler, Martin Bormann, Joseph Mengele y Adolf Eichmann. Revela lugares en las laderas de los Andes que sirvieron de refugio para ellos y otros antiguos nazis... una versión sudamericana de los omnipresentes mapas para las casas de las estrellas de Hollywood, California.

"Adolfo Hitler vivió en Patagonia después de huir de Alemania en 1945. Hitler y su amante, Eva Braun, no cometieron suicidio... más bien, huyeron a las costas de Argentina a bordo de un submarino y vivieron por años cerca de San Carlos de Bariloche", escribió Basti. Un destino turístico y paraíso para patinar, Bariloche está a unos 1 350 kilómetros al sudoeste de Buenos Aires. Basti, quien vive en Bariloche, afirma tener narraciones de primera mano de pasajeros que viajaron a Sudamérica en U-boots... que constituirán la base del siguiente libro. Para los cazadores de sillón de nazis, la guía de Basti incluye una foto de la *Villa la Angostura*, frente al lago, donde Hitler y Eva Braun pasaron sus últimos días observando puestas de sol reflejadas en las centelleantes aguas del lago Nahuel Huapi, lago a 80 kilómetros al norte de Bariloche.

Basti dice que: "...esta residencia, situada en medio de un bosque de pinos al que sólo se puede llegar por bote o hidroplano, pertenecía al empresario argentino Jorge Antonio, uno de los asesores de más confianza del dos veces presidente Juan Domingo Perón". Perón fue presidente de Argentina dos veces, primero de 1946 a 1955 y la segunda vez en 1973 y 1974.

Basti también menciona a Rudolph Fraude, hijo de Ludwig Fraude, millonario alemán, como participante clave, en su calidad de secretario de Perón, como quien ubicaba a los antiguos nazis en Argentina. Entre sus "clientes" estaba Adolf Eichmann, un "vecino" de los Hitler, que fue capturado en 1960 a las afueras de Buenos Aires por comandos israelíes. Lo ejecutaron dos años después en Israel luego de un juicio televisado.

Por lo tanto, si los Hitler fueron a Argentina, ¿qué sucedía en Antártica, si sucedía algo? Vamos a volver al último continente y a la Estación 211…

fotografiando el desierto helado y explorando la capa de hielo por evidencia de uranio y otras fuentes de energía atómica.

Oficiales relacionados con la expedición declinaron expresar específicamente cuál sería el objetivo principal del viaje, pero un oficial de alto rango enfatizó en privado que era de una naturaleza "muy estratégica".

La expedición no sólo es parte de una carrera internacional por encontrar nuevas fuentes de energía atómica, indicó, sino también tiene el propósito de probar al personal y nuevas armas bajo las condiciones antárticas y cartografiar el área del Polo Sur como arma operativa del clima en el caso de otra guerra.

La región del Polo Sur, se señaló, es el lugar de formación de ciclones y la "caja de Pandora" en la que se inicia el clima de todas partes del mundo. Los datos de vientos, corrientes y movimiento de hielo proporcionarían toda la reserva de clima en Europa y América.

Diez días después de que el *New York Times* presentara la historia anterior, después de que aparecieran varias historias más en la prensa mundial, y de que gobiernos extranjeros de Moscú a Buenos Aires expresaran su preocupación, el almirante Richard E. Byrd (1888-1957) sostuvo una conferencia de prensa el 12 de noviembre de 1946. Dijo a los reporteros reunidos que: "Los propósitos de la operación son principalmente de naturaleza militar, que es entrenar al personal naval y probar barcos, aviones y equipo bajo condición de la zona frígida... Un propósito importante de la expedición era aprender cómo el equipo estándar y cotidiano se desempeñará bajo condiciones cotidianas".

En este capítulo examinaremos si eso sólo era un "cuento playero"... como la Naval llama a mentiras creíbles que se cuentan a civiles para ocultar sus intenciones reales. Como se mencionó antes en este libro, la Leyenda de la Lanza, de acuerdo al coronel Buechner y al "capitán Bernhart", incluye que pasó tres décadas bajo el hielo de la Antártica. ¿Pudo ser la supuesta base en la Antártica Alemana o la misma Lanza del Destino el objetivo real de la Armada Antártica de Byrd?

En 1946-47 el almirante Byrd dirigió lo que sigue siendo la expedición más grande que se haya enviado a la Antártica. Consistió en trece barcos, incluyendo un portaaviones, dos destructores y un submarino; dos docenas de aviones y los "expertos" mencionados en el artículo del *New York Times* de arriba... ¿quiénes eran los más de 4 700 hombres de la expedición, lo que incluía 3 500 infantes de marina en equipo completo de batalla? ¿Iban a poner a "prueba" ese equipo...?, ¿o a usarlo? ¿La Naval de Estados Unidos esperaba encontrar, y combatir, un enemigo en la tierra helada en el fondo del mundo? ¿Alguna parte del gobierno de Estados Unidos creía que algunos de los nazis faltantes, tal vez incluso Hitler, estaban escondidos en la Antártica?

Operación salto alto

El Óscar de 1948 para el Mejor Documental de Largometraje fue para *La tierra secreta* por su representación de la expedición antártica de 1946-1947 del almirante Richard Byrd. Esta exuberante película de tecnicolor de 71 minutos se editó de secuencias que representan más de 90 horas, todas tomadas por miembros del grupo de fotografía de la Naval de Estados Unidos durante la Operación Salto Alto. Con tres de las estrellas de primer nivel de Hollywood, Robert Montgomery, Robert Taylor y Van Heflin, todos oficiales comisionados de la Naval, alternando como narradores

británicos estaban dirigiendo la carrera al enviar una "exploración secreta" para ocupar la *Base Este* de Byrd de 1939-41 en la bahía Margarita de la península Antártica. Pronto incluso los escépticos empezaban a creer.

Para el otoño de 1946, Holanda y la Unión Soviética tenían flotas balleneras operando en aguas antárticas por primera vez. Como siempre, se sospechaba que los soviéticos hacían más que sólo "pescar".

Mientras tanto, Argentina e Inglaterra habían empezado a intensificar la guerra de represalias de reclamaciones y contrarreclamaciones respecto al territorio antártico. Trágicamente, la disputa anglo-argentina respecto a los territorios antárticos explotaría al final en la Guerra de las Malvinas de 1982.

Argentina, ocultándose detrás de la posición de nación neutral, aprovechó la Segunda Guerra Mundial para ampliar sus reclamaciones territoriales en la Antártica... tal vez como un arreglo secreto con Martin Bormann. En enero y febrero de 1942, el comandante Alberto J. Oddera, a bordo del *Primero de Mayo*, visitó la isla Decepción en las Shetland del Sur y el 8 de febrero Argentina tomó posesión formal de un sector grande en la región. Se reclamó posesión del Archipiélago Melchior el 20 de febrero y de las islas argentinas el 24 de febrero. El gobierno argentino notificó oficialmente al gobierno del Reino Unido el 15 de febrero de 1943, informando al gobierno de Su Majestad que habían dejado cilindros de cobre que contenían anuncios de sus reclamaciones en los tres sitios.

En respuesta, la Naval Real Británica lanzó la Operación Tabarin, para oponerse a las reclamaciones argentinas mediante establecer estaciones meteorológicas permanentes en Puerto Lockroy y la isla Decepción. Los británicos retiraron los tres cilindros que dejaron los argentinos. Durante el invierno de 1944, Inglaterra estableció el Gobierno de las Dependencias de las Islas Malvinas.

Mientras tanto, en mayo de 1946, los noruegos probaron las heladas aguas políticas de las reclamaciones territoriales antárticas. Oslo avisó a Washington que estaban considerando la posibilidad de reafirmar sus viejas reclamaciones para las regiones de la Tierra de la Reina Maud en la Antártica. Con la destrucción del régimen nazi en Berlín, el gobierno alemán de transición se vio forzado a renunciar a todas las reclamaciones territoriales en el mundo entero, incluyendo Neuschwabenland, que se traslapaba con la reclamación noruega.

No acababa Washington de digerir la noticia noruega cuando, en la primera semana de julio, el embajador estadounidense George Messersmith en Buenos Aires informó que el gobierno argentino estaba a punto de disputar las reclamaciones territoriales de Inglaterra en las Malvinas. Unos cuantos días después, Claude Bowers, en Santiago, Chile, informó al departamento de Estado de Estados Unidos que el gobierno chileno también estaba furioso por las amplias reclamaciones de los británicos.

La situación amenazaba con intensificarse hasta llegar a ser una verdadera crisis internacional después de que los británicos lanzaron una serie de ocho estampillas postales el 1 de febrero de 1946 conmemorando su reclamación de las Dependencias de las Islas Malvinas. Las nuevas estampillas representaban un mapa territorial de la Antártica, pasando por alto en su totalidad las reclamaciones chilenas y descartando gran parte de la reclamación de Argentina.

¿Había algo en el desierto helado de la Antártica por lo que valiera la pena ir a la guerra?, ¿podía haber una fuente para poder atómico u otra riqueza mineral?, ¿era el Polo Sur en realidad una posición "estratégica"? ¿Y qué hay de las historias de una "fortaleza final" en alguna parte de ese lugar?

En esta volátil situación entra el anuncio oficial del almirante Byrd de la Operación Salto Alto el 12 de noviembre de

ayudaron a fomentar y dirigir, los masones han tenido un porcentaje desproporcionadamente grande de puestos de poder e influencia en Estados Unidos. Ahora se sabe que en la mayoría de las expediciones de Byrd, si no en todas, llevaba consigo un círculo de compañeros masones. En verdad, de acuerdo a la antigua tradición, ese círculo era en una cantidad de trece masones del más alto grado. Byrd siempre los hizo jurar guardar un absoluto secreto y que hicieran un juramento de lealtad a él en persona, así que poco ha pasado de ellos a la historia.

Especulamos que las logias masónicas de Europa pudieron haber descubierto la treta de Himmler de crear una Lanza falsa. No es imposible que uno de los objetivos clandestinos de la Operación Salto Alto fuera determinar si era un hecho que la Lanza se había llevado a la Antártica y de ser así, recuperarla.

Mientras tanto, la Naval de Estados Unidos enfatizó enérgicamente que la Operación Salto Alto iba a ser un espectáculo de la naval, con intereses de la naval predominando sobre los estudios científicos. Las órdenes preliminares del almirante Ramsey del 26 de agosto de 1946 establecían que: "El jefe de Operaciones Navales sólo trataría con otras agencias gubernamentales" respecto a la Operación Salto Alto. "No se requieren negociaciones diplomáticas. No se aceptarán observadores extranjeros". Así, parecía haber poca posibilidad de científicos y observadores civiles.

Sin embargo, al parecer cediendo a la presión de la comunidad científica, el jefe de Operaciones Navales envió una carta a varias otras agencias y departamentos gubernamentales como invitación a participar en Salto Alto. De acuerdo al Informe de Observadores del Ejército: "El Departamento de Guerra respondió con interés a la invitación de la Naval para enviar observadores a esta importante expedición y aumentó su representación a dieciséis, diez más de lo que había asignado la Naval. El personal incluyó a cuatro hombres con servicio previo en la Antártica". También se invitó a participar a observadores del Ejército, de la Oficinal del Clima, Estudio Costero y Geodésico, Estudio Geológico y Servicio de Pesca y Vida Silvestre. Entre los estudios científicos recomendados estaban mediciones de aerología (observaciones sinópticas, meteorología de radar, intensidad de la radiación solar), observaciones magnéticas terrestres, estudios geológicos aéreos (incluyendo "prospección aérea de materiales fuente de energía atómica"), estudios de rayos cósmicos, etc.

Cuando se estaban llevando a cabo los preparativos de último minuto, los diplomáticos de varias naciones continuaron riñendo entre ellos y a presentar protestas ante Estados Unidos. El 13 de noviembre, Ellis O. Briggs de la Oficina Latinoamericana del Departamento de Estado hizo notar que "El imperio [británico] continúa adolorido por la próxima expedición antártica de Byrd si se puede creer al señor Everson de la embajada británica que me llamó esta mañana". Briggs le dijo a Everson que: "Nuestro gobierno está al menos tan interesado en practicar operaciones en aguas frías como lo está en lo que se pueda encontrar bajo cero, en secreto, bajo las capas de hielo, etc.". Sin embargo, Everson "no parecía nada tranquilizado". Briggs continuó para decir que Everson "murmuró" algo sobre que la Antártica era territorio británico y que Estados Unidos debió conseguir permiso para la expedición con el gobierno de Su Majestad. "Si Londres tiene alguna noción de ese tipo, supongo que se darán pasos para desengañar a nuestros amigos británicos de cualquier creencia de que consideremos británica a la Antártica", concluyó Briggs.

Dos días después, Briggs hizo notar que oficiales de Nueva Zelanda, Australia y Chile también habían mostrado un interés bastante vivo en los motivos y objetivos de la Operación Salto Alto. Se le ha preguntado si Estados Unidos planeaba abandonar su política actual y presentar una reclamación de vastas áreas de la Antártica. Briggs hizo notar que los representantes de los tres países preocupados habían solicitado permiso para ir como observadores, pero que la Naval se había opuesto terminantemente a ese permiso.

El 27 de noviembre, el secretario de Estado temporal Dean Acheson telefoneó a Briggs para preguntar si previa cualquier "dificultad política" en la expedición Byrd. De acuerdo al secretario, el asesor naval del presidente Truman, el almirante Leahy, había expresado preocupación de que podía ser muy malo "que se lastime a los chilenos, ya que ahora no están tan llenos de buena voluntad".

Briggs minimizó la situación, diciendo que a pesar de que Chile y Argentina habían expresado "algún interés" en Salto Alto, "no creía que se afectarían las relaciones con cualquiera de esos países en forma importante o perceptible por la expedición".

Tal vez se tranquilizó al secretario Acheson, pero no se puede decir lo mismo del presidente. En el último momento, tal vez el 1 o 2 de diciembre, ¡el presidente Harry Truman trató de detener la Operación Salto Alto!

Se dijo a Briggs que de repente se había llamado a "la Naval" a la Oficina Oval y se le dijo que cancelara la expedición. Se le dijo que cuando "el Departamento Naval se quejó, señalando que si la expedición no partía ahora se perdería la oportunidad, se supone que el presidente cedió y permitió que procediera la expedición". No está claro con quién habló el presidente ese día, pero tal vez fuera el secretario de la Naval, James Forrestal.

Unos cuantos meses después, Forrestal se convirtió en el primer secretario de Defensa de Estados Unidos. Pero menos de dos años después, de repente renunció al puesto de la Defensa, se refugió en un manicomio y poco después cometió suicidio arrojándose de la ventana de su suite de penthouse… o así dice la versión oficial. Muchos investigadores están convencidos de que asesinaron a Forrestal.

¿Por qué Truman dejó de detener Salto Alto? ¿Fue sólo que el retraso haría que se perdiera la oportunidad? ¿O pudo haber una conexión masónica?

De acuerdo a la Gran Logia de Pensilvania (que dio una fiesta de buen viaje al Salto Alto de Byrd) Harry S. Truman (1884-1972), presidente treinta y tres (1945-1952), se inició en la masonería el 9 de febrero de 1909, en Belton, Missouri. Su registro masónico continúa diciendo que: "En 1911, varios miembros de la Logia de Belton se separaron para establecer la Logia Grandview No. 618, en Grandview, Missouri, y el hermano Truman sirvió como primer Venerado Maestro. En la Sesión Anual de la Gran Logia de Missouri, del 24-25 de septiembre de 1940, se eligió al hermano Truman (por mayoría aplastante) el noventa y siete Gran Maestre de los masones de Missouri y sirvió hasta el 1 de octubre de 1941. Y se hizo al hermano y presidente Truman soberano gran inspector general, 33º, y miembro honorario del Consejo Supremo el 19 de octubre de 1945 en el cuartel de la Jurisdicción Sur del Supremo Consejo del Antiguo y Aceptado Rito Escocés en Washington, D. C., ocasión en que sirvió como Ejemplar (Representante) para su Clase. También se le eligió Gran Maestro Honorario del Consejo Supremo Internacional, la Orden de DeMolay. El 18 de mayo de 1959, se presentó al hermano y expresidente Truman un premio de cincuenta años, el único presidente de Estados Unidos en alcanzar ese aniversario de oro en la masonería".

¿Pudo ser anulado el presidente de Estados Unidos por una autoridad masónica "más elevada"? ¿Una que necesitaba que el hermano Byrd cumpliera su "destino" en la Antártica?

Para el 3 de diciembre de 1946, la mayoría de los barcos de la Operación Salto Alto estaban en el mar; todos los demás, excepto el recién construido *USS Burton Island*, que todavía estaba terminando su viaje inaugural, estaban a punto de partir. La Operación Salto Alto estaba en camino.

Neuberlin

Si hubieras sido un soldado del *Wehrmacht* en la estación de ferrocarril bombardeada de Poltava, ciudad de Ucrania, durante el verano de 1942, hubieras podido ver en marcha una unidad militar de apariencia extraña, dirigiéndose a un tren de pasajeros que esperaba. La unidad consistía en mujeres, todas rubias y de ojos azules, con edades entre 17 y 24 años, altas y delgadas, sus figuras sensacionales envueltas en llamativos uniformes azul cielo. Cada mujer usaba una gorra de cuartel de estilo italiano, una falda acampanada con el dobladillo debajo de la rodilla y una chaqueta ajustada con la insignia de las SS. Podrías pensar que las SS habían reclutado una sección de prostitutas de alto nivel, pero la verdad es mucho más extraña que eso. Estarías viendo a la más reciente idea genial del Reichsfuhrer-SS Heinrich Himmler: las Antiarctisches Seidlungensfrauen [Mujeres de Asentamiento Ártico o ASF].

Así escribió el estudiante de ovnis ruso Konstantin Ivanenko. Afirma que la Rasse und Seidlungshauptamt (Oficina de Raza y Asentamiento o RuSHA) fue la agencia responsable de elegir mujeres para las Antiarctisches Seidlungensfrauen. Más o menos la mitad de estas "reclutas" eran Volksdeutsch… germanas étnicas cuyos ancestros habían colonizado Ucrania en los siglos XVII y XVIII. Las otras eran ucranianas nativas a las que RuSHA había "elevado de nivel" a arias completas mediante un proceso llamado Eindeutschung (germanización).

De acuerdo a Ivanenko: "Existía una mayor popularidad por la idea de un 'Reich Antártico Germano-Eslavo'". Afirmó que fueron transportadas hasta 10 000 ucranianas con pureza racial aceptable (de los más de medio millón de ucranianos deportados durante la guerra), no a fábricas de municiones en Alemania, sino a la Antártica Alemana.

Lo que es más, Ivanenko afirmó que fueron enviadas en una proporción de "cuatro ucranianas por un alemán". Si es cierto, esto significaría que se enviaron a Neuschwabenland alrededor de 2 500 hombres. Mientras que algunos de ellos pudieron haber sido científicos e ingenieros, enviados para trabajar en los avanzados sistemas de armas, muchos debieron ser soldados no muy comunes... el llamado "Último Batallón". ¿Tal vez eran miembros de las Waffen-SS de Himmler? ¿Soldados que habían demostrado su valor, digamos, en el frente ruso? ¡Vaya, cuatro chicas por cada chico es mejor que la *Surf City* de los Beach Boys!

De acuerdo a las fuentes de Ivanenko, se estableció un campo de entrenamiento para las ASF en Estonia, "en una península cerca de Ristna en la isla Hiiumaa, en el mar Báltico". Supuestamente, este campamento era una mezcla entre una escuela de señoritas y un campamento de entrenamiento de reclutas, donde las damas tomaban lecciones en encanto y cuidado de la casa junto con cursos de supervivencia polar, e Ivanenko afirma que para las "campistas desdichadas" sólo había un escape: un boleto de tren sin regreso a Auschwitz. Se da cierta credibilidad a esta historia en que existe un caso conocido de una "desertora" de las ASF. En 1943, la guardia de Auschwitz Irma Griese, de 22 años de edad, la novia de vez en cuando del doctor Joseph Mengele, empezó a usar un uniforme azul cielo de las ASF, que había recuperado de una pila de ropa de las presas. Colgaron a Griese en 1946 por crímenes de guerra.

De acuerdo a creyentes, la colonia de Neuschwabenland sobrevivió no sólo al final de la Segunda Guerra Mundial, sino a una batalla completa con 3 500 infantes de marina y aviones de la Operación Salto Alto, como investigaremos en poco tiempo.

En 2003, Ivanenko escribió: "La población total de los nazis en la Antártica ahora excede los dos millones y muchos de ellos se han sometido a cirugías plásticas con el fin de moverse con mayor facilidad por Sudamérica y llevar a cabo todo tipo de transacciones comerciales". Llamó al Reich de la Antártica "uno de los estados con más poder militar en el mundo porque puede destruir a Estados Unidos varias veces con sus misiles nucleares con base en submarinos, manteniéndose invulnerable a los ataques nucleares de Estados Unidos por el escudo de hielo de tres kilómetros".

Además, afirma que la ciudad de Neuberlin, la capital de la colonia, se extiende a través de "angostos túneles bajo el glaciar" en una cordillera montañosa sin nombrar, calentada por "respiraderos volcánicos". El estudiante de ovnis también afirma que Neuberlin está junto a "las ruinas prehistóricas de Kadath, que pudo haber sido construida por colonos del continente perdido de Atlántida hace más de 100 000 años".

Otros investigadores alternativos afirman que se han descubierto las ruinas reales de la Atlántida, y tal vez vuelto a ocupar, bajo el hielo antártico. Algunos dicen que la Atlántida está ubicada cerca de uno de los alrededor de 70 lagos que se han descubierto a kilómetros bajo la capa de hielo polar, como el lago Vostok cerca de la base rusa del Polo de la Inaccesibilidad.

Otra de las afirmaciones que se hacen a menudo respecto a Neuberlin es que la ciudad tiene un Barrio Alienígena, donde viven pleyadianos, zeta reticulanos, reptoides, hombres de negro, aldebaranos y otros visitantes de las estrellas. Como hemos visto, los nazis estaban trabajando en algunas naves aéreas muy avanzadas, algunas de las cuales tal vez pudieron ser capaces de abandonar la atmósfera de la Tierra.

Algunos investigadores están convencidos que los nazis en verdad llegaron a la luna e incluso a Marte. ¿Pudieron haber hecho contacto con alienígenas del espacio una vez que dejaron la Tierra? O, ¿pudieron sus cohetes, *foo-fighters* y naves aéreas de disco atraer a alienígenas para visitarlos?

Circula una afirmación en las tradiciones modernas de los ovnis que una nave extraterrestre con propulsión antigravitatoria se estrelló en Schwarzwald en el verano de 1936 y que fue recuperada por los nazis que le hicieron retroingeniería, lo cual explicaría su programa de platillos voladores. Esto es similar a las historias de un "platillo" estrellado recuperado de manera similar cerca de Roswell, Nuevo México en 1947, del que la retroingeniería estadounidense supuestamente condujo al descubrimiento del transistor (patentado por los Laboratorios Bell el siguiente año), fibras ópticas y otras tecnologías exóticas.

Ivanenko informó que hablar sobre el Reich de la Antártica "se está volviendo cada vez más popular" en Rusia, Polonia, Ucrania, Bielorrusia y otros países del este de Europa.

En el número del 10 de mayo de 2003 del periódico *Frankfurter Allgemeine*, el periodista polaco A. Stagjuk criticó la decisión de Polonia de enviar tropas a Irak para ayudar con la ocupación dirigida por los estadounidenses. Al final del artículo añadió: "El siguiente gobierno polaco firmará un tratado con Antártica y declarará la guerra a Estados Unidos". Las palabras de Stagjuk se transmitieron en la estación de radio de onda corta *Deutsche Welle* la misma semana.

¿Podría haber una ciudad bajo el hielo habitada por los nietos y bisnietos de los colonos SS originales o es sólo una leyenda urbana?, ¿o podría la verdad estar en algún punto intermedio? ¿Qué encontró el almirante Byrd en 1947, si encontró algo?

La batalla por Neuschwabenland

La docena del panadero de barcos en la flotilla de Byrd llegó a tres puntos diferentes de cita en el Océano del Sur, dentro del Círculo Ártico, extendidos por más de un mes.

El plan era que el grupo principal de hombres y equipo, el Grupo Central, fuera al "hogar" antártico de Byrd, Little America, en la plataforma de hielo de Ross, donde pudieron establecer un campamento base. Ahí deberían estar los otros dos grupos de barcos, cada grupo compuesto por un portahidroaviones, un destructor y un buque cisterna. Un grupo empezaría al este del Grupo Central, el otro al oeste.

El Grupo Central consistía del *Mount Olympus*, un barco de comunicaciones, dos barcos de suministros, el *Yancey* y el *Merrick*, dos rompehielos, el *Burton Island* y el *Northwind*, y un submarino, el *Sennet*.

El Grupo Este, bajo el mando del capitán George J. Dufek, empezaría en el lado lejano del continente desde el campamento base en Little America. Sería tarea del Grupo Este empezar su misión haciendo un reconocimiento de la Tierra de la Reina Maud. Empezaron al este de Neuschwabenland, cerca de la actual estación rusa y giraron hacia el oeste, fotografiando toda la antigua Antártica Alemana en el proceso. El Grupo Este consistía en el portahidroplanos *Pine Island*, el destructor *Brownson* y su barco de reabastecimiento el *Canisteo*.

El Grupo Oeste, bajo el capitán Charles A. Bond, estaba formado por el *Currituck*, un portahidroplanos, el *Henderson*, un destructor, y el *Cacapon*, un buque cisterna. Ellos, a su vez, empezaron en el centro y terminaron su viaje a medio camino alrededor del continente antártico en la Tierra de la Reina Maud, completando el círculo.

A la retaguardia estaba el totalmente nuevo portaaviones, *Philippine Sea*, con el almirante Byrd a bordo. El barco había estado terminando un crucero de prueba cerca de la bahía de Guantánamo, Cuba, cuando llegaron sus órdenes de participar en la Operación Salto Alto. Un viaje rápido al norte lo devolvió al puerto de la Base Naval de Norfolk en Virginia. Le tomaría un mes completar los preparativos para su viaje de 16 000 kilómetros a la Antártica.

Como tenía que pasar por el canal de Panamá, se tenían que hacer cambios en el casco y las estructuras de la cubierta de vuelo. Excavado a principios del siglo XX, el canal sólo puede contener barcos de tamaño moderado. Los gigantes del mar de la actualidad, supertanques, cargueros y las ciudades flotantes que son los transportes modernos, se ven obligados, como los barcos de vela de la antigüedad, a dar la vuelta alrededor del cabo de Hornos.

Pronto, pilas de cajas llenaban los muelles alrededor del *Philippine Sea*, ya que más de cien toneladas de equipo y suministros diversos llegaron y esperaron a que se les cargara. Varios helicópteros aterrizaron en la cubierta de vuelo y se les aseguró para el viaje.

Luego llegó el mayor problema, seis aviones de transporte R4D. Eran versiones militares del famoso DC3. Eran demasiado grandes para aterrizar en un portaaviones de la era de la Segunda Guerra Mundial y sólo podían despegar de uno con la ayuda de motores cohete pegados a los costados. El campo de aterrizaje estaba a más de kilómetro y medio del muelle, de manera que se tuvo que hacer un camino que pasara por en medio de la base naval. Los conductores tuvieron que "pilotear" los aviones por ese sendero angosto, con marineros sentados en las alas para evitar que una ráfaga repentina de viento levantara el avión y lo lanzara contra los lados de edificios, cercas o maquinaria. A menudo, las puntas de las alas estuvieron a centímetros del desastre.

El último a bordo del *Philippine Sea* fue el almirante Byrd, apenas unas horas antes de levar anclas. Poco después del mediodía del jueves 2 de enero de 1947, con el almirante Byrd en el puente, el *Philippine Sea* poco a poco se separó del embarcadero mientras tocaban bandas y el mando local los despedía.

El Grupo Central había alcanzado su punto de cita designado en la Antártica tres días antes de que el *Philippine Sea* siquiera saliera de puerto, arribando a la isla Scott el 30 de diciembre de 1946. Es decir, todos con la excepción del rompehielos *Burton Island*. También estaba en un viaje de prueba cuando lo llamaron para la misión. El *Burton Island* dejaría su base de la costa oeste tarde y llegaría al océano del Sur después de todos… de hecho, llegó ahí con el tiempo justo para volver cuando se pidió la rápida retirada, como veremos en un momento.

La primera "baja" de la Guerra de Byrd fue el submarino, el *USS Sennet*. Los barcos del Grupo Central siguieron al rompehielos *Northwind* por el banco de hielo hacia las aguas abiertas del mar de Ross. La historia oficial es que el hielo demostró ser muy peligroso para el submarino, que tuvo que ser remolcado a la isla Scott. Algunos investigadores han especulado que en realidad chocó con las defensas antisubmarinos alemanas. Del mar de Ross fue a Nueva Zelanda para reparaciones y se dirigió de vuelta a su base, la instalación naval Balboa en la Zona del Canal. El resto del grupo llegó a la bahía de las Ballenas el 15 de enero.

En los siguientes dos días, destacamentos de desembarco fueron a la orilla y eligieron un lugar para su campamento base. Una vez que se escogió un sitio para Little America IV, la construcción empezó de inmediato. Pronto se descargó una amplia variedad de vehículos y se empezaron a usar tres pistas de nieve compactada y una pista de aterrizaje hecha de estera de acero, además de preparar la superficie del hielo para su ciudad de tiendas de campaña (que también se vanagloriaba de una sola barraca Quonset). La maquinaria pesada incluía tractores, jeeps, "comadrejas", buldózers y otros equipos de orugas.

La segunda "baja" y la primera fatalidad oficial tuvo lugar el 21 de enero. La víctima fue un joven marinero llamado Vance Woodall, del barco de suministros *Yancey*. De una narración del incidente:

> *Los tractores D6 estaban resultando ser demasiado pesados para moverse sobre la nieve que se encontraba en la superficie del hielo de la bahía. Con el fin*

> *de lograr suficiente punto de apoyo de remolque, los conductores tenían que dejar que las bandas de metal de las orugas se hundieran en la nieve hasta llegar al hielo duro. Como resultado, a menudo una banda de metal agarraba antes que la otra, haciendo que el tractor se moviera violentamente de un lado a otro hasta que ambas bandas agarraban por igual. El informe oficial del accidente declara que Woodall por desgracia quedó atrapado del brazo derecho y la cabeza en las tiras del rodillo justo cuando el tractor de repente dio un bandazo. Se partió la columna vertebral de Woodall "en la parte alta del cuello" y el veterano de la naval de sólo siete meses murió al instante.*

Cuatro días después llegó el almirante Byrd. El *Philippine Sea* se reunió con el Grupo Central el 25 de enero cerca de la isla Scott. Cuatro días después, el 29 de enero, despegaron los dos primeros R4D con éxito para el peligroso vuelo a Little America: con el almirante Byrd a bordo del primer avión en el aire. Para el 30 de enero, todos los seis R4D habían llegado con seguridad. Con eso se había completado el objetivo del barco de transporte. Demasiados grandes para volver al barco, los R4D tan sólo se iban a dejar atrás al final de la misión. El *Philippine Sea* de inmediato puso su popa hacia la Antártica y avanzó a la máxima velocidad posible para su país, llegando a Quonset Point, Rhode Island, el 28 de febrero.

Desde su base en Little America los seis R4D realizaron veintenas de vuelos de cartografía en lo profundo del corazón del continente helado, incluyendo varios vuelos por encima del Polo Sur. Mientras tanto, sus colegas, en los "botes voladores" PBM lanzados desde los portahidroaviones en los grupos Este y Oeste, llevaron a cabo misiones de cartografía en toda la costa antártica.

En total, se tomarían más de 73 000 fotografías. Pero lo que debería haber sido el sueño de un cartógrafo, resultó ser una pesadilla cartográfica. Sólo unos cuantos miles de fotografías tenían algún valor debido a la falta de puntos de control en el terreno adecuados. Sin ubicaciones conocidas para unir las imágenes, todo lo que tenían eran fotografías de hielo sin sentido. O así se afirmaba.

El año siguiente, se lanzó una expedición mucho más pequeña, llamada Operación Molino de Viento, para conseguir esas coordenadas necesarias. Algunos investigadores han sugerido que el verdadero propósito de Molino de Viento era ver si la Estación 211 todavía estaba ocupada y la necesidad de puntos de control en el terreno fue una literal "historia playera".

No es que la cartografía con fotos saliera tan bien para las tripulaciones de la Operación Salto Alto. Todos los tres grupos estuvieron plagados de mal clima: neblinas, nubes bajas, nubes densas en la atmósfera superior, vientos fuertes y demás, pero al Grupo Occidental le fue peor, pasando semanas enteras sin lograr poner un avión en el aire.

El suceso más notable del Grupo Occidental fue el descubrimiento del "Oasis de Bunger". Como lo expresó un cronista antártico:

> *El 30 de enero o el 1 de febrero (el registro no está claro), el piloto de PBM, el teniente comandante David E. Bunger se elevó de la bahía y se dirigió al sur, al continente que estaba a unos ciento sesenta kilómetros de distancia. En ese momento el USS Currituck estaba a las afueras de la plataforma de hielo Shackleton en la costa de la Reina María de la Tierra de Wilkes. Al llegar a la costa, Bunger voló hacia el oeste con las cámaras zumbando. De repente, los hombres en la cabina vieron un punto oscuro elevarse del horizonte blanco estéril y al acercarse no*

podían creer a sus ojos. Byrd más adelante lo describió como una "tierra de lagos azules y verdes y colinas cafés en una extensión de hielo por lo demás ilimitada". Bunger y sus hombres inspeccionaron con cuidado la región y luego se apresuraron a volver al barco para contar a otros su descubrimiento. Varios días después, Bunger y su tripulación de vuelo volvió para dar otro vistazo, encontrando que uno de los lagos era bastante grande para aterrizar en él. Bunger aterrizó con cuidado el "bote volador" y se detuvo poco a poco. El agua en realidad era muy caliente para la Antártica, alrededor de –1° C, cuando los hombres metieron las manos hasta el codo. El lago estaba lleno de algas rojas, azules y verdes que daban a los lagos su color distintivo. Los aviadores "parecían haber salido del siglo XX *a un paisaje de miles de años atrás cuando la tierra apenas estaba empezando a emerger de una de las grandes eras de hielo", escribió Byrd más tarde. Byrd llamó al descubrimiento "por mucho, el más importante, en lo que respecta al interés público de la expedición".*

El doctor Paul Siple, el amigo más cercano al almirante Byrd que lo había acompañado en todas las expediciones polares, incluyendo ésta, más adelante comentó que las discusiones entre los científicos de la expedición en cuanto a la naturaleza del "Oasis de Bunger" apenas habían iniciado "antes de que los once representantes de prensa a bordo del *USS Mount Olympus* habían mandado despachos al mundo exterior describiendo el oasis como un 'Shangri-La' y dando a entender que se calentaba mediante una misteriosa fuente de calor y que podía estar sosteniendo vegetación". ¿"Shangri-La" y "una misteriosa fuente de calor" parecen familiares? Oficialmente, debido a la naturaleza salobre de la muestra de agua de Bunger, el "Oasis de Bunger" se desestimó como que era un brazo del mar.

Fue el Grupo Oriental, volando sobre Neuschwabenland, el que sufriría las siguientes y últimas bajas registradas oficialmente. La historia oficial fue que uno de sus "botes voladores" PBM, llamado *George One*, chocó con la cima de una montaña y cayó, matando a tres. Lo que sucedió es descrito aquí por uno de los sobrevivientes, el operador de radar Jim Robbins:

> *Mi radar no tenía nada para ver excepto la parte superior de las cimas de la cadena de montañas que tenían un terreno escarpado con buenas superficies reflectantes. Estaban a 24 kilómetros de distancia como indicaba mi radar. Esto concordaba con nuestros mapas muy equivocados y todavía estábamos en la niebla y volando a 240 metros de altura (casi todo el tiempo por debajo de las nubes) y a punto de volver ya que no había altura despejada y visibilidad ilimitada sobre la costa como indicaba el vuelo anterior del* George One. *Antes de que tuviéramos la oportunidad de dar la vuelta, chocamos con un golpe que causó una explosión. Se había abierto un agujero en el casco y el tanque de gasolina del casco que causó que el Octano 145 saliera. Las flamas del escape del motor incendiaron todo de inmediato. Tal vez la mayor explosión de aeroplano jamás, ¡fue en 1946! ¡El casco completo se desintegró por completo! Casi todos nosotros fuimos arrojados en la misma dirección general de la cubierta de vuelo. Dos de nosotros pasaron por las hélices y murieron al instante.*
>
> *Bill Kearns voló atravesando el parabrisas frente al asiento del copiloto, Warr voló colina abajo detrás de nosotros. ¡Estaba nevando mucho! Williams estaba sentado junto a nuestro ingeniero de vuelo, Warr,*

observando el tablero de instrumentos con él. Después de la explosión lo encontramos junto a la fosa de fuego y con heridas internas muy graves, sangrando de boca y nariz. Murió un par de horas después. El fotógrafo, McCarty había estado durmiendo en el túnel junto a su cámara trimetrigon y a la escotilla del túnel. Es evidente que se golpeó de un lado a otro ahí dentro (la sección del túnel se mantuvo bastante intacta y se convirtió en nuestro hogar para el mal clima). Frenchy quedó colgando de su cinturón de seguridad en las flamas causadas por el resto del combustible del tanque del casco que todavía ardía. Nuestro honorable observador invitado, el capitán del USS Pine Island, portahidroaviones de superlujo, estaba sujeto por una correa a un asiento de popa que reemplazaba la antigua torrecilla de popa. Estaba rodeado por un domo de acrílico, ¡con la más hermosa vista de todos los tiempos! Había volado a través de él. Parecía estar en muy buena forma con la excepción de su nariz que era obvio que estaba gravemente rota. Más adelante notamos que cojeaba mucho.

El *News-Tribune* de Duluth, Minnesota del 2 de enero de 2005, publicó el artículo: "Naval trata de encontrar avión perdido en la Antártica hace 58 años" en la página 7^A que dice, en parte:

El 27 de noviembre de 2004, la Naval emprendió el vuelo inicial... para tratar de localizar los restos del George 1, el avión que se estrelló en 1946. El vuelo de búsqueda fue conjunto, realizado a bordo de una nave Orión P-3 de la Naval chilena con tripulación chilena y científicos de la NASA trabajando juntos.

"Ésta fue una tarea de rutina para nosotros", comentó el capitán Christian Aldunate, el piloto chile-

no de más alto nivel del vuelo de recuperación. "Fue un reto encontrar pistas que pudieran ayudar a localizar el avión, a pesar de que sabíamos que sería casi imposible llegar a él por el hielo y la nieve que se apilaron encima en tantos años".

Durante un vuelo de 11 horas de ida y vuelta a Punta Arenas, en el extremo sur de Chile, el avión de búsqueda bajó a menos de 150 metros sobre la isla Thurston de manera que los científicos pudieran emplear radar y rayos láser para tratar de localizar los restos del hidroplano de la Naval de Estados Unidos PBM (Martin) Mariner.

"Incluso en la actualidad no es fácil, pero podemos confiar en la información de fotos de satélite, sistema GPS y predicciones de viento", afirmó Aldunate, refiriéndose a las redes de posicionamiento global. "Pero para el momento en que despegaron hasta el momento en que llegaron al área, no tenían idea de qué esperar".

Aunque poco conocido en el mundo exterior, los tres hombres que murieron en el accidente (de 1946), Wendell K. Hendersin, Maxwell Lopez y Frederick Williams, todavía son festejados en la Antártica como héroes.

En la Estación McMurdo, una base de investigación de Estados Unidos en la orilla de la plataforma de Ross, hay una placa para honrar a los hombres, los primeros estadounidenses en morir en cualquiera de las muchas expediciones de Byrd.

Hay que reconocer que el registro oficial de la Operación Salto Alto no parece mucho un informe de una zona de guerra. Sin embargo, ha habido rumores persistentes de batallas campales, bajas enormes, aviones derribados y más. ¿Todas historias disparatadas? De ser así, ¿por qué el capitán Richard H, Cruzen, el comandante de operaciones de la expedición ordenó un fin abrupto para la misión luego de sólo ocho semanas, cuando tenían suficientes provisiones para 6 a 8 meses en la región polar?

¿Encontraron Byrd, y tal vez el *George One*, naves aéreas de disco nazis? Algunos consideran prueba de que fue así los comentarios que el almirante hizo a un reportero para el periódico chileno *Brisant* mientras estaba a bordo del *Mount Olympus* en el viaje a su país:

> *Era necesario que Estados Unidos realizara acciones defensivas contra combatientes del aire enemigos que proceden de las regiones polares... Combatientes que pueden volar de un polo al otro a una velocidad increíble.*

De acuerdo al investigador de lo paranormal, Alan DeWalton:

> *Algo que el almirante Byrd declaró en una conferencia de prensa después de su derrota en la Antártica fue que el continente antártico debía ser rodeado por un "muro de instalaciones de defensa ya que representaba la última línea de defensa para Estados Unidos". Aunque Estados Unidos y Rusia habían sido aliados durante la guerra, de repente se creó la "Cortina de Hierro" y nosotros y los rusos nos convertimos en enemigos.*
>
> *Tanto los soviéticos como los Estados Unidos formaron un círculo a los polos con defensas y bases de detección, y en medio estaba la tierra estéril de nadie de los polos, donde no vivía nadie en lo absoluto, ¿o sí? ¿Podría ser que aparentábamos que estábamos protegiéndonos de los rusos y que ellos aparentaban que se estaban protegiendo de nosotros, mientras*

> *que en realidad nosotros y ellos estábamos asustados de lo que estaba entre nosotros... el Último Batallón Nazi?*

Otra afirmación que han hecho algunos investigadores, aunque es difícil seguir la pista a la fuente original, era que al volver a los Estados Unidos el almirante Byrd montó en cólera ante el presidente y los jefes del Estado Mayor y en un tono casi exigente, "sugirió" enérgicamente que la Antártica se convirtiera en un campo de pruebas termonucleares.

Después de Salto Alto y Molino de Viento, el Antártico virtualmente se llenó de expediciones. Aunque los estadounidenses se mantuvieron alejados de la Antártica la siguiente década, más de una docena de naciones lanzaron expediciones en los siguientes años. Es la opinión colectiva de los autores que si hubo una Estación 211, con seguridad fue abandonada mucho antes del Año Geofísico Internacional (1958-59) que vio el mayor número de visitantes no alemanes a la Antártica hasta ese momento.

Capítulo 15

Volvemos a abordar Excalibur Antártica

Escape de la estación 211

Nuestra narración de la Leyenda de la Lanza del Destino termina donde empezó: en la base secreta subterránea de los nazis en la Antártica conocida como Estación 211.

Terminamos el capítulo inicial con los miembros de la expedición Hartmann junto a su helicóptero, llamado *Taifun* (tifón), preparándose para partir de la Estación 211. Habían allanado la bóveda de acero oculta disimulada sobre un cuarto de abastecimientos anodino en el corazón de la cadena de montañas Muhlig-Hofmann. Después de un penoso esfuerzo para recuperar el tesoro, Hartmann y su tripulación se prepararon para cargar el helicóptero y partir de la base.

Junto a su helicóptero, en un círculo de luces centelleantes de las lámparas de aceite, tuvo lugar una ceremonia breve y no planeada. Se abrió con reverencia el cofre de bronce que contenía la Heilige Lanze. El coronel Hartmann sacó la Lanza, luego, de repente, la elevó en alto. Empezó a hablar como si estuviera en trance: "¡La Lanza Sagrada señala siempre hacia nuestra eterna Alemania!"

Faltaba mucho para que se completara su misión. Como el rey Arturo había sacado su espada mágica, *Excalibur*, de la piedra, la Lanza del Destino había sido extraída ahora del hielo antártico... pero todavía debía ser devuelta a los caballeros que habían prometido protegerla. El vuelo desde 211 fue más un escape que una partida.

Cuando se vació el último de los recipientes de combustible en el tanque de la aeronave y se descartó el equipo innecesario para aligerar la carga, el *Taifun* salió disparado a su barco, el *Annelise*. Continuando con el diario de navegación de abordo de la expedición Hartmann:

> *En el vuelo de vuelta a la cita con el barco de motor Annelise, encontramos, de nuevo, fuertes vientos cruzados, soplando la nieve seca como polvo con ellos. Los ojos de Lothar, al igual que los míos, observaban todo el tiempo el medidor de combustible. Conforme pasa el tiempo de vuelo, el medidor baja más y más. Los vientos chillan y aúllan como un demonio decidido a destruirnos. A alrededor de 22 kilómetros del punto de cita con el Annelise el medidor de combustible está en vacío...*

Hartmann aprieta la lanza en forma obsesiva. Admiró el objeto en su poder; la funda de oro y los hilos de plata que unen los pedazos rotos, el antiguo clavo fijado en la hoja, y las cruces marcadas en las alas. Lee la inscripción *Lancea et clavus domini*: "La lanza y el clavo de nuestro Señor".

Por fin, el *Annelise* apareció en el horizonte. El silencio del equipo se quebró en ovaciones. Un momento después, quedando sólo unos escasos litros de combustible en sus tanques, el *Taifun* se posó en la plataforma de vuelo del barco que escoraba... ¡misión cumplida! Por fin se había recuperado la Lanza, oculta por largo tiempo en el interior de la Estación 211.

El misterio de la agenda de Hartmann

En *Adolfo Hitler y los secretos de la Lanza Sagrada*, el coronel Howard A. Beuchner y la persona con el pseudónimo de "capitán Wilhelm Bernhart" escribieron:

> *En 1959, se sacó de contrabando un mensaje de la prisión de Spandau. Lo interceptaron de inmediato y lo entregaron a los agentes de inteligencia de los cuatro poderes, Francia, Inglaterra, Rusia y Estados Unidos. El mensaje era ininteligible excepto por el hecho de que contenía una mención de una Lanza Sagrada y estaba firmado "H". Al día siguiente, Rudolf Hess, uno de los últimos tres presos de Spandau, trató de suicidarse.*
>
> *En 1969, Rudolf Hess fue llevado a un hospital británico para el tratamiento de úlceras. Fue su primer viaje fuera de la prisión de Spandau. Varios días después, un antiguo miembro del U-boot 530 recibió la llave de una caja de banco en Suiza, junto con autorización total para usarla. Esta caja condujo a otra donde se encontraron varios sobres sellados, junto con una gran cantidad de activos circulantes. El mensaje estaba firmado "H".*
>
> *El miembro del U-530 abrió los sobres sellados en el banco suizo. Se le daban instrucciones para ponerse en contacto con el coronel Maximilian Hartmann y entregarle el contenido de la caja.*

El marinero siguió las instrucciones, entregando los sobres al coronel Hartmann. En el primero, Hartmann encontró un mensaje codificado del profesor Karl Haushofer. Al decodificarlo, reveló la ubicación exacta de las cajas de bronce que Hartmann había enviado a la Antártica muchos años antes.

El segundo sobre daba instrucciones a Hartmann para recrear el Gran Consejo de Caballeros, sólo que esta vez los caballeros se iban a dedicar, y a usar el poder de la Lanza Sargada, para el propósito de la paz mundial. La organización también se iba a llamar con un nombre nuevo, Caballeros de la Lanza Sagrada.

El tercer sobre contenía una suma muy grande de dinero. Con ella, Hartmann se dedicó a la tarea de crear a los Caballeros de la Lanza Sagrada y a prepararse para recuperar ese talismán místico.

En *Las cenizas de Hitler* y *Adolfo Hitler y los secretos de la Lanza Sagrada*, Buechner y "Bernhart" dijeron:

> *En 1974, un antiguo oficial del ejército alemán llamado coronel Maximilian Hartmann reorganizó la Orden de los Caballeros, pero ahora el grupo tuvo un propósito muy diferente. Esta vez no existía un antiguo castillo para lugar de reunión. Los uniformes militares habían sido reemplazados por trajes de negocios y las armas habían cedido su lugar a portafolios. La violencia había desaparecido y la sabiduría de las negociaciones había tomado su lugar.*
>
> *Mientras que el objetivo más importante de su nueva dirección era lograr la paz mundial, también creyeron que la reunificación de su patria era un punto central para este fin.*
>
> *De importancia primordial era la necesidad del poder y la guía de la Lanza Sagrada. Creían que había pocas posibilidades de éxito sin ella. La recuperación de la Lanza se convirtió en su primer objetivo. Sabían que una expedición secreta a la Antártica se-*

ría una tarea hercúlea y que el costo sería increíble, pero estaban decididos a tener éxito.

Se escogieron cuatro hombres para ser los líderes del grupo. Dos eran de Munich y dos eran de Koln, Alemania. Eran el coronel Maximilian Hartmann, Klauss Ortner, Heinz Frederich Loser y el doctor Lothar Mansfried Zweick, navegante y piloto.

Cada uno de los hombres fue elegido por su integridad personal, fiel devoción a la Orden de la Lanza y su propósito, su valor incuestionable y su alta inteligencia.

Como has leído, Buechner y "Bernhart" dicen que la expedición Hartmann llevó a cabo su misión. De la Antártica, el coronel Hartmann y su equipo regresaron a su punto de salida en Brasil, donde se obtuvieron papeles para la Lanza Sagrada, declarándola un objeto de arte. Esto les permitió pasarla por la aduana con poca o ninguna dificultad. La mayor parte del equipo de Hartmann volvió a Alemania, y a sus vidas cotidianas como empresarios exitosos pero sin nada especial.

Sin embargo, el coronel Hartmann siguió adelante a Estados Unidos. Ahí se reunió con un antiguo tripulante de uno de los submarinos que el almirante Doenitz había empleado para transportar material y personal a la Estación 211. Buechner y "Bernhart" afirman que el coronel Hartmann dejó ciertos artículos con este marinero, incluyendo una copia del diario de navegación de a bordo de la expedición Hartmann y una carta escrita a mano y firma de autenticidad. Entonces partió Hartmann, llevando la Lanza de vuelta a Alemania.

Fue el contacto de Bernhart con este marinero lo que puso el diario de navegación de a bordo en manos de Buechner y así, permitió que se narrara la historia.

¿Dónde está la Lanza Sagrada ahora?

Buechner nos asegura que la Lanza está ahora en la custodia protectora de estos *Caballeros de la Lanza Sagrada*. Parecería que su plan está funcionando, ya que en verdad Alemania se ha vuelto a unir como una nación individual y muy grande. Buechner cree que estos caballeros modernos están protegiendo la Lanza, impidiendo que vuelva a caer jamás en las manos equivocadas.

El coronel Buechner puede haber transmitido la historia mirando con lentes de color rosa. Tawani Soush, una colorida personalidad de conspiraciones de las décadas de 1970 y 1980, ¡afirmó tener evidencia de que la Lanza estaba en poder del secretario general de la ONU, Kurt Waldheim!

Nacido en Sankt Andra-Wordern, cerca de Viena, Austria, el 21 de diciembre de 1918, Waldheim se graduó en la universidad de Viena como doctor en Jurisprudencia en 1944, antes de unirse al servicio diplomático austriaco después de la Segunda Guerra Mundial. Cuando Austria entró a las Naciones Unidas en 1958, Waldheim fue miembro de su delegación. Era el representante permanente de Austria ante las Naciones Unidas de 1965-68. Volvió a Austria para trabajar como su ministro del Extranjero de 1968 a 1970.

En 1971 hizo un intento fallido por alcanzar la presidencia de Austria. Más adelante el mismo año lo eligieron a un periodo de cinco años como secretario general de las Naciones Unidas. Durante su periodo como jefe de la ONU trató, con poco éxito, de terminar con la guerra de Irán e Irak y la guerra de China y Vietnam. También trató de lograr la liberación de los rehenes estadounidenses en Irán. Fue reelegido Secretario General en 1976, a pesar de la oposición del Tercer Mundo. Un veto de China bloqueó un tercer periodo de Waldheim en 1981.

Su segunda campaña para la presidencia de Austria, en 1986, se volvió desagradable cuando lo acusaron de ser un criminal de guerra nazi no acusado. La prensa presentó artículos morbosos de su pasado nazi, lo que incluyó revelaciones de que antes de la guerra había servido como oficial en las SA (las temidas Camisas Cafés, el ala paramilitar del partido nazi, cuyos líderes fueron asesinados por Hitler y su círculo interno cuando el Führer llegó al poder). Más adelante, durante la guerra, había servido en una unidad del ejército alemán en los Balcanes de la que se afirmaba que había ejecutado judíos y enviado a otros civiles y prisioneros de guerra de los Aliados a campos de concentración.

Waldheim contó a un grupo de investigación austriaco que había estado de permiso en el tiempo en que se cometieron esas atrocidades. Aunque se le exculpó de las acusaciones en Austria, Estados Unidos encontró algo diferente. En un informe con fecha del 9 de abril de 1987, la Oficina de Investigaciones Especiales del Departamento de Justicia llegó a la conclusión de que en los últimos tres años de la guerra, "el teniente Kurt Waldheim ayudó o participó de otra manera en la persecución de personas por su raza, religión, origen nacional u opinión política". Ese año se convirtió en el primer jefe de estado activo en ponerse en una lista de "indeseables" a los que no se permitía entrar en Estados Unidos. Le siguieron otras naciones, aislándolo a él y a su administración austriaca. Cuando su periodo terminó en 1992, no buscó la reelección.

Varios otros, entre ellos Jim Keith, también han presentado la teoría de que Waldheim poseía la Lanza. Si el coronel Hartmann entregó la Lanza Sagrada al antiguo teniente Waldheim, no pudo haber sido antes del otoño de 1979. Menos de dos años después de que terminara su carrera como diplomático de la ONU y estaba de vuelta en Viena, viviendo en grande con una pensión de las Naciones Unidas de 124 754 dólares al año. El 14 de octubre de 2002, el *New York Daily News* informó que él "había estando viviendo la buena vida en los salones y lugares de juego de Viena, la cosmópolis en el Danubio azul que dio al mundo a Brahms, Mozart, Strauss y Freud. Su hogar está cerca del museo Albertina, famoso en todo el mundo por su colección de pinturas de Alberto Durero, y es un visitante regular en las galas culturales, políticas y diplomáticas en las mansiones de siglos de antigüedad de la familia real Habsburgo".

El "problema de ovnis"

A finales de la década de 1970, mientras Waldheim era secretario General de la ONU, el primer ministro Eric Gairy, de Granada, empezó a cabildear en la ONU para que investigara el fenómeno ovni. En forma específica, patrocinó la moción para incorporar el "Problema de Ovnis" en la agenda oficial de la ONU. Al enfrentar la renuencia persistente del organismo, Gairy insinuó que algunos poderosos estados miembro estaban "sofocando" la información sobre ovnis.

A pesar de la presión para enterrar la moción, tres naciones apoyaron la campaña de Granada: India, Luxemburgo y Seychelles. El 27 de noviembre de 1978, la delegación de Granada presentó a varios expertos para testificar ante el Comité Político Especial. Entre los expertos estaban Gairy mismo, el teniente coronel Lawrence Coyne del ejército de Estados Unidos y el astronauta Gordon Cooper.

Debido a protocolos administrativos, Waldheim se vio obligado a firmar la Decisión 33/426. Esta orden permitió a Granada dirigir una investigación internacional y presentar sus hallazgos ante la reunión de la Asamblea General 34 en 1979. Gairy había ido demasiado lejos.

Un documento recién desclasificado del Departamento de Estado de Estados Unidos muestra que Estados Unidos tuvo discusiones directas con la Unión Soviética y Austria respecto a este asunto. Estados Unidos había esperado llegar a una "solución de compromiso mutuamente aceptable" con Granada. El documento, titulado "RESOLUCIÓN DE OVNIS DE GRANADA", discute una estrategia para castrar la decisión de borrador que resultó del testimonio de noviembre ante el Comité Político Especial. La estrategia era impedir la "apuesta" del anexo de acción necesaria específico para la decisión y mantener cierta "flexibilidad" en el tema. En otras palabras, Estados Unidos, Unión Soviética y Austria estaban formando una estrategia para mantener la resolución OVNI bajo control. Pero como se mencionó antes, Gairy triunfó y se le dio el poder para conducir una investigación y hacer una presentación formal ante la Asamblea General.

El 13 de marzo de 1979, justo antes de la reunión 34 de la Asamblea General, el gobierno del primer ministro Gairy fue derrocado por comunistas en un golpe de estado incruento dirigido por Maurice Bishop. Es irónico que Gairy estuviera en la ciudad de Nueva York, preparando su presentación cuando el golpe de estado tuvo lugar.

Bishop, de acuerdo a documentos de la CIA, tenía vínculos estrechos con la Unión Soviética. La decisión 33/426 nunca se puso en vigor y la Asamblea General nunca recibió la presentación de Gairy. El gobierno de Bishop de inmediato instigó una campaña de calumnias etiquetando al anterior primer ministro como "creyente en vudú y platillos voladores".

Parecería que Estados Unidos y la Unión Soviética habían conspirado para encubrir el "Problema de los Ovnis". La colaboración de Estados Unidos con los soviéticos debería mostrar una bandera roja a cualquiera que haya vivido durante la segunda mitad del siglo XX. ¿Por qué estaban trabajando juntos los archienemigos de la Guerra Fría para suprimir información sobre los ovnis? ¿Y qué preocupación llevó a los austriacos ante su presencia? En 1968, Kurt Waldheim había sido elegido presidente de la Primera Conferencia de las Naciones Unidas sobre la Exploración y

Usos Pacíficos del Espacio Externo. ¿Se le pudo obligar a ser presidente de esta conferencia porque Austria, o el Cuarto Reich, para el que pudo haber sido un frente, era una potencia espacial armada en ese tiempo?

De acuerdo a gran cantidad de investigadores de ovnis, los secuestrados por alienígenas informan ver alienígenas vestidos con uniformes nazis. Existen historias en que algunas víctimas son llevadas a laboratorios subterráneos adornados con swásticas.

En uno de los casos de ovnis más notorios, el secuestro de Betty y Barney Hill, la pareja comparaba a sus secuestradores con nazis. Bajo hipnosis, Barney Hill declaró que el "líder" de las naves alienígenas parecía un "nazi alemán" usando una brillante chaqueta negra.

¿Podría ser el síndrome de secuestro por alienígenas parte de un programa secreto del gobierno? ¿El Problema de Ovnis de Eric Gairy era en realidad un Problema de Platillos Voladores Nazis?

Jim Keith investigó este tema ampliamente en sus libros: *Platillos voladores de los Illuminati* y *Control mental y ovnis: Archivo sobre la alternativa 3*. La obra de Keith expone un mundo velado de sociedades secretas, tecnologías suprimidas, ovnis, gobiernos en la sombra y control mental. A principios de la década de 1990, Jim Keith encabezó el argumento que daba a entender que un gobierno mundial en la sombra se estaba preparando para unir al planeta contra una invasión alienígena fingida. La teoría de Keith era que la invasión montada resultaría en la disolución de las naciones individuales y el establecimiento de una dictadura del mundo.

La elevación del Cuarto Reich

En la era política moderna, todavía podemos escuchar el eco del Führer. Examina la siguiente cita del informe presidencial de 1991 impartido por el presidente George Bush padre:

> *Lo que está en juego es más que un pequeño país, es una gran idea... un Nuevo Orden Mundial, donde diversas naciones se unen por una causa común para lograr las aspiraciones universales de la humanidad: paz y seguridad, libertad e imperio de la ley.*

Y compáralo con una cita de un discurso impartido por Adolfo Hitler en 1941:

> *Estoy convencido que 1941 va a ser el año crucial de un gran Nuevo Orden en Europa. El mundo se abrirá para todos. Los privilegios de individuos, la tiranía de ciertas naciones y sus gobernantes financieros deben caer. Y por último, este año ayudará a proveer los fundamentos de una verdadera comprensión entre los pueblos, y con ella la certeza de la reconciliación entre las naciones.*

Pero no necesitamos jugar a "se parece a" para encontrar evidencia que sugiera que el Nuevo Orden Mundial no es más que el Cuarto Reich. Hemos mostrado cómo Estados Unidos incorporó a la quinta columna nazi mediante la Operación Sujetapapeles; los soviéticos participaron en el mismo juego. La fuerza física y los cerebros del Tercer Reich emplearon los superpoderes de la postguerra como anfitriones para hacer crecer este Orden del Nuevo Mundo. Al igual que la Thule Gessellschaft engendró el Tercer Reich, este nuevo gobierno fue incubado por unos cuantos hombres de elite que pertenecían a logias ocultas secretas.

Los hijos de Harriman y Bush eran y son miembros de la logia más notoria y poderosa conocida como la sociedad de *El Cráneo y los Huesos*. De acuerdo a un informe de *CBS*

News de 2004, el club de triste fama de la elite de la Ivy League es una versión de "Nuevo Mundo" de las organizaciones populares en el siglo XIX. Pero podría ir más allá de eso. El periodista Ron Rosenbaum escribió un artículo para *Esquire Magazine* en 1977 detallando las conexiones entre El Cráneo y los Huesos y las Órdenes Alemanas. Rosenbaum descubrió un folleto de cien años de antigüedad de un grupo que se hacía llamar *File and Claw*. Rosenbaum cita del folleto:

> *Huesos es un capítulo del cuerpo estudiantil de una universidad alemana. En forma apropiada se le debería llamar capítulo de Cráneo y Huesos. El general Russell, su fundador, estaba en Alemania antes de su último año y formó una cálida amistad con un miembro importante de una sociedad alemana.*

El folleto de File and Claw cita un lema escrito sobre una pintura de cráneos en los muros con arco de la bóveda. El lema, escrito en alemán y rodeado por símbolos masónicos, dice: "¿Quién es el tonto? ¿El sabio, el pordiosero o el rey? Pobre o rico, ¡todo es lo mismo en la muerte!" El mismo lema aparece en una publicación escocesa anti Illuminati que se remonta a 1789. Esta publicación contiene éste y otros pasajes que se cree son parte de un manual de rituales de los Illuminati que confiscó la policía bávara después de que se proscribió el grupo secreto a finales del siglo XVIII.

En las listas de la sociedad del Cráneo y los Huesos encontrarás los nombres de algunos de los hombres más poderosos en la historia y los negocios estadounidenses recientes. Percy Rockefeller, Henry Luce (fundador de la revista *Time*), Harold Stanley (fundador de Morgan Stanley), John Daniels (fundador de Archer Daniels Midland), todos respondieron a la "selección" del Cráneo y los Huesos. Clave para esta discusión es el secretario de Guerra del presidente Franklin Delano Roosvelt, Henry Stimson... él mismo miembro del Cráneo y los Huesos.

Como se mencionó antes, ambos, George Herbert Walker Bush y su hijo, George Walker Bush, fueron miembros. En 2000, el presidente Bush hijo, nombró a cinco miembros del Cráneo y los Huesos en su administración. En la "elección" presidencial de 2004, la cultura popular estadounidense se dividió en "Estados Rojos" y "Estados Azules". El vencedor, George W. Bush, venció por poco a su rival, John Kerry, un miembro de alto nivel de Cráneo y los Huesos. ¡Hablando de oligarquía!

Guerra contra el terror

Por buena suerte, el Cuarto Reich no necesitó lanzar una invasión alienígena para iniciar su dictadura mundial. En lugar de los venerables camisas cafés o la reptiliana Gestapo, la amenaza del nuevo milenio es el extremismo musulmán.

La noción popular es que los incidentes de terrorismo están aumentando: secuestran y estrellan aviones, ponen bombas en trenes suburbanos, autos bomba, terroristas suicidas con bombas...

¿Cómo puede defenderse una nación contra un enemigo que está dispuesto a quitarse la vida... con el fin de terminar con la tuya?

Es enigmático que la solución del mundo parece ser una "democratización" simultánea del Medio Oriente y la eliminación de los derechos humanos en Occidente. En Estados Unidos, y en muchas otras naciones del mundo civilizado, se han puesto en vigor leyes, en respuesta a la amenaza del terrorismo, para limitar los derechos de los individuos. En Estados Unidos, el gobierno ha llegado tan lejos como permitir de hecho el encarcelamiento indefinido y secreto de personas etiquetadas como "sospechosos de ser terroristas".

En los años que llevaban a la Segunda Guerra Mundial, los nazis se aliaron de cerca con ciertos partidos musulmanes, matrimonio de conveniencia nacido del mutuo odio a los judíos. La promesa británica, en la *Declaración Balfour*, de establecer un estado hogar para Israel dentro del estado ocupado de Palestina indignó al mundo árabe. Los nazis estaban muy felices de capitalizar el antisemitismo que compartían.

En 1937, el Gran Mufti Haj Amin Al- Husseini entró a la nómina nazi. Al-Husseini era el líder político y religioso de la Palestina musulmana. Decidió expulsar a los judíos de Palestina a cualquier costo. Hitler vio a un gran aliado árabe en el Gran Mufti.

Husseini creó una unidad de sólo musulmanes de las SS, y llevó a cabo un golpe de estado no exitoso en Irak en 1941. Después del golpe de estado fallido, Husseini escapó para servir al Führer en Yugoslavia. El Tribunal de Núremberg sentenció al Gran Mufti de crímenes de guerra, pero evitó la prisión al escapar a Egipto mediante los canales de ODESSA.

Un traficante de armas nazi llamado mayor Otto Remer, que había suministrado armas al Gran Mufti durante la guerra, se unió a Al-Husseini en Egipto en 1952. Remer se convirtió en asesor de Seguridad del general Abdel Nasser, presidente de Egipto. Nasser encabezó una campaña socialista árabe y nacionalizó los bancos y los servicios básicos para tener fondos para la industrialización. Muchos otros nazis más adelante se unirían al exiliado Remer en Egipto. Los nazis privados de sus derechos civiles encontraron puestos lucrativos como comerciantes de armas en la región.

Durante el fallido golpe de estado iraquí de 1941, la tarea de asesinar al líder iraquí, Karim Qassim, se dio a cierto

Khairallah Tulfah, el tío y guardián de Saddam Hussein. Cuando en 1959, Saddam Hussein mismo falló en un intento de asesinar al líder de Irak, escapó a Egipto y le dio asilo el Gran Mufti.

El finado Yasser Arafat, líder de la Organización de Liberación Palestina, recibió su entrenamiento del mayor Remer y sus asociados nazis. Arafat surgió como héroe en el mundo árabe por su papel en el conflicto árabe-israelí. Técnicamente, Arafat era el sucesor de Al-Husseini, pero tuvo un papel mucho más importante en el escenario mundial.

Arafat desarrolló una red de obtención de fondos en los estados árabes ricos. Su red terminaba apoyando financieramente a grupos extremistas como Al Qaeda.

Osama Bin Laden es hijo de una familia prominente y acaudalada de una de estas naciones ricas en petróleo. Durante la guerra afgana-soviética, Bin Laden dejó los seguros confines de su casa para tomar parte en la jihad. Bin Laden metió gran parte de su fortuna en la batalla contra Rusia, tomando él mismo las armas como líder rebelde. La resistencia afgana ganó el respaldo de Estados Unidos, tanto en forma de dinero como de entrenamiento. Existen acusaciones de que Bin Laden recibió entrenamiento de la CIA durante este periodo.

Cuando los soviéticos retrocedieron de Afganistán, Osama cambió su visión al "Gran Satán", Estados Unidos. Esta jihad culminó en los terribles sucesos del 11 de septiembre, donde secuestradores emplearon aviones jumbo a reacción para destruir el World Trade Center en la ciudad de Nueva York y atacar el Pentágono en Washington D. C.

Mientras que Osama al instante se convirtió en el "Enemigo Número Uno" en Estados Unidos, los medios de comunicación nunca parecieron ligar el interesante caso del alemán Andreas Carl Strassmeir. Andreas era el hijo de Guenter Strassmeir, el arquitecto principal del programa de reunificación alemán de Helmut Kohl. Strassmeir es una conexión relevante ya que era amigo personal íntimo de Timothy McVeigh... el hombre condenado por la Bomba de la ciudad de Oklahoma. Miembro del ilegal grupo neonazi, a menudo los investigadores de la Bomba de Oklahoma vinculan a Strassmeir con que es "John Doe #2".

En un memorándum del FBI de fecha 10 de mayo de 1995, se menciona a Strassmeir como tratando de comprar un Boeing 747 a Lufthansa. Si lo recuerdas, Lufthansa fue un patrocinador de las primeras expediciones alemanas a Neuschwabenland. El abuelo de Strassmeir fue un miembro original de la Sociedad Thule.

El secreto de la Lanza Sagrada

Los controladores secretos del gobierno que metieron a los pueblos y a los militares a las batallas de la Primera y la Segunda Guerras Mundiales, las luchas orwellianas de la Guerra Fría y ahora en la Guerra al Terror, han estado unidos por el mismo pegamento: El ritual y secreto de todas las logias poderosas. Mientras caían los ejércitos, mientras se apilaban los cadáveres, entre declaraciones y treguas, las maquinas de utilidades corporativas globales sirvieron a los amos de la guerra. Mientras los albanos eran sacrificados, judíos, gitanos y eslavos asesinados con gas, mientras los niños de la "Mayor Generación" crecían con pesadillas nucleares, estos maestros titiriteros, ocultos por sus juramentos de mantener el secreto, reunían poder.

Que pertenecieran a la secta de Mitra, los Illuminati, la Germanenorden, el Thule Gessellschaft, el Dorado Amanecer o el Cráneo y los Huesos, no es significativo en sí. Que estos grupos compartan conexiones oscuras y produzcan a los que mueven y dirigen al mundo es de nuestro interés.

Nuestra preocupación es el poder que une a estas logias y a sus miembros, el poder que los impulsa al dominio del mundo. Es el mismo poder que precipitó el horror de

Adolfo Hitler y las conquistas de Constantino, Carlomagno y tantos otros. ¿Podría ser ese poder el de la Lanza del Destino?

De la Crucifixión, ese evento monumental que cambió la forma del mundo, la Lanza del Destino fraguó el futuro de una nueva era de lucha y sufrimiento. ¿Es algo más que una cruel ironía que esta reliquia poco probable de la Pasión se convirtiera en el cetro de los conquistadores? Nos queda preguntarnos cómo y por qué el instrumento de la compasión de San Longinos se convirtió en la obsesión de hombres que estaban desprovistos de humanidad. ¿Qué objeto maldito es esta Lanza?

La Lanza Sagrada ha sido una fuerza invisible detrás del lado más oscuro de la historia humana; una influencia corruptora que hizo de los reyes demonios... y los guió con el deseo de matar. ¿Podía todo esto ser causado por una simple cabeza de lanza de hierro vieja? ¿Podía la simple "fe" convertirla en un pizarrón limpio, en el que se ha escrito la codicia y el deseo de poder de unos cincuenta pretendientes previos? ¿No es nada por sí misma, sino algún tipo de "prueba de manchas de tinta" en que más de 100 generaciones han visto imágenes imaginarias de poder? ¿Por qué medios la Lanza se ha apoderado del mensaje cristiano, y mediante sus sirvientes, los ha seducido para llevar a cabo sacrificios en masa?

Se nos enseña en las escuelas dominicales que la Pasión de Cristo fue una expiación de sangre, requerida para redimir al mundo de la culpabilidad del Pecado Original. Pero Longinos interfirió. Al insertar la hoja en el cuerpo del Salvador transfirió parte de ese evento a ese objeto. ¿Esa transmisión fue incompleta o estaba distorsionada? ¿La Lanza se convirtió en un doppelganger para el Espíritu Santo, convirtiéndose en un Espíritu Impío? En la Lanza vemos que se mantenía la necesidad de sangre, pero se había perdido la razón para el sacrificio, y su poder redentor.

Nos recuerda la película clásica de ciencia ficción, *La mosca*, donde hay un error al trata de teletransportar a un hombre de un punto a otro. Sin que lo supiera el hombre, había una mosca en la cámara con él, y cuando se activó la máquina, distorsionó el DNA de los dos. La lanza de Longinos era un objeto extraño y como la mosca en la cámara de teletransportación, parte de la transmisión de Dios el Hijo a Dios el Padre se mezcló con ese hierro enfurecido, animándolo con un espíritu que nunca debió haber nacido. Empapado con el Verbo hecho Carne tenía un tipo de vida y al existir por siempre en ese momento del sacrificio sangriento, tenía una misión; ¡mantener el flujo de la sangre del sacrificio!

Si recuerdas, Longinos actuó por respeto, tal vez incluso amor, por el hombre que conocía como Jesús. También podría parecer que su acto era sabido desde antes, ya que se tenía la profecía de que no se rompería ninguno de los huesos del Mesías. Vamos a confiar en que el acto de Longinos era parte del plan de Dios. ¿No sería la más brutal ironía que por la intervención afectuosa de Longinos se hubiera comprometido el propósito de la Pasión? ¿Qué tan terriblemente triste sería para nosotros, si en el momento final de la agonía de Cristo, la inserción de esa detestable Lanza causara una sobrecarga en el evento, tal vez incluso anulándolo? ¿Podrían las historias de la Segunda Venida revelar un propósito más oscuro? ¿Podría Dios tener que volver a asumir la carne y volver a nosotros... sólo para que saliera bien la siguiente vez? ¿Es posible que la misión de Cristo fallara y que después de todo no estamos redimidos? ¿Están las puertas del Cielo todavía cerradas para el penitente? ¿Sería necesario destruir la Lanza para completar el evento que empezó en el Gólgota?

A pesar de todo, el escéptico se reiría de preguntas así. Dicen que la Lanza Sagrada es sólo otra patraña medieval.

Es cierto que existe evidencia que apoyaría la afirmación de que la *Heilige Lanze* en el museo de Viena no es más que alguna cabeza de lanza desenterrada por o para Carlomagno para superar la Lanza Tribal de sus predecesores. También podríamos afirmar que el bien intencionado coronel Buechner fue engañado por lo que ahora es un documento falsificado con gran inteligencia, el supuesto diario de navegación de a bordo de la expedición Hartmann.

Y de la misma manera, sociólogos y psicólogos pueden también explicar los eventos que rodean a la lanza como histeria y "el Poder de la Fe".

Dejando de lado las cuestiones religiosas, incluso concediendo el punto de que la Lanza de Longinos podía ser un engaño, ¿qué nos dice sobre nosotros mismos? ¿Qué tiene que enseñarnos esta leyenda? ¿Qué has aprendido tú, estimado lector, de esto?

Tus autores reconocen por completo que gran parte de lo anterior bien podría haber cuestionado la realidad convencional de muchos lectores. Teniendo esto en mente, hemos presentado la totalidad de la historia como la reveló nuestra investigación y las obras de docenas de investigadores antes de nosotros. La Lanza del Destino es paradójicamente un objeto envuelto en misterio e iluminado por la obsesión; por lo tanto, es difícil discernir la realidad histórica del mito. Lo que es más, aunque una obra que se limita a la adhesión de los estándares históricos conservadores puede servir a un propósito académico intelectual, la *leyenda* de la Lanza Sagrada es importante para la historia de la humanidad.

Con respecto a esta presentación, podría parecer que hemos expuesto información extravagante y extraña. En nuestro esfuerzo por discutir este objeto extraordinario, hemos encontrado que la línea entre la historia y el mito es borrosa. Pero es lo extraordinario lo que nos interesa y las distorsiones a su alrededor lo que despierta nuestra curiosidad. Lo borroso nos obliga a concentrar nuestra visión, a buscar una imagen más clara de una verdad más elevada.

Cuando observamos la Lanza Sagrada, entornando los ojos a través del resplandor del significado religioso del objeto y al ver más allá del destello de la Lanza como un tesoro histórico, vemos reflejos inquietantes de las horas más oscuras del hombre: la Legión Tebana decapitada, el cierre de las Escuelas Helenísticas de Justiniano que condujo a la Edad Media, el Holocausto, la bomba atómica...

La Lanza del Destino es, por lo menos, la flecha de una brújula que señala a un tipo de sabiduría propia de la especie. Para aquellos con la vista de una actitud abierta, esta Leyenda de una Lanza Sagrada es un vehículo con que la historia nos advierte, hablándonos de temas perturbadores sobre nosotros mismos. Podría no ser más que una metáfora vuelta algo concreto, un recordatorio físico de nuestros oscuros deseos.

Y de nuevo, podría ser una Línea Directa al Infierno...

Sobre los autores

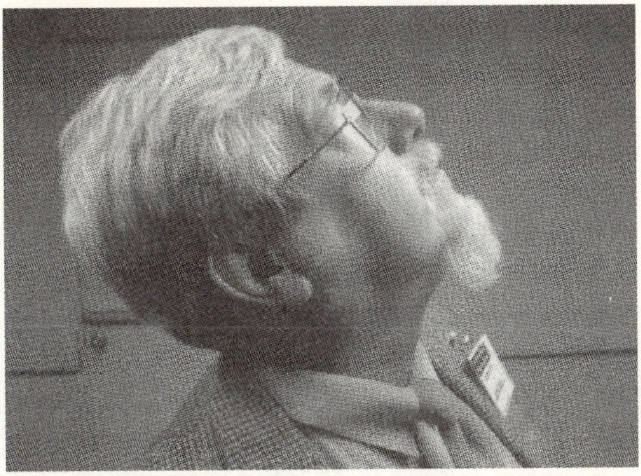

Jerry E. Smith ha sido escritor, editor y activista por más de tres décadas.

En 1991, el señor Smith y Jim Keith, autor de *Helicópteros negros sobre Estados Unidos: Fuerza de ataque para el Nuevo Orden Mundial* y numerosos otros libros sobre conspiraciones y control mental, fundaron el Museo Nacional de Ovnis en Reno, Nevada. De 1991 a 1994, el señor Smith ha sido el director ejecutivo del Museo Nacional de Ovnis, mientras que el señor Keith actuó como presidente de la junta. Además de sus deberes administrativos de manejar las operaciones cotidianas del Museo Nacional de Ovnis, el señor Smith también editó y escribió el diario trimestral de esa organización, *Notas desde el hangar*.

Al mismo tiempo, el señor Smith trabajó como editor y artista gráfico con la revista de Jim Keith, *Combate Dharma: La revista de espiritualidad, realidad y otras conspiraciones*. Jerry sirvió diversamente como director editorial y director de arte desde el inicio de *Combate Dharma* en 1988 hasta la muerte prematura de Jim en 1999. En la actualidad vive y sigue escribiendo en Reno, Nevada.

Por favor visita su sitio de la red en: www.jerryesmith.com.

George Piccard, hombre del Renacimiento, es experto en campos muy dispares. En 1999, los escritos de Piccard surgieron del mundo de las revistas subterráneas y los sitios de la red paranoides, con la publicación de *Conspiración líquida*.

Cuando no investiga conspiraciones políticas o lo Oculto, Piccard es el guitarrista principal y curador por la fe para la banda de rock and roll "postapocalíptico": The Atomiks. George en la actualidad reside en Reno, Nevada, donde él y su esposa son los padres de la Era Nuclear de dos hijos, George y Gracie.

Para ponerte en contacto con George, por favor visita: www.atomiks.com

Trevor Ravenscroft, autor de *La Lanza del Destino*, en alrededor de 1973. Murió en 1989.

El doctor Walter Stein, científico nacido en Viena que creía en el poder de la Lanza Sagrada y sabía mucho sobre la vida temprana de Hitler y su interés en la Lanza del Destino. Fue asesor personal de sir Winston Churchill y fue mentor de Trevor Ravenscroft. Murió en Inglaterra en 1957.

General Helmuth von Moltke, jefe de Estado Mayor del ejército que creía que era la reencarnación del Papa Nicolás I (siglo IX) y buscaba la Lanza Sagrada para sus propios propósitos.

Bildnis des Papstes Nicolaus I.
s „*Ciaconlus, A., Vitae et res gestae Pontificum Romanorum*..
Romae 1677, Tom. I).

Papa Nicolás I.

El grupo de oficiales alemanes responsables de enterrar la Lanza Sagrada bajo la Fortaleza de Núremberg. De Izquierda a Derecha: Karl Holtz, hombre desconocido en el fondo, Julius Streicher, Willi Liebel, Hans von Obernitz, doctor Benno Martin.

El U-530 en el muelle en Mar de la Plata, Argentina en una foto de un periódico argentino en julio de 1945.

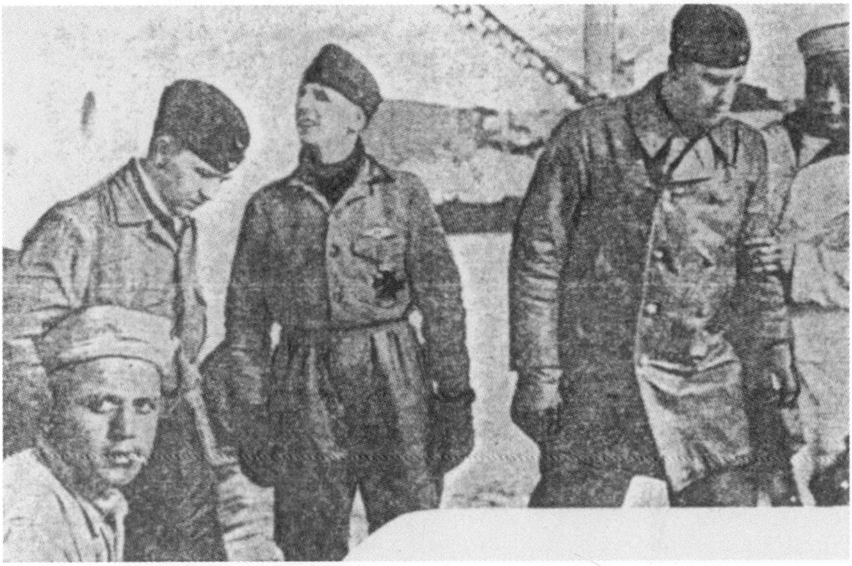

Capitán Wehrmuth del U-530 visto en esta foto de un periódico argentino en julio de 1945.

HITLER'S ARGENTINE CONNECTION

nderground had infiltrated the
rican country so completely it
oversea suburb of the Third Reich.
me time for Hitler's aides to flee
y knew just where to go...

Un encabezado de la década de 1950 reimpreso en *The Police Gazette*, enero de 1977.

Impreso en los talleres de
Trabajos Manuales Escolares,
Oriente 142 No. 216
Col. Moctezuma 2a. Secc.
Tels. 5 784.18.11 y 5 784.11.44
México, D.F.